كلّما كان تشكيل الخَطر أكبر

الصّعود الرّائع لرائد أعمال دوليّ إسرائيليّ وناشط سلام

آفي شاكيد
مع رام أورين

آفي شاكيد مع رام أورين

كلّما كان تشكيل الخطورة أكبر

ترجمت سوزان كوديش، الكتاب الأصلي "الرّهان على السّلام" من العبريّة.
تمّ تحرير الطبعة الإنجليزيّة وتحديثها بواسطة Bublish في عام 2025.

الطبعة الأولى، العبرية: 2008
الطبعة الثانية، العبرية: 2012
الطبعة الثالثة، الإنجليزية: 2025

محرّر عبريّ: يوسف شافيت
محرّر الإنجليزية: إد كوديش.

هذا الكتاب مذكّرات. يعكس ذكريات المؤلّف المتوافرة له عن الحياة التجريبيّة بمرور الوقت. تم تغيير بعض الأسماء والتواريخ والمواقع والخصائص، وتمّ تكديس بعض الأحداث، وأعيد كذلك إنشاء بعض من الحوار. يمثّل هذا الكتاب وجهات النظر والآراء الشخصية للمؤلّف وتفسيراته للمواضيع ضمن المحتوى المقدَّم، ولا يعكس بالضرورة مواقف أو آراء أيّة منظّمة أو مؤسّسة أو شخص ينتمي إليه المؤلّف. لا يتحمّل الناشر أو الموزّع أو أيّة جهة مرتبطة المسؤولية عن أيّة عواقب تنجم عن الآراء أو التفسيرات المعبَّر عنها في هذا الكتاب.

التّحرير والتّصميم والتّوزيع تمّ بواسطة: Bublish
صورة الغلاف: عوفر هاجايوف

لزوجتي داليا وأطفالنا إيال وميخال وأوري كلّ الحبّ والتقدير.

لوالديّ الرّائعين، رينا ويوسف، اللذين كرّسا حياتهما
لأطفالهم، وأفعما حياتنا بالفرح، وعلّموني أنا كيف أحلم بأحلام كبيرة، وأن
أحب عائلتي، وأقوم بمخاطر كبيرة، وأعمل بجدّ، لكليهما:
أنا ممتنّ إلى الأبد. أتمنّى أن يرقُدا بسلام.

بالنسبة لأهوفا، مع الحب والامتنان لمساعدتك التي لا تقدّر بثمن مع الأطفال.

وبالنسبة لأخي العزيز، أرون، الذي أوصلتني روحه الطّوافة الخلّاقة إلى ما وصلت إليه،
أتمنّى أن يرقد بسلام.

جدول المحتويات

ملاحظة المؤلِّف

ماذا يمكنك أن تفعل بمليار دولار؟

ربّما يكون السؤال الأفضل هو: ما الذي لا يمكنك فعله؟

دون أن تغمض عينك، يمكنك شراء أسطول من الطائرات الخاصة أو اليخوت الفاخرة، الحصول على العديد من المنازل الفخمة في جميع أنحاء العالم ، استئجار طابور عارم من الخادمات والسائقين والطُّهاة والبستانيّن. وكذلك تناول الطعام في أفضل المطاعم كلّ ليلة أو الإقامة في الفنادق الفاخرة حيث الأجنحة الواسعة وصنابير حوض استحمام مصنوعة من الذهب. يمكنك الانخراط المعسول بأسلوب حياة رغدة متفاخرا تماما دون خوف من نفاذ المال. هذه حظوَة يمتاز بها عدد قليل فقط- أغنى النّاس على وجه الأرض.

نعم، المليارديرات لديهم خيارات حياتيّة لا حصر لها تقريبا أمامهم. أنا أعرف هذا عن كثب.

ماذا قررت أن أفعل بأموالي؟

عرضت مليار دولار على شخص غريب تماما.

هل يبدو هذا مجنونا؟

ربّما، لكنّ هذا لم يردعني. بصفتي يهوديًّا إسرائيليّا أعيش في تل أبيب، كانت لدي أسباب قوية.

كان اسم الغريب أحمد يوسف وكان عربيّا فلسطينيّا. عندما عرضت عليه هذه الأموال في عام 2006، كان عمري ثلاثة وخمسين عاما. على الرغم من أنّنا لن نلتقي وجها لوجه أبدا، علمت أنّ يوسف، الذي كان في الثامنة والخمسين من عمره في ذلك الوقت، ولد في مخيّم للّاجئين في قطاع غزّة، وتخرّج من جامعة كولومبيا في مدينة نيويورك. كان مستشارا بارزا لرئيس وزراء غزة في ذلك الوقت، إسماعيل هنية، الذي ارتقى لاحقا في صفوف حماس، الجماعة الإسلامية المسلّحة التي تحكم قطاع غزة، وتمّ اغتياله في عام 2024. استغرق الأمر مني أسابيع لتعقب رقم هاتف يوسف، ولكن في 10 مايو 2006، اتصلت به أخيرا لأقدم وأطلب بضع دقائق من وقته. كان على استعداد للاستماع.

"كلانا يعلم أنّ الأطفال الإسرائيليّين والفلسطينيّين الأبرياء يموتون كلّ يوم"، بدأت. "الطريقة الوحيدة لوقف إراقة الدماء هي أن يجلس قادة حماس وإسرائيل معا ويتوصلّون إلى اتفاق لإنهاء هذا الصراع".

أجاب يوسف: "أنا أستمع".

أخذت نفسا عميقا وقدمت عرضي. سأعطي حماس 100 مليون دولار إذا التقى رئيس الوزراء إسماعيل هنية برئيس الوزراء إيهود أولمرت– و900 مليون دولار أخرى إذا وقّعوا اتفاق سلام".

ممّا لا يثير الدهشة، كانت هناك لحظة صمت طويلة بعد عرضي الأولي. انتظرت حتى يتعامل يوسف مع اقتراحي الجريء، بينما كنت أفكر في النافذة الفريدة التي فتحت مؤخّرا لمحادثات السلام. كنت قد تقاعدت للتوّ من الإشراف اليومي على شركتي وكنت أترشح للكنيست ، البرلمان الإسرائيلي، كعضو في حزب العمل. لذلك، كان لدي الوقت للتركيز على هذه القضية المهمّة. بالإضافة إلى ذلك، أكملت إسرائيل في أيلول/سبتمبر 2005 انسحابها من قطاع غزة، بيد أنّ رئيس الوزراء أرييل شارون، الذي أشرف على هذه المبادرة، أصيب بجلطة دماغية في يناير 2006، وطلب من سياسي بارز آخر، إيهود أولمرت، التدخُّل مؤقّتا. ولم تجر أيّة مفاوضات سلام بين إسرائيل وفلسطين خلال السنوات الخمس التي قضاها شارون في السلطة. في الواقع، كان الهدف من الانسحاب تحسين أمن إسرائيل ووضعها الدولي في غياب مفاوضات السلام. عندما ألقى أولمرت أوّل خطاب سياسي رئيسي له في 24 يناير 2006، أخبر شعب إسرائيل والعالم أنّه يؤيّد إقامة دولة فلسطينية. لقد كان بيانا جريئا ومثيرا للجدل- وأيّدته. فتحت نافذة، وعندما أصبح أولمرت رسميّا رئيسا مؤقّتا للوزراء في أبريل 2006، بدأت أبحث عن رقم هاتف يوسف.

لقد فهمت تماما صمت يوسف. من منّا لا يشك في أن يقدّم لهم شخص غريب مليار دولار؟ لكنني كنت بحاجة إليه بأن يفهم أنّ اقتراحي كان مشروعا، وأنّ لديّ المال لتمويله. كانت نواياي جادة. لقد أردت السلام.

"يمكنني تقديم ضمانات دولية مقابل المال، وأنا على استعداد لتوقيع عقود ملزمة"، شرحت، ثم أضفت، "فكِّر فيما يمكن أن تفعله هذه الأموال لشعبك". إنّ معظم الفلسطينيّين آنذاك والآن يعيشون في فقر مدقع؛ لذلك اقترحت أن يتم تخصيص الأموال في صندوق استثمار لإنشاء صناعات فلسطينية، وتمويل مشاريع خاصّة بالبنية التحتية، وبناء مساكن منخفضة التكلفة. قلت ليوسف إنّني أريد أن أعطي المال للشعب الفلسطيني حتى يتمكّن من التطوُّر والازدهار الاقتصاديّ.

كان متأكّدا تماما من أنّني ربّما فقدت عقلي، فطرحَ عليّ عشرات الأسئلة.

"من أين يأتي هذا المال يا سيِّد شاكيد؟"

"ما هي مهنتك؟"

"ما هي ميولك السياسية؟"

"لماذا تهتم بالسلام بين الإسرائيليّين والفلسطينيّين؟"

أجبت على كل سؤال على النّحو الأمثل لديّ. كان هناك الكثير على المحكّ، وكنت بحاجة لكسب ثقته. أخبرته كيف جمعت ثروتي كرائد أعمال، وقمت بإنشاء شركة المقامرة عبر الإنترنت، Casino 888، لتصبح قوة عُظمى عالمية مع أخي الأكبر آرون، وشريكين آخرين. شاركت على أنّني لم أر المال أبدا غاية ، بل مجرّد وسيلة، وأردت أن أضع ثروتي في العمل من أجل السلام في الشرق الأوسط. ذكّرته بأنّني ساهمت بلا كلل، إلى جانب العديد من الإسرائيليّين والفلسطينيّين، في مبادرة جنيف، التي تمّ التوقيع عليها قبل ثلاث سنوات في عام 2003. وقد قدّمتْ تلك المبادرة حلّا شاملا لإنهاء الصراع بين شعبينا. بعد محادثة استمرت حوالي عشر دقائق، وعد يوسف بالردّ علي، وهكذا أنهينا مكالمتنا.

لم أسمع عنه مرّة أخرى.

الذكر الوحيد لعرضي الذي ظهر على المرأى كان في مقابلة أجراها يوسف مع قناة الأقصى التابعة لحماس. وقال إنّه لا شيء يمكن أن يقنع حماس بالموافقة على مفاوضات قد تضر بمبادئ المنظّمة. قال للمحاوِر: "ليس كلّ شيء للبيع". "لا يمكن شراؤنا."

بينما أجلس انا هنا في عام 2025 ، أكتب وأتذكّر تلك الأحداث منذ زمن بعيد ، من السهل أن أغرق في الحزن. لقد مرّ أكثر من عام على هجوم حماس في 7 أكتوبر 2023 على إسرائيل، والذي أعاد إشعال الحرب مع فلسطين التي تستمر في التوسُّع في جميع أنحاء الشرق الأوسط. وحتى كتابة هذه السطور، قُتل ما يقارب خمسة وأربعون ألف شخص في عدّة دول، معظمهم من الفلسطينيّين. لا يسعني إلّا أن آسف على كلّ الفرص الضائعة وكلّ لحظات الأمل غير المحقّقة التي كان من الممكن أن تضع حدّا للألم والمعاناة الإنسانية الهائلة التي سبّبها هذا الصراع المستمرّ منذ ستة وسبعين عاما.

هل ستكون لدينا الشجاعة والثبات لجعله يتوقّف؟

وضع كلّ من الفلسطينيّين والإسرائيليّين حواجز أمام السلام. هذه ليست مشكلة من جانب واحد. لكن بصفتي متفائل أبديّ ومكافح في ذلك، مثل البقية في العالم، فإنّني تُجاه الأهوال اليومية المؤلمة للصراع الحالي، ما زلت أرفض التخلي عن الأمل. إنّ التخلّي عن السعي في السلام أمر لا يمكن فهمه. ضع في اعتبارك البديل، وهو أكثر من الحاضر العنيف. سأستمرّ في الكفاح من أجل السلام في الشرق الأوسط طوال بقية حياتي؛ لأنّني ما زلت أعتقد أن ذلك ممكن.

ربما أثرت اهتمامك. ربما تتساءل، من هو هذا الرجل الذي حاول إعطاء شخص غريب مليار دولار لتأمين السلام؟ سأشارك قصتي على أمل إلهامك وإظهار أنّ الثروة الحقيقية هي أكثر بكثير من المال. فالأمر دوما يتعلّق باستخدام المال لجعل العالم في مكان أفضل. وكما ترى، بحلول الوقت الذي وصلت فيه إلى الأربعين من العمر، كنت قد لاحظت صرح المال بكل ما كان عليه- الجيّد والسيّئ والقبيح. على الجانب الإيجابيّ، شاهدت الثروة تجعل المستحيل ممكنا في مجال ريادة الأعمال ومن خلال العطاء الخيري. كان من الرّائع أن نشهد ذلك. على الجانب السلبيّ، شاهدت المال يدمّر حياة جميلة. بدأت أتساءل عمّا إذا كان فهمنا للثروة متخلّفا. لم يكن الناس هم الذين يمتلكون المال. بدلا من ذلك، المال يمتلك الناس. وهكذا، عندما كنت شابّا يسعى وراء تحقيق النجاح، قلت لنفسي إنّه إذا حصلت على المال فلن أنفقه على المظاهر ، بل سأستثمره لاحداث تغيير حقيقي في هذا العالم. كنت أستخدم أموالي، بدلا من أن تستخدمني.

بحلول الوقت الذي كنت فيه في الخمسين من عمري، كان عملي يجلب الملايين يوميّا تقريبا- نعم، يوميّا! لقد كانت أموالا أكثر ممّا كنت أتخيّله- وبالتأكيد أكثر بكثير ممّا أحتاجه أو أنفقه. أردت أن أفعل شيئا أكثر فائدة من حشو جيوبي. لقد كنت محظوظا، وأردت أن أدفعها فيما يكون إلى الأمام. لطالما اعتقدت أنّ المال يمكن أن يكون وسيلة لحلّ معظم مشاكل العالم، والآن أصبحت في وضع يسمح لي القيام بذلك. ولكن عندما يسمع الناس عن نموّ شركتي وثروتي الهائلة، فإنّهم عادة ما يكونون مهتمّين بالتعرُّف على "أسرار نجاحي" أكثر من اهتمامهم بكيفية توظيف أموالي لتحسين الكوكب. لذا، لنبدأ بأسراري.

أقول للناس ليس لديّ أسرار نجاح، لكن هذا ليس صحيحا تماما، فلديّ القليل. أوّلا، لطالما اعتقدت أنّني سأكون ناجحا- وكذلك كنت. فالإيمان بالشّيء ضروري للنجاح. الكثير من الناس يشكّون في أنفسهم، والشكّ الذاتي هو هادم الأحلام. لا يمكنك تحقيق ما لا تؤمن به؛ لذا آمن بكل إخلاص بنفسك ورؤيتك. ثانيا، غالبا ما يكون طريق النجاح طويلا جدا، وأنّ الأمر يتطلّب العمل الجاد والتصميم والقدرة على تحمُّل الصّعاب. وربّما لا تكون هذه هي المفاهيم الأكثر إثارة، لكنّها لعبت دوْرا كبيرا في نجاحي. أنا أعمل بجدّ وألعب اللعبة الطويلة. عندما اصطدمت بحاجز الطريق- واصطدمت ببعض الحواجز الكبيرة- كنت أجد طريقة للتغلُّب عليه واجتيازه

. عندما أتعثّر، أنهض مرّة أخرى، وأنفض الغبار عنّي، وأستكشف ما يجب تعلّمه، وأستمر في المضي قدما. هذا يولِّد المرونة في التّعاطي،

وهو أمر بالغ الأهمية للنجاح. أخيرا، سرّي الأخير هو الفرح. أبحث عن الفرح بسبر غِمار الرحلة. النجاح ليس وجهة، إنّه حالة ذهنية. احتضن الرحلة باحثا عن الفرح والحكمة في مصعدها ومهبطها. لم أكن مدفوعا أبدا إلى الرغبة في المال. إنّها البهجة الحقيقية التي أشعر بها عندما أقوم بتطوير أفكار جديدة ورؤيتها تدرك هي التي تجعلني أخرج من السرير في الصباح. الإيمان والعمل الجادّ والتصميم والقدرة على التحمُّل ولزوم المرونة والفرح- كلّ هذه ربّما تكون مجموعة أدوات غير تقليدية، لكنّها خدمتني جيّدا.

لقد ورثت هذه المعتقدات والسّمات من عائلتي- في الواقع، عدّة أجيال من عائلتي. كما ترى، لم تبدأ رحلة نجاحي معي أنا. تأتي "أسرار النجاح" هذه من والدي وعائلتي الممتدّة، ووالديهم وعائلتهم الممتدّة، وحتى والديهم وعائلاتهم الممتدّة. تبدأ قصتي منذ زمن بعيد وبعيدة عن إسرائيل الحديثة. إنّها قصة بدايات متواضعة، وأحلام كبيرة، وحب الأسرة، ومواجهة مخاطر تغيُّر الحياة، وبذل العمل الجادّ الدؤوب. أتمنّى أن تستمتع به.

آفي شاكيد

1

أوّل سوبر ستور في العالم

وفقا لتقاليد العائلة، كان جدي الأكبر هيرشيل مندل هو الطفل الملازم للعمل الجادّ والمثابرة. في أوائل القرن العشرين، عاش في بلدة مولوداكوف، التي كانت على الحدود بين الإمبراطورية النمساوية المجرية وروسيا القيصريّة فيما هو واقع الآن في غرب أوكرانيا، لكنها كانت في ذلك الوقت جزءا من بولندا. في ذلك الوقت، كان اليهود في الغالب حرفيّين يبيعون بضاعتهم. كان من الممكن أن يكون هذا هو مصير هيرشيل مندل أيضا، لكنّه أراد المزيد لعائلته. بقليل من المال الذي كان لديه، استأجر محل بقالة من غير يهوديّ، وكان أمرا غير معتاد في ذلك الوقت. لقد فعل ذلك من أجل القيام بشيء أكثر فضوليّة- إنشاء ما كان يمكن أن يكون أوّل متجر كبير في العالم. ربّما تكون هذه مبالغة طفيفة، لكنّه باع أكثر بكثير من البقالة. يمكن للمتسوّقين شراء أشياء مثل الكيروسين وأعواد الثقاب ومواد البناء والقماش والمزيد. كان المتجر مفتوحا من الفجر حتى بعد حلول الظلام كي يتمكّن الزّبائن من التسوُّق وقت الحاجة. انتظر هيرشيل الزّبائن بنفسه، وانتشرت سمعته كرجل أعمال نزيه على نطاق واسع. ونتيجة لذلك، نما زبائنه- وهم بشكل أساسي من غير اليهود- بسرعة.

بمجرّد أن أصبح المتجر مربحا ، خصّص بعض المال، وحصل على حقوق الصيد من أحد ملاكي الأراضي المحليّين الذين كانت ممتلكاتهم تمتد على طول نهر المدينة. مكّنه ذلك من صيد الأسماك الطازجة وبيعها في المتجر. كل ما فعله هيرشيل كان مستنيرا بإيمانه القوي. كان جدي الأكبر يهوديّا أرثوذكسيا أصوليّا ينقطع عن كل ما كان يفعله، بغض النظر عن مدى أهميته، عندما يحين وقت الذهاب إلى الكنيس. صرف الكثيرون أعينهم عندما غادر فجأة لمزاولة شعائر الصلاة- لكن لم ينبس أحد بكلمة

واحدة. احترم الجميع الطريقة التي عاش بها هيرشيل مندل حياته.

بعد أن فتح متجره لبضع سنوات، طلب وفد من ملّاكي الأراضي المحليّين من هيرشيل بناء وتشغيل مطحنة دقيق للمدينة. "جميع المطاحن الأخرى غشّاشة" ، قالوا لجدي الأكبر. "أنت رجل صادق." لذلك، بنى جدي الأكبر مطحنة دقيق وأدارها بنفس الأمانة والنزاهة مثل متجره. في الواقع، ذات مرّة، عندما اكتشف أنّ عمّال المطحنة لم يطحنوا القمح بالطريقة التي كان من المفترض أن يطحنوا بها، رفض دفع ثمن الطحن. بمرور الوقت، وظّف موظّفين موثوق بهم ويعملون بجدّ مثله. كانت جودة إنتاج مطحنة الدقيق الخاصة به وسعرها لا مثيل لهما، حيث لم تجذبا أثرياء المدينة فحسب، بل جذبتا العديد من الفلاحين في المنطقة أيضا. تمّ التعامل مع الجميع باحترام وإنصاف. كانت قصص جدي الأكبر أسطورية في عائلتي وتنتقل من جيل إلى جيل. هذه هي الطريقة التي تعلّمنا بها الصواب من الخطأ، وبدأنا نفهم كيف تبدو الحياة الناجحة والمخلصة.

مع استمرار ازدهار أعماله، بدأ هيرشيل في تأجير الحقول لزراعة القمح الخاص به لمطحنة الدقيق. كان سكّان المنطقة يشاهدونه

وهو يركض على ظهر حصانه الروان على طول الطرق الريفية، ومعطفه العريض ولحيته الكثيفة تتطاير في مهبّ الريح وهو يندفع لأداء مشاريعه التجارية المختلفة. في بعض الأحيان تطلّبت منه هذه الرحلات السفر إلى بلدات مختلفة، وكان يذهب لعدّة أيام. في مثل هذه الأوقات، كان يأكل الخبز فقط ويشرب الماء. حاشا لله أن يسمح لنفسه أن يضع أيّ شيء غير مباح في فمه. لم يكن هذا مسموحا به بموجب الشريعة اليهودية، وسيتعارض مع إيمانه.

انتقل ابنه، أفروم باروخ ، جدّي، إلى بلدة قريبة تسمّى بيلوزيركا ولم يكن أقل اجتهادا من والده. بعد وفاة هيرشيل، ورثه أفروم وأدار مطحنة الدقيق الخاصة بوالده، واستأجر الحقول، وحظِي بسمعته كرجل أعمال نزيه ومُقسِط أيضا. أصبح أفروم أيضًا محكّمًا إقليميًّا ذا مكانة، واشتهر بالمعاملة المنصفة مع الجميع. لن يتردّد في اتّخاذ موقف ضد عميل قديم إذا كان هذا ما تتطلّبه العدالة. على الرغم من أنّه لم يدرس أبدا في فصل دراسي، إلّا أنّ أفروم كان على دراية جيدة بالرياضيات والعلوم، وقام بأداء جميع حساباته باستخدام قلم رصاص حاد ودفتر ملاحظات صغير.

مثله مثل والده، كان أفروم يهوديّا ملتزما، وأرسل بناته الثلاث وأبناءه الستة للدراسة في المدارس اليهودية في المدن المجاورة. أراد أن يستفيد أطفاله من تجربته، وأن يتحمّلوا المسؤولية، ويسيروا على خطاه. غالبا ما كان يصطحب أطفاله الأكبر سنّا إلى العمل حتى يتمكّنوا من

مشاهدته وهو يتفاوض مع تجّار آخرين، وفي بعض الأحيان سمح لهم خوضهم بأنفسهم في مجريَات هذه المفاوضات. ساعد أعمامي والدهم في مطحنة، الدقيق بينما تم إرسال عماتي لتحصيل الديون. عندما عاد والدي يوسف إلى المنزل من المدرسة، كان والده يعهد إليه بعربة كبيرة مكدّسة بالتبن. طلب من يوسف أن يسافر إلى الأسواق في المدن الكبرى ويبيع الحمولة. تم إعطاؤه تعليمات صريحة حول مقدار الأموال التي يجب طلبها في البداية، والمبلغ الذي يمكنه خصمه أثناء عملية المساومة. كانت هذه الرحلات البريّة طويلة ومحفوفة بالمخاطر. غالبا ما هاجم لصوص الطرق السريعة التجّار وهم في طريق عودتهم إلى ديارهم. ولحسن الحظ، لم يكن والدي مستهدفا. على ما يبدو، لم يستطع اللصوص التّخيُّل أنّ مثل هذا الصبي الصغير يحمل مبلغا كبيرا من المال- على الرغم من أن والدي كان يفعل ذلك في كثير من الأحيان.

عندما عاد يوسف إلى المنزل بعد عملية بيع ناجحة، كان يحصل على تربيتة تهنئة على كتفه من جدّي بالإضافة إلى منحه مكافأة مالية متواضعة. لكن عندما كان يعود خالي الوفاض، لم يكن جدي ليصرخ في وجهه أبدا. كان يقول ببساطة، "تعلّم من هذه التجارب يا يوسف. اكتشف سبب فشلك، وحاول ألّا تكرر نفس الأخطاء في المستقبل".

نتيجة لأسلوب الأبوة والأمومة المتشدد بأفروم، كان جميع أطفاله، بمن فيهم والدي، جديرين بالثّقة للغاية وناضجين في سن مبكرة. "لقد ولدنا كبارا" ، قالت لي إحدى عماتي ذات مرّة في تجمُّع عائلي. "لقد أعطانا الوالد مسؤولية ثقيلة، وحاولنا بكل جهدنا ألّا نخيّب أمله."

مثل والده من قبله، أصبح أفروم باروخ رجل أعمال ناجحا ماليّا. لقد أدرك أنّ الغرض من المال ليس مجرد ملء جيوبه. لقد أراد مساعدة الناس أيضا. حتى في منزله الذي كان يقع في الشارع الرئيسي للمدينة، فإنّه قد خصّص غرفة واحدة لإطعام الفقراء وغرفة ثانية لإيواء المسافرين الذين ليس لديهم مكان للإقامة. كم أنّه كل يوم جمعة كان جدّي يوزّع الطعام على الفقراء. وكذلك دفع أفروم أيضا نفقات معيشة الحاخام المحلي وعائلته. اعتاد جدي أن يقول: "المال يأتي ويذهب، لكن حسنة الصدقة تبقى إلى الأبد".

كان جدي يحظى باحترام كبير بين اليهود وغير اليهود على حد سواء. ولكن ربما بسبب شعبيته، تم استهدافه من قِبَل الجماعات المعادية للسامية التي تسبّبت في افتعال مشاكل لليهود ما استطاعوا إلى ذلك سبيلا. كان هذا خلال الحرب العالمية الأولى، عندما كانت معاداة السامية في أوروبا الشرقية في ازدياد. تأثّرت عائلة جدي بالتأكيد بهذه التغييرات

الاجتماعية . ذات مرّة، استهدفت الجماعات المعادية للسامية جدي في مسيرة عامة صاخبة. حاول القادة تحريض المتجمّعين على مهاجمة أفروم وإخراج عائلته من المدينة. حينئذ ادّعوا وقالوا إنّ أفروم أصبح ثريّا على حساب فقراء المدينة، وهو أمر غير صحيح بشكل واضح. عاش جدي حياة متواضعة، وكان دائما يردّ الجميل لمجتمعه. لحسن الحظ، كان العديد من أنصار أفروم حاضرين وسرعان ما دافعوا عنه. جعلوا معارضتهم لأفكار منظمي التجمُّع واضحة للجمهور، وقاموا بتهدئة الجميع. ولسوء الحظ، كان التجمُّع علامة على وجود مشكلة. كانت حياة أفروم واليهود الآخرين في المنطقة تتدهور بسرعة.

في إحدى ليالي الشتاء من عام 1918، ركبت مجموعة من القوزاق شبه الرّحّل إلى المدينة على ظهور الخيل، وذهبوا مباشرة إلى منزل جدي. تحصن أفروم وعائلته في الداخل وسلّح الجميع بالهراوات متوقعا الأسوأ. مرّة أخرى، هرع المؤيّدون والجيران لإنقاذهم مسلّحين بالفؤوس، حاصروا المنزل ومنعوا القوزاق من تنفيذ مخطّطهم العنيف. لسوء الحظ استمرت المشكلة وتعرّض والدي وإخوته للمضايقة. حتى أنّه كان هناك حادث كان فيه أحد أعمامي حيث أدخل قطعة من لحم الخنزير، تقطّر بالشحوم، في فمه. كان هذا بالطبع انتهاكا لشريعة موسى اليهودية، التي تمنع اليهود من أكل لحم الخنزير. لقد كان هجوما مهينا وصارخا على معتقداتنا.

كان جدي واقعا في صراع مع إذا ما كان الوقت قد حان للمغادرة أم لا. مثل هذه الخطوة لا تعني فقط التضحية بالشركة العائلية الناجحة، ولكن التخلي عن المكان الوحيد الذي تأسّس عليه هو وعائلته. قبل أن يتمكّن من اتخاذ قرار، أشعلت مجموعة من المخرّبين النار في صومعة الحبوب الخاصة به في بلدة قريبة. وقيل إنّ النيران أضاءت المنطقة بأكملها. جاء أصدقاؤه من قريب وبعيد للمساعدة، لكن الحريق كان قد خرج عن السيطرة. بكى جدي عندما رأى النار تقترب من مطحنة الدقيق المجاورة، وتحرقها على الأرض في غضون ساعات قليلة. كان مركز الشرطة المحلي يديره شرطي واحد فقط. بعد أن رأى ما كانت هذه المجموعة من المخرّبين قادرة على فعله، اعترف بأنّه كان خائفا جدا من البحث عن المشعلين للحريق، ناهيك عن المساهمة في محاكمتهم.

كان الحريق ضربة قاسية لبيت جدي وحالته النفسية. عانت صحته وانكسرت قيادته. لجأت زوجته، فيغا، إلى ابنهما البكر، موشيه، للحصول على المساعدة. كان موشيه يبلغ من العمر ستة عشر عاما فقط في ذلك الوقت، لكنه كان يعتبر بالفعل قائدا بين الشباب اليهودي في المدينة. كان

قد أسّس فرعا لحزب الروّاد- حركة شبابية يهودية صهيونية- وجمع العشرات من الشباب الذين رأوا مستقبلهم كائن في أرض إسرائيل، وهو مصطلح يستخدم في التقاليد اليهودية للإشارة إلى الأرض الموعودة لبني إسرائيل في الكتاب المقدّس. بالإضافة إلى ذلك، رأى موشيه أنّ أعمال عائلته مستهدفة من قِبَل البلطجية المعادين للسامية، وكان لديه البصيرة لاستئجار قطعة أرض كبيرة وزرعها بنجر السكّر. باستخدام تقنيات النمو الثورية في ذلك الوقت، قام بنشر فطائر البقر في جميع أنحاء الحقل بيديه. لم يهتم بأنّ سكان المدينة سخروا منه لمحاولته كسب المال من السماد الطبيعي. تم تجنيد إخوته الصغار للمساعدة وعملوا لساعات طويلة إلى جانبه. عندما كانوا يعودون إلى المنزل، كان المنزل يبخُر برائحة السماد الشديدة. لكن الجهد آتى ثماره. كان الحصاد وفيرا، وباع موشيه البنجر إلى مصنع سكّر قريب. أعطاه هذا المال لاستئجار مساحات أخرى من الأرض وزراعة المزيد من بنجر السكر. على خطى موشيه، استأجر أعضاء "الهيخالوتس" أيضا حقلا واستخدموه لتعليم أنفسهم الزراعة. كان العديد من الأعضاء يتحدثون عن المغادرة إلى أرض إسرائيل. كان المال يدخل مرّة أخرى، وتحسّن الوضع المالي للعائلة، لكن موشيه توقع أن معاداة السامية في المنطقة ستزداد، وأنّ يهود المدينة سيقعون ضحية للاضطهاد.

رأى عمي موشيه أنّ الوقت قد حان لنقل العائلة. على الرغم من أنه فكّر في هذا البديل بنفسه بعد أن فقد صوامع الحبوب الخاصة به، إلّا أنّ جدي هيرشيل كان ردّه مختلفا»على الفكرة؛ إذ شعر أنّ العائلة لن تكون قادرة على كسب لقمة العيش في الأرض الجديدة. لكن موشيه لم يستسلم، وفي النهاية قال جدي إنه سيترك القرار في يد الحاخام المحلي. استمع الحاخام باهتمام إلى معضلة جدي ونصح: "دع ابنك يذهب. وبمجرّد أن يستقر في أرض إسرائيل، يمكنك أنت وعائلتك الانضمام إليه."

كان موشيه يبلغ من العمر عشرين عاما فقط عندما غادر إلى إسرائيل. اشترى جواز سفر مزوَّر حتى يتمكّن من المغادرة بسرعة، حيث كانت الحرب العالمية الأولى متأجّجة وكان يتم تجنيد الشباب في القوات المسلحة البولندية للقتال. رافقه أجدادي في القطار على طول الطريق إلى ميناء أوديسا، الموجود الآن في أوكرانيا. هناك، حصل على بعض العملات الذهبية وتمنّى حظًّا سعيدا. عندما قرَّ موشيه على متن سفينة تبحر إلى مدينة يافا الساحلية الإسرائيلية، التفت لتوديع والديه ومشاهدة كل ما يعرفه يتلاشى ببطء في المسافة.

عندما وصل موشيه إلى يافا، قاد عربة عربية إلى جفعات هشلوشا،

وهو كيبوتس يعيش فيه بعض أصدقائه. عادة ما يكون الكيبوتس عبارة عن مجموعة زراعية صغيرة حيث تجمع العائلات مواردها وتتقاسم الأرباح. في الليلة التي تلت وصوله، وعلى ضوء شمعة، كتب الرسالة التالية إلى عائلته في الوطن:

بعون الله أنا الآن في أرض إسرائيل، بهجة روحي وذروة أحلامي. وصلت إلى الكيبوتس بالسفر بالعربة على طول مسارات يصعب تسميتها طرق. تلقيت سريرا في خيمة. لم أستطع النوم طوال الليل بسبب لدغة البعوض وعواء ما يسمّى بنات آوى التي خرجت من الحقول واقتربت منّا أثناء الليل. بدأ يومي بشريحة من الخبز الجاف وقليل من الزيتون والشاي المرّ. بعد ذلك أخذوني للعمل في إزالة الصخور من الحقل. يدي مكسورة ومقطوعة، وظهري في حالة يرثى لها ، لكن قلبي يرفرف. ها قد وصلت أخيرا إلى أرض إسرائيل، وأعمّر الأرض التي أعطاها الله لأسلافنا. سيشعر قلمي بالتعب من وصف مدى افتقادي لكِ. آمل وأدعو الله ألّا يكون اليوم بعيدا عندما تكونون جميعا بجانبي.

2

الأرض بدلا من المال

نشأ العم موشيه ليكون ناجحا للغاية وأحد قدوتي المفضّلة. لقد كان قويّا وحازما وجريئا وغير تقليدي وسريعا في اتخاذ قراره. كان لديه سِعة لا نهاية لها من الخبرة الحياتية، وكان ناجحا في العديد من المجالات، منذ سن مبكّرة. درست نجاحه، وعقدت العزم على إعادة إنتاجه لنفسي يوما ما. قرأت كل مجتزأ منشور عنه وعن أعماله في الصحف. لقد استمعت باهتمام إلى كل قصة عائلية تمت مشاركتها عنه. كان هذا هو الرجل الذي سأصمم حياتي من بعده على غراره. شعرت أن العم موشيه كان روحا قريبة. كان مضطربا ويبحث دائما عن تحديات جديدة للتغلب عليها، مثلي تماما. من خلال العم موشيه، تعلمت عن المخاطرة والمكافأة. لقد خاطر بمخاطر كبيرة، والتي غالبا ما أنتجت مكافآت كبيرة. ترك هذا انطباعا كبيرا عليّ.

كانت إقامة عمي في كيبوتس جفعات هشلوشا قصيرة إلى حد ما. وجد أنّ الروتين الرّاكد، وفرص العمل النادرة، والبنية الاجتماعية القمعية ـ لا تروق له. كان مهتمّا بالتنمية الشخصية ولزوم الابتكار وانتهاج الحرية وإحراز التقدم أكثر مما يمكن أن يقدّمه الكيبوتس. في أحد الأيام، جمع أغراضه القليلة وغادر إلى بلدة تدعى بيتح تكفا، التي تأسّست في أواخر سبعينيات القرن التاسع عشر. هناك، استأجر غرفة في منزل عائلة محلية وبدأ العمل في البناء. كان يعمل يوما بعد يوم من شروق الشمس إلى غروبها، ويحمل مواد البناء على ظهره ويكسب بالكاد ما يكفي للحفاظ على جسده وروحه معا. بعد بضعة أسابيع، بدأ في البحث عن مصدر دخل أكثر ربحا، وسمع من السكّان المحليّين أن هناك أموالا جيدة في حفر الآبار. في مدينة بتاح تكفا الآخذة في التوسع، كان هناك طلب

متزايد على الآبار وحفّارات الآبار. لكن العمال كانوا متردّدين في تولي هذه الوظائف لأنّ العملية كانت مثقلة جسديا وخطيرة. تذكّر أنّه لم تكن هناك آلات حديثة في ذلك الوقت. تم حفر كل بئر يدويّا. وكلّما كان البئر أعمق زاد خطر مقتل الحفّار بسبب انهيار ترابي مفاجئ. لسوء الحظ، لم تكن مثل هذه الكهوف نادرة- وعادة ما تؤول إلى إلحاق الخسائر في الأرواح أو الإصابات الخطيرة. كان العم موشيه مدركا تماما للخطر، لكن الأجور المرتفعة كانت مغرية للغاية بحيث لا يمكن أن يفوّتها. سيواجه المخاطر وجها لوجه. تم تعيينه من قِبَل حفّار بئر محترف، وبدأ كعامل بسيط مزوّدا بمِعول وجَرَّافة. دخل عميقًا إلى الحفريات التي كانت جدران المنزل مدعومة فيها بعوارض خشبية.. لم يتوقف عن الحفر حتى ضرب الماء. أصبحت يداه قاسية. طارت الرمال والأوساخ في عينيه وفمه طوال اليوم. في الليل، كان يهوي في السرير مرهقا وموجوعا. بعد مرور بعض الوقت، أصيب بالملاريا واستلقى في السرير مصابا بالهذيان لعدة أيام حتى اجتاحته الحمّى. كان يكتب إلى والديه في كثير من الأحيان، وكتبوا ردّا قائلين إنّهم يرسلون صلوات من أجل صحته ورفاهيته- وفي الوقت الحالي سيتم لم شملهم في أرض إسرائيل.

أخبرني العم موشيه ذات مرّة أنّه لم يقترب أبدا من وظيفة حفر الآبار دون دراسة نقاط القوة والضعف العامة للموقع. كان تكوين التربة مهمّا بشكل خاص لتحديد قوة عوارض الدعم التي تحميه من كهف مميت. كما درس مدى قرب الموقع من طلب المساعدة، في حالة وقوع كارثة. أكسبه نهجه الدقيق سمعة طيّبة كواحد من أكثر حفاري الآبار احترافا ورواجا في البلاد بأكملها. كان عقله مليئا بالأفكار حول كيفية تحسين وتقصير عملية حفر الآبار. أسّس العديد من الابتكارات، وقلّل من الوقت المستغرق لحفر بئر، ووفّر لأصحاب العمل الكثير من المال. نتيجة لذلك، كان على الناس في كثير من الأحيان الانتظار لأسابيع حتى يفتح جدوله الزمني المزدحم. حتما، كان موشيه مستعدّا لأشياء أكبر وأفضل، وأصبح مقاول حفر مستقلّا، بفضل سمعته ، فقام بتوسيع الأعمال بسرعة، وتوظيف العمّال من تلقاء نفسه وتحسين حفر الآبار بشكل عام. تم تخصيص الكثير من الأموال التي كسبها لدفع تكاليف هجرة عائلته في نهاية المطاف من بولندا.

حدثت نقطة تحوُّل حقيقية في حياته المهنية في عام 1928، عندما اشترت مجموعة من المستثمرين، من رواد صهاينة وأشخاص من مختلف المستوطنات الزراعية، أرض أم خالد بخطة لبناء مدينة نتانيا. أرادوا زراعة بساتين الحمضيات وكسب لقمة العيش من بيع الفاكهة.

طلبوا من موشيه وعمّاله حفر عدة آبار في الموقع. كانت هذه أكبر وظيفة حصل عليها عمي منذ أن أصبح مقاولا مستقلًا. تلقّى موشيه نصف الدفعة مقدّما، مع الاحتفاظ بتقديم النصف الثاني له عند الانتهاء. أنهى المهمة في الوقت المحدّد، ولكن عندما طلب بقية دفعته، قيل له إنّ المستثمرين قد نفدت أموالهم. اقترحوا عليه الانتظار حتى يحصلوا على المزيد من المال، لكنه رفض عرضهم. عندئذ دعا المستوطنين إلى اجتماع لمناقشة المشكلة

تم طرح أفكار حول كيفية الحصول على المال، وفي النهاية اقترح موشيه متسائلا: "لماذا لا تعطيني بعض قطع الأرض بدلا من المال؟".

لقد كان عرضا عادلا، وكان لدى المستوطنين الكثير من الأراضي التي اشتروها بثمن بخس. في الواقع، لم يكن لديهم أي فكرة عما يجب عليهم فعله بكل ذلك. تلقّى عمي عشرات قطع الأرض مساحتها ربع فدان لتغطية الديون المستحقة له. في ذلك الوقت، لم ينظر الى هذا على أنّه مفاوضات رائعة. لم تكن نتانيا أكثر من كثبان رملية. لم يعتقد أحد أنّه من الممكن بناء مركز سكّاني هناك. لكن عمي لم يكن لديه خيار. لو رفع دعوى قضائية بسبب الديون، لما كان قادرا على تحصيل الديْن لأنّه لم يكن لديهم المال. على الأقل، مع وجود الأرض بين يديه، كان لديه ما يظهره مقابل عمله الجاد.

لم يكن يعلم أنّ قطع الأرض هذه ستصبح نقطة تحوُّل في حياته.

كان بإمكان عمي أن يفعل أحد الأشياء الثلاثة بأرضه: بيع المساحة بأقل ممّا كانت تستحقه، أو الاحتفاظ بالمساحة كاستثمار طويل الأمد، أو المجازفة والبناء على الأرض لزيادة قيمتها. اختار الخيار الثالث. اليوم، نتانيا هي مدينة منتجع متوسِّطية جميلة ومزدهرة يبلغ عدد سكانها ما يقرب 250.000 نسمة. وتقع على بُعد حوالي ثلاثين كيلومترا شمال تل أبيب أكبر مدينة في إسرائيل، ويذهب الكثير من الناس إلى هناك لقضاء عطلة استجمام على البحر والاستمتاع بشواطئ المدينة البكر.

كانت هذه الأرض خطوة تأسيسية لموشيه مندل- الذي غيّر لقبه إلى الاسم العبري شاكيد، والذي يعني "اللوز" وهو أيضا عبري تعني "ماندل". بدأ في بناء منازل في الكثبان الرملية على الجانب الآخر من الشاطئ، بعيدا عن المباني التي أقامها المستوطنون الأوائل. سخر الناس منه لأنّ بناءه بعيد جدا عن أي مكان لشخص آخر، قائلين إنّه لن يكون قادرا أبدا على بيع منازل قريبة جدا من الشاطئ. فحذّره الناس من أنّ التآكل من الهواء المالح من شأنه أن يدمر كل شيء في الأفق، لكنه تجاهلهم. لقد كان دائما رائدا برؤية واضحة- والنجاح حليف أصحاب الرؤى. بيد أنّ الأمر سيستغرق سنوات عديدة من المخاطرة والاستثمار ومزاولة العمل الجادّ

لجعل رؤيته حقيقة واقعة.

خصّص موشيه أول منزل بناه لنفسه ولزوجته هداسا، التي التقى بها في إسرائيل. كان المنزل بسيطا عبارة عن غرفتين بدون جص أو طلاء؛ لأنّ معظم الأموال التي كان يجنيها كانت تُحوَّل إلى عائلته في بولندا. تلاشت شكوك والده الأولية، والآن لم يستطع الانتظار للسير على لوح السفينة التي ستبحر به إلى أرض الميعاد. نجح الابن الأكبر لأفروم بطرق لم يجرؤ على تخيُّلها أبدا وكان حريصا على مشاهدتها بنفسه. للأسف، لن يتمكن من تحقيق هذا الحلم. في نهاية يوم الغفران في عام 1933، انهار جدي، أفروم باروخ وتوفي. بعد بضعة أسابيع، أبحر باقي أفراد العائلة إلى إسرائيل على متن بولونيا. وبعد وصولهم، احتشد جميع الأقارب في منزل موشيه الصغير، وناموا على الأرض وتناولوا الطعام على بالتناوب على دفعات ، إذ لم يكن هناك مكان يتّسع للجميع على طاولة صغيرة واحدة. بمجرّد أن أكمل البناء في عدد قليل من المباني السكنية المحلية، سلّمها موشيه إلى عائلته. هذا هو المكان الذي سيبدأ فيه والداي حياتهما وعائلتهما معا.

3

مدرِّب الملك المذهَّب

لم أُولد غنيًّا. بدأ والدي العمل لدى عمي موشيه فور مجيئه إلى إسرائيل. في البداية، كان والدي عاملا بسيطا. في وقت لاحق، حصل على رخصة القيادة وبدأ في نقل مواد البناء إلى مواقع بناء أخيه الأكبر. عندما اندلعت الحرب العالمية الثانية، التحق والدي، الذي كان يبلغ من العمر خمسة وعشرين عاما، بالجيش البريطاني وعمل سائق شاحنة في ليبيا وإيطاليا.

حدّثني ذات مرّة وهو يسترجع الذكريات: "بمجرّد أن بدأت في قيادة تلك الشاحنة، كان لدي هدف واحد في الحياة، أن يكون لدي شاحنة خاصة بي". خلال خدمته العسكرية، ركّز على تحقيق هذا الهدف. تم تقسيم راتبه الضئيل في الجيش إلى قسمين: أرسل نصفه إلى إخوته في نتانيا، والنصف الآخر تم حفظه لشاحنته. طوال حياته العسكرية، لم يزر أبدا مقاصف الجيش لشراء السجائر أو المشروبات أو الوجبات الخفيفة. قال لي لاحقا: "عندما يكون لديك هدف، ركّز عليه بكل قوتك. تذكّر أن أشعة الشمس لا يمكنها إشعال النار إلّا إذا ركّزت على هدف".

عندما عاد إلى المنزل بعد الحرب، أحصى مدّخراته وكان لديه ما يكفي لدفع دفعة أولى من أجل شاحنة أحلامه. تم وضع الرصيد في خطة الدفع. كانت شاحنة ماك ضخمة مع زخرفة غطاء بلدغ- الشاحنة الوحيدة من نوعها في المدينة بأكملها. كان والدي يتجوّل فيها كما لو كان ملكا يركب عربة مذهَّبة، ذا الشعر الأسود والأكتاف العريضة، كان يريح ساعده العضلي على النافذة المفتوحة ويقود سيارته في شوارع المدينة مستمتعا بكل نظرة حسد ترمقه على طريقه.

في إحدى رحلاته، رأى امرأة شابة، مهاجرة جديدة تنتظر في محطّة الحافلات. قدّم نفسه وسأل عن اسمها. أجابت بخجل: "رينا". كانت في

الثانية والعشرين من عمرها، وكانت ابنة طبيب أسنان من بولندا. لقد مرّت بالجحيم للوصول إلى إسرائيل. قتل النازيّون والدتها وأختها. أجبرت هي ووالدها على الفرار عبر الحدود إلى المجر، وسُجنوا لدخولهم البلاد بشكل غير قانوني. تم إرسالها إلى معسكر عمل ألماني، وعالج والدها أسنان الجنود، وغسلت أرضيات منازل قادة المعسكر. لحسن الحظ، نجيا من الحرب وتمكّنا أخيرا من الوصول إلى إسرائيل. عرض والدي على رينا ركوب شاحنته في اليوم الذي التقيا فيه، وسرعان ما بداّ المواعدة. في البداية، كان والدها يعارض هذه الزيجة. قال لابنته: "إنّه مجرّد سائق شاحنة". "لن يأتي منه شيء جيد." لكن رينا أصرّت. هي وآفي كانا واقعين في الحب، وبعد عدة أشهر تمت مراسيم عقد الزواج.

استمرّ العم موشيه في إعطاء والدي الكثير من العمل. الأموال التي ادّخرها آفي من عمله مكنته من شراء شقة في شارع الحاخام كوك في نتانيا.

كانت حياة الزوجين الشابين سعيدة وغير معقدة. أصبحا والدين في عام 950 ، مع ولادة أخي الأكبر آرون. وقد ولدت بعده في عام 1953. بطريقة ما، انحشرنا جميعا في الطابق الثالث البسيط المكوّن من ثلاث غرف ، بمطبخه الصغير وغرفة المعيشة الصغيرة وغرفة النوم الوحيدة. تم شراء أثاثنا بسعررخيص، وكان لا يمكن الجلوس في الشرفة لأنها تحوّلت إلى مخزن غير رسمي. اكتفى والداي بالقليل. كانا ينامان في غرفة المعيشة، ويحوّلون الأريكة إلى سرير كل ليلة. تشاركت أنا وآرون غرفة النوم. كانت أشياؤنا الفاخرة الوحيدة هي الفونوغراف، ومجموعة صغيرة من التسجيلات الكلاسيكية التي أحبّتها والدتي. كانت الموسيقى والكتب حبها الأول والحقيقي.

على الرغم من أن ظروف المعيشة كانت صعبة ، إلّا أن الحياة كانت حسنة. وعندما كان عمري ستة أشهر ، أصبت بشلل الأطفال. كسر والدي مدّخراته المحدودة ليوفّر لي أفضل علاج طبي متاح. كان طبيبي هو الدكتور حاييم شيبا- الذي سمي على اسمه أكبر مركز طبي في إسرائيل، مركز شيبا الطبي. أخبر والدي أنّه لم ير قط طفلا مريضا يكافح بشدة من أجل حياته. لحسن الحظ، خرجت من المستشفى بصحة جيدة. بعد ذلك، قدّم والدي تبرعات سنوية سخية للجمعيات التي تساعد الأطفال المرضى- حتى عندما كان المال شحيحا في الأيام الأولى، وهو ما كان عليه من حال في كثير من الأحيان.

كان والداي قد حدّدا بوضوح أدوار الزوج والزوجة التقليدية عندما كنت طفلا. كان والدنا مسؤولا عن كسب الرزق، وكانت والدتنا تدير

شؤون الأسرة ورعاية الأطفال. لم يكن في كنف بيتنا أي من وسائل الراحة الحديثة اليوم. لم يكن هناك غسّالة أطباق أو غسّالة ملابس أو مجفّف لها. كان الحفاظ على نظافتنا والمنزل عملا بدنيّا للغاية بالنسبة لوالدتي. مرّة واحدة في الأسبوع، عند الفجر، كانت تنزل إلى فناء المبنى لغسل الملابس في وعاء ضخم من الماء الساخن، يتم تسخينه بواسطة موقد المخيم. بمجرّد غسل ملابسنا وتنظيفها ، كانت تعلّقها على حبال حتى تجف. كانت ملابسنا تفوح منها رائحة هواء البحر النقي وأشجار الصنوبر، التي نمت في الفناء- مكان خاص باعتباره أيضا المكان الذي أقمنا فيه حفلات أعياد الميلاد.

كانت والدتي مقتصدة ومجتهدة، ولكنها أيضا متعلمة تعليما عاليا. كانت تتحدّث عدة لغات، وعزفت على البيانو، وقرأت العديد من الكتب، وأحيانا بلغات أخرى. كانت أمّا عظيمة- مُحبّة ومهتمّة. لم ترفع صوتها أبدا. كان يعيبها شيء واحد فقط: أصرّت على أن نأكل طعاما صحيّا فقط. كانت هناك دائما فواكه وخضروات على أطباقنا. الدجاج المقلي والبطاطا المقلية، والجبن الدهني الذي كنت أتوق إليه لم يزيّن مائدتنا أبدا، على الرغم من أنها كانت من العناصر الأساسية في معظم المنازل الإسرائيلية. اضطررت إلى التسلل إلى منازل أصدقائي للاستمتاع. على الرغم من أنّنا لم نقدر الفوائد الصحية في نهجها عندما كنّا صغارا، إلا أنّني أعزو إليها الفضل في كونها سابقة لعصرها عندما يتعلق الأمر بالتغذية الجيدة.

بينما كانت والدتي تراقبنا بعناية، استمرت أعمال والدي في النمو، ويرجع الفضل في ذلك إلى حد كبير إلى العم موشيه، الذي طلب من والدي نقل الكثير من مواد البناء ثم الإشراف على مشاريع البناء نيابة عنه. كان والدي أيضا فعّالا للغاية ومقتصدا وعمليا في حد ذاته. على سبيل المثال، لم يخرِج الشاحنة أبدا دون أن يكون لديه صفائح معدنيّة لإخراج السيارة من الرمال أو الطين؛ لذلك لم يكن بحاجة أبدا إلى استدعاء شاحنة سحب. تم إجراء إصلاحات الشاحنات فقط في يوم السبت، وليس في يوم عمل اعتياديّ. عادة ما كان يأكل وجباته أثناء القيادة لتوفير الوقت والمال.

في المنزل، تعلّمنا أن نكون مقتصدين وعمليّين بنفس القدر. حتى مع تحسُّن الوضع المالي للعائلة بشكل كبير، لم نخرج لتناول الطعام أو نسافر بعيدا لقضاء الإجازات. استمرّ والدي في قيادة سيارة فيات رخيصة الثمن، ولم تسمح له والدتي بشراء سيارة لها. ربما علمني العم موشيه عن المخاطر الكبيرة التي تؤدي إلى مكافآت كبيرة، لكن والداي علّماني أن أكون ممتنا للأشياء الصغيرة في الحياة. عبر عيون والدي، رأيت أنّ الخيارات اليومية التي نتخذها غالبا ما تكون قوية مثل المخاطر الكبيرة

التي نتخذها- وأحيانا أكثر قوة. التضحيات الصغيرة، بمرور الوقت، تؤتي بثمارها. أخذت حكمة والدي على محمل الجد، حتى عندما كنت شابًا. مرّة واحدة في الأسبوع، كنت أذهب إلى المدينة مع أصدقائي لبعض المرح. كانوا يأكلون الآيس كريم بينما كنت أتناول صودا فقط، والتي تكلف أقل. حتى في ذلك الوقت، كان بإمكاني سماع نصيحة والدي وكنت مصمّما على توفير معظم أموالي. وإذا نسيت أهمية كسب الطريق، فقد تم تذكيري بسرعة. ذات مرّة تجرأت على أن أطلب من والدي بديلا أكبر: "اعمل واكسب المال"، وكانت إجابته المقتضبة: "في الحياة، لا يوجد شيء اسمه غداء مجاني."

على الرغم من أنّه لم يكن من النوع الذي يمنحني المال، إلّا أنّ والدي كان دائما على استعداد لتعليمي المهارات المهنية. كان يسمح لي أحيانا بمرافقته في زياراته لموقع البناء عندما كان يتفقّد حالة مشاريع العم موشيه. ذات مرّة، طلب مني تقييم الموقع وتزويده بتقرير مرحلي خاص بي. شعرت بسعادة غامرة.

"الكهربائيّون موجودون بالفعل في الطابق الرابع!" أبلغت والدي بفخر.

"والجص؟" سأل والدي: "ماذا عن الجص؟"

لماذا لم أفكّر في أن أسأل؟ فكّرت، وأنا أنظر إلى الأرض، محرجا. عدت إلى الموقع ونظرت عن كثب إلى كل ما يحدث هناك.

"الجص في الطابق الثالث" ، أبلغت مرّة أخرى، وكنت في انتظار مجاملة.

"والأرضيّات يا آفي؟"

"أوه." تدلّيت. "لقد نسيت أن أنظر."

وجّه إليّ والدي نظرة محبطة.

قال: "دعني أعلّمك قاعدة مهمة في الحياة". "عندما تتحقّق من شيء ما، انتبه إلى كل التفاصيل. لا تتخطّى أي شيء، لأنّ ما تتخطّاه قد يكون هو ما يغيّر الصورة الكبيرة".

لقد فهمت- وحتى يومنا هذا، لا يزال بإمكاني تخيُّل الأرضيات، والسبّاكين، والجص، والرسّامين، وخيبة أمل والدي عندما فشلت في إعطائه الصورة الكاملة. "لن يحدث ذلك مرّة أخرى"، لقد وعدته في ذلك اليوم- ولم يحدث ذلك أبدا.

على الرغم من أنّه لم يدرس الهندسة أو إدارة الأعمال في فصل دراسي جامعي، إلّا أنّ والدي كان متعلّما شرِها مدى الحياة. إذا احتاج إلى فهم شيء ما، فقد علّم نفسه في الوظيفة. لقد انتابتني دروس الحياة المهمة

التي علّمني إيّاها في كلّ مرّة كنت أبحث فيها عن عمل جديد.

بعض ذكرياتي المبكّرة هي عن والدي الذي غادر للعمل في شاحنته في الساعة 3:00 صباحا. كان سيعود إلى المنزل بعد الشفق، مرهقا تماما. سمعت ذات مرّة والدتنا تطلب منه أن يأخذ الأمر ببساطة. كانت تشعر بالقلق من أن وتيرة عمله المتواصلة قد تضر بصحته. استمع والدنا بهدوء إلى مخاوفها، ثم قال: "بعض الناس يجلسون في المنزل وينتظرون النجاح ليسقط في أحضانهم. لكن النجاح مثل الأرنب، فهو يتعرّج ويقفز بعيدا. إذا لم تطارده، فلن تلطقته أبدا". أراد أن ينجح بكل نسيج من كيانه وكرّس معظم طاقته لتحقيق هذا الحلم. لقد كان الحلم يشتعل في عظامه. كان يتحدث معي عن ذلك طوال الوقت، حتى عندما كنت صغيرا. اعتاد أن يقول: "المال يسمح لك بتحقيق الأحلام، لذلك من المهم أن يكون لديك. للحصول عليه، عليك إمّا أن تولد ثريا أو تجهد نفسك وأنت تعمل من أجله. لم أولد غنيّا يا آفي. ولم تكن كذلك. لذلك، علينا أن نجهد أنفسنا لتحقيق النجاح".

ذات مرّة، عندما كنت أكبر سنا قليلا، اصطحبني معه في شاحنته المحبوبة ماك. كانت الليلة حارّة وجافة بشكل غير عادي؛ ممّا جعل التنفُّس صعبا. تذكّر، في ذلك الوقت لم يكن هناك تكييف هواء، لذلك سافرنا والنوافذ مفتوحة، والرياح الحارقة تصفعنا على وجوهنا. على الرغم من تصببه عرقا» ، إلّا أنّ والدي لم يشتكِ أبدا. لم تكن طريقته. لم يكن هناك شيء يمنعه من أن يكون أول شاحنة تصل إلى المحجر في روش هعاين- وهي بلدة صغيرة تبعد حوالي أربعين دقيقة عن نتانيا. هناك حمّلنا حمولة من الحصى وألقينا بها في موقع بناء على مدار ساعة شمالا في الخضيرة، في الوقت الذي كان فيه عمال البناء يصلون إلى العمل. بعد ذلك، سافرنا ساعتين جنوبا إلى الكثبان الرملية في عسقلان، حيث استخدمنا مجارفنا لتحميل الشاحنة بالرمل. بعد ذلك سافرنا ساعة أخرى جنوبا إلى بئر السبع لتفريغها. على الطريق، أكلنا زبدة الفول السوداني وسندويشات الهلام التي صنعتها والدتي، وشربنا الشاي الدافئ من الترمس القديم لوالدي.

"لماذا تعمل بجدّ يا آفي؟"

ابتسم والدي وهو يتطلّع إلى الطريق. "ذات مرّة سألت والدي، جدي أفروم باروخ، نفس السؤال، فأخبرني أنّه ناجح لأنّه يعمل بجدّ ونشاط دائمين .

لقد كانت رسالة بسيطة: اعمل بجدّ، وآمن، واستمر- وسيأتي النجاح. جنبا إلى جنب مع المخاطرة المثيرة للإعجاب للعم موشيه، شكّلت رؤية والدي المباشرة نظرتي للعالم. في المقابل، تشكّلت عقليته من خلال نهج

والده المماثل في العمل والحياة. وهكذا، هذه الرسالة البسيطة والواضحة تماما حول كيفية تحقيق أحلامك، تمّ تناقلها عبر أجيال عائلتي.

4

مشاريعي الأولى

عندما كنت مراهقا، اعتقدت أنّ المخاطر الوحيدة التي سأواجهها تتمثل بعملي كرجل إطفاء. في ذلك الوقت، كنت عضوا نشطا في كشّافة الإطفاء التابعة لإدارة مركز الإطفاء في نتانيا. تدرّبت فِرقنا مرّتين في الأسبوع على مساعدة رجال الإطفاء في المدينة لإخماد الحرائق. حلمت بأن أكبر وأن أصبح رجل إطفاء. أحببت الإثارة والتّوتّر, وضجيج سيارات الإطفاء التي تتسابق في الشوارع بأضوائها الساطعة وصفّارات الإنذار المدوّية. أحببت فكرة التحديات المرتبطة بإخماد الحرائق، وكذلك العمل على إنقاذ حياة الأشخاص المحاصرين والعالقين في النيران وسرادق الدّخّان. في كلّ مرّة كنت أرتدي فيها خوذة رجل الإطفاء أثناء تدريباتي مع كشّافة الإطفاء، كنت مفعما بإثارة لا مثيل لها وشعور بتحقيق هدف ما.

في أحد الأيام، كنت برفقة رجل إطفاء متمرّس وقد خرجنا في سيارة إطفاء صغيرة لإخماد حريق في حقل مفتوح بجوار أحد الأحياء السكنية القديمة في المدينة. عندما وصلنا، أدركنا أنّ الحريق كان أكبر تفاقما ممّا تصوّرنا. كانت النيران مستعرة دون رادع، وشارفت على بلوغ المنازل المجاورة. كان الناس الخائفون قد تركوا منازلهم بالفعل، ممسكين بحزم من الأمتعة التي كانت في المتناوَل في طريقهم للخروج. كانت النساء تصرخ من الخوف، وبكى الأطفال بلا حول ولا قوة.

سرعان ما طلب رجل الإطفاء المساعدة عبر جهاز الراديو ثنائي الاتجاه الخاص به، وسارع في اتجاه المركبات القادمة لتنسيق جهود مكافحة الحرائق. لقد تُركت بمفردي. نظرت إلى النيران الآزفة بقلق متزايد، وأدركت فجأة أنّها قد بلغت إلى سيارتنا وأحاطت بها. كان من الواضح أنّه في غضون لحظات قليلة، لن يتبقّى أي شيء من السيّارة أو

مني. كنت في الخامسة عشرة من عمري، ولم أجلس أبدا في مقعد السائق في السيارة، لكنني رأيت كيف بدأ والدي مع شاحنته وكيف قام بتغيير التروس. في تلك اللحظة المرعبة، بدا لي أنّ هذا يجب أن يكون كافيا. سأضطر إمّا إلى التخلّي عن سيارة الإطفاء والركض عبر النيران سيرا على الأقدام، أو قيادة السيارة عبر النيران مخترقا إيّاها. زحفت إلى مقعد السائق وأدركت على الفور أنّ لوحة القيادة كانت أشبه بقمرة القيادة في الطائرة أكثر ممّا هي عليه شاحنة والدي. ومع ذلك، كان هناك مقبض ناقل الحركة، وعجلة قيادة، ودوّاسات التسارع والكبح. بحلول الوقت الذي بدأت فيه تشغيل المحرّك وانتقلت إلى محرّك الأقراص، كانت النيران قد بدأت بالفعل بشفشفة غطاء المحرّك. اصطدمت بدواسة الوقود واخترقت حائطا من النار، وأنقذت السيّارة ونفسي. في اللحظة التي التقطت فيها أنفاسي ونظرت إلى الوراء، أدركت أنّني اتخذت القرار الصحيح. لم أكن لأتمكّن من اجتياز جدار اللهب سيرا على الأقدام دون حروق تهدّد الحياة، أو ما هو أسوأ.

تلقيت شهادة تقدير من رجال الإطفاء بعد ستين يوما. قال كبير قادة الإطفاء في المدينة، الذي أعطاني الشهادة بنفسه أنّني انضممت رسميّا في ذلك اليوم إلى جيش الإطفاء كجندي نظامي. عند الاستماع إلى خطابه، انشرح صدري بالفخر والفرح. كنت أعلم أنّني وقعت على مصيري. لكن بدا أنّ القدر يخبئ لي شيء آخر، وفي الخامسة عشرة من عمري، بدأت العمل في مواقع بناء العم موشيه خلال الإجازات المدرسية، تماما مثل الأولاد الآخرين في عائلتي. يتكوّن امتحان القبول لدينا من استخراج المسامير من صفائح الخشب المستخدمة في تأطير قوالب صب الأسمنت. كانت هذه مهمّة مرهقة للأعصاب وخطيرة أدت إلى إحداث الإصابة في كثير من الأحيان. غالبا ما كنت أعود إلى المنزل وأنا أشعر بالنزيف، ولكن مع مرور الوقت، تحسّن ادائي ونجحت في اجتياز اختبار المسامير

ثم تمت ترقيتي إلى مساعد عامل سقالة. كان والدي فخورا جدّا. بعد تلقّي راتبي الأوّل، قمت بإعداد قائمة بكل الأشياء التي أريدها: راديو ترانزستور، ولعب كرة القدم، وصيد الأسماك. لكن والدي أخذني مع المال إلى البنك حيث فتحنا حساب توفير باسمي، وأودعنا فيه كل ما كسبته. أرادني أن أعرف أنّه لا ينبغي أن يكون هناك فلس واحد في جيبي لعمليات الشراء التافهة.

إنّه لمن دواعي سروري الكبير أن حساب التوفير نما بسرعة. قبل العطلات، كان عمي يرسلني لتوصيل الزهور للعملاء المهمّين وموظّفي البلدية. كما قمت بعمليات تسليم لمتجر خمور محلي، وقطفت البرتقال.

خلال موسم الحملات السياسية، وزّعت منشورات وكسبت أموالا إضافية. جمعت الصحف القديمة من جميع أقاربي وبعتها لمتاجر الأسماك في المدينة. كل ما كسبته ذهب إلى حساب التوفير الخاص بي. منذ سن مبكّرة، أصبح من الواضح لي أنّ المال كان معبّرا عن النجاح. حلمت أنّه في يوم من الأيام سأقوم بأعمال تجارية كبيرة وأجني الكثير من المال مثل العم موشيه.

"أنت على الطريق الصحيح"، قال والدي عندما رأى كشف الحساب المصرفي بعد عام. "تذكّر أنّه سيكون الأمر أسهل في الحياة إذا عرف الناس أنّ لديك نقودا في جيبك." بالرّغم من أنّني لم أنس هذه النصيحة أبدا، إلّا أنّ تجربتي في وقت لاحق من الحياة علمتني أنها عادة ما تكون أكثر تعقيدا من ذلك. لقد شرعت في بعض المشاريع بدون فلس واحد وعملت رزمة، بينما شرعت في مشاريع أخرى مموّلة جيدا، انتهى بي المطاف الى فقد قميصي.

عندما لم نكن نعمل، قمت أنا وأصدقائي ببناء عربات علب صابون وتسابقنا بها على كل تلّ في نتانيا. قمنا بجمع الحطب لاحتفال لج باعومر السنوي في الربيع، وكنّا نحاول دائما التأكّد من أنّ نيراننا كانت هي الأكبر. ذهبنا للرقص الشعبي في ليالي الجمعة في ميدان الاستقلال بالقرب من الشاطئ. أبحرتُ على حسكات، وقطفتُ التين الشوكي من شجيرات الصبّار التي كانت تحيط بقرية أُم خالد، وعلقت بالأشواك الواخزة المؤلمة، وتجوّلت بعيدا على الدراجة التي حصلت عليها من أجل الحضور إلى بار ميتزفه. كان لديّ الكثير من الأصدقاء. تسكّعنا معا، وذهبنا للمشي لمسافات طويلة، وتشاركنا أحلامنا.

لم تكن الحياة ممتعة في المدرسة، وهو ما لم يعجبني. لقد شاركت بنشاط فقط في دروس الرياضيات والعلوم، متجاهلا جميع المواد الأخرى لأني شعرت بالملل. لقد فعلت الحد الأدنى، وغششت في الاختبارات، وهرعت إلى الشاطئ. غالبا ما اتصلت معلمتي في الفصل بوالدتي لإخبارها أنني كنت أتثاقل ولا أرقى إلى مستوى إمكانياتي. لم تصرخ أمي في وجهي أبدا لحصولي على درجات أقل من زملائي في الفصل. قالت لي: "أهم شيء بالنسبة لي، آفي، هو أن تكبر لتصبح رجلا"، وفي هذا إشارة إلى شخص يتمتع بالنّزاهة والشرف. كنت أفكّر كثيرا في مشوار والدي، الذي نجح على الرغم من أنّه لم يحصل على أي تعليم رسمي. لقد علّم نفسه الرياضيات واللغة الإنجليزية والعلوم، ومثل والده، برع في الحسابات الدقيقة بدون اعتماد آلة حاسبة. عندما كنّا في موقع بناء، كان بإمكانه النظر إلى قطعة أرض وتقدير حجمها، واحتساب النسبة المئوية

منها التي سيتم منحها رخصة بناء، ومدى تكلفة البناء، والربح المترتّب المتوقع بدقة مذهلة. كان شعوري هو أنّه إذا كان والدي يستطيع تحقيق كل هذا دون الجلوس في الفصل الدراسي، بما يمليه عقله، فيمكنني القِيام ذلك أيضا.

بدا أنّ بعض أساتذتي يوافقون على ذلك.

قبل نهاية السنوات الابتدائية مباشرة، جاء الأخصائي النفسي من وزارة التربية لإجراء اختبارات التوجيه بهدف التعرف على مواهب التلاميذ، وتقديم المشورة للخرّيجين المستقبليّين البالغين من العمر أربعة عشر عامًا حول كيفية متابعة مسارهم التعليمي.

بعد إجراء الاختبار، دعاني الطبيب النفسي لمناقشة مستقبلي. "اختباراتك، آفي شاكيد، تظهر أنّك مناسب للعمل الصناعي، للعمل بيديك. نقترح عليك التفكير في اتخاذ هذا كاتجاه احترافيّ". لقد كانت لحظة محورية بالنسبة لي، لأنّ هذا لم يكن المستقبل الذي تخيلته إليه لنفسي. ربما لم أكن مهتما بالتعليم، لكن كان لدي الكثير من الأحلام- وإذا تطلّب ذلك مني الالتحاق بمسار جامعيّ في المرحلة الثانوية، فليكن.

كان والدي سعيدا بتوصية الطبيب النفسي، وأراد إرسالي إلى مدرسة ثانوية مهنية لدراسة الميكانيكا. لقد وعد بتوظيفي بمجرد الانتهاء. بدا محبطا للغاية عندما أخبرته أنّني أفضل الذهاب إلى المدرسة الثانوية في الكلية. شاركت اعتقادي بأن التعليم الجامعي سيأخذني إلى أماكن أفضل من دبلوم ميكانيكي؛ ممّا أثار استياء والدي أن أطلب من العم موشيه أن يساعدني في الالتحاق بالمدرسة الثانوية الصحيحة على الرغم من درجاتي الضعيفة. كان والدي متأكدا من أنّني سأضيع وقتي هناك.

بمجرد أن التحقت بالمدرسة الثانوية المناسبة، وجدت أنّ إحساسي المهنيّ لم يكن سيئا. أحببت تفكيك الأجهزة وإعادة بنائها، وهندسة العربات، وإصلاح نظام الصوت في المدرسة، وتشغيل جهاز عرض أفلام الكشّافة. كان من الطبيعي أن ينتهي بي الأمر في مسار الرياضيات والعلوم بدلا من العلوم الإنسانية. كان هذان المسارَين الوحيدَين في المدرسة الثانوية في تلك الأيام. لحسن الحظ وجدت الكيمياء رائعة، وقضيت ساعات طويلة في المختبر أتعلّم كيفية تكوين المواد، وما يحدث عندما تقوم بتصنيع مواد مختلفة، وأشياء أكثر من ذلك. كانت أحسن درجاتي في الكيمياء. ولمفاجأة والدي وأخي الأكبر، بدأت في أخذ واجبي المدرسي على محمل الجد لأوّل مرّة- وحتى استمتعت بأداء مهامّي.

خارج المدرسة، كان العم موشيه يجمع جميع الأشقّاء البالغين الذين عملوا معه معا في ليالي السبت للتخطيط للأسبوع المقبل. في بعض

الأحيان كان والدي يأخذني معه إلى هذه الاجتماعات. جلس الجميع حول الطاولة وشاركوا في المناقشة مع رؤساء عمال عمي. كانت آليّة العم موشيه تبدو كآلة مدهونة جيدا، وإمبراطورية متنامية. كانت قطع الأرض التي اشتراها عندما جاء إلى نتانيا لأوّل مرّة تتحول ببطء إلى قطع أراضي ذات قيمة عالية في وسط المدينة. بنى العم موشيه آلاف المنازل في مدن نتانيا وسديروت ويروحام وديمونا وطبريا وما وراءها. في الواقع، كان يبني على كل بوصة مربّعة تمّ ترخيصها للبناء. اعتاد أن يقول: "أحب عصر الليمون حتى تتفتّت البذور". جلس على قمة هذه الإمبراطورية المتنامية، لكن الجميع كان لديهم أدوار محدّدة بوضوح. شجّع عمي أناسه على التعبير عن آرائهم، حتى لو كانوا يعارضون آراءه. دارت مشادّات عالية النّبرة حول طاولة القهوة في غرفة المعيشة في منزله الواسع. استمع العم موشيه بعناية إلى الجميع وردّ على كل تعليق.

في جميع أنحاء إسرائيل، بنى عمي سمعة كمقاول ماهر وموثوق. ومثل والده، كان يؤمن بردّ الجميل. كان في كثير من الأحيان يجود ويعطي بسخاء للمحتاجين. سارعت بنوكه إلى تكريم قطع الورق التي كان يكتب عليها أشياء مثل، "من فضلك أعط جو سميث ألف ليرة من حسابي". عندما انتخب عمدة نتانيا في عام 1958، علم أنّ عمال المدينة كانوا على وشك الإضراب لأنهم لم يتلقوا رواتبهم لعدة أشهر. أعادهم جميعا إلى العمل عن طريق إقراض أموال المدينة من جيبه الخاص لتغطية نفقات رواتب البلدية.

أحبّني العم موشيه شاكيد كما لو كنت ابنه، وبسبب والدي وعمي كنت فخورا بحمل اسم شاكيد. في كل يوم سبت، بعد عودته من الكنيس، كان العم موشيه يجلسني في مكتبه، ويتحدّث معي عن جزء التوراة الأسبوعي، ويعطيني مؤشرات عن الحياة، مستخدما دائما الأمثال القديمة في تعاليمه. ذات مرّة قال لي: "يقول المثل الصيني القديم أنّه إذا أعطيت رجلا سمكة، فسوف يأكل في ذلك اليوم، ولكن إذا علمته كيفية الصيد، فسوف يأكل طيلة حياته . أراد أن يوضّح لي كيف أكون ناجحا في حد ذاته- وقد فعل ذلك. لهذا، سأكون ممتنّا له إلى الأبد.

5

علبة أعواد الثقاب

الخدمة العسكرية الوطنية في إسرائيل إلزامية لجميع المواطنين فوق سن
الثامنة عشرة. عندما تم تجنيدي لخدمتي الإلزامية لمدة ستة وثلاثين شهرا
في عام1971، خضعت لسلسلة من التقييمات لمطابقتي لوظيفة عسكرية
مناسبة. كل شيء كان يشير إلى أنّني أنتمي إلى فيلق الاتصالات. في
الوقت الحاضر، يطلق على هذا اسم C4I Corps، والذي يرمز إلى
القيادة والتحكم والاتصالات وأجهزة الكمبيوتر والاستخبارات العسكرية.

كنت أتوقّع أن يتم إرسالي إلى دورة إشارة، لكن مكتب التقييم أراد
مني تدريس دورة التموين. للتحضير، تعلمت كل ما يجب معرفته عن
أجهزة الاتصالات العسكرية المستخدمة، وكذلك كيفية إدارة المستودعات
العسكرية، وإصلاح أجهزة الراديو ثنائية الاتجاه، وملء النماذج. كنت
طالبا متحمّسا، ولكن ليس لأنّني كنت أضع الأساس لمهنة في الجيش. في
تلك المرحلة، لم يكن لدي أي فكرة عمّا أريد القيام به في الحياة. ولكن حتى
ذلك الحين، كانت هناك قاعدة واحدة تحكم سلوكي: دراسة كل موضوع
بدقة، مع افتراض أنّه في مرحلة ما في المستقبل، سأستفيد على الأقل من
بعض ما تعلمته.

في نهاية فترة التحضير، حان الوقت بالنسبة لي لبدء تدريب مديري
التموين المستقبليّين. بقدر ما نفدت الوظائف الشائعة في فيلق الاتصالات،
لم يجعلك كونك مسؤولا عن التموين قريبا من القمة. كانت الوظائف الأكثر
رواجا واحتراما هي تلك التي تركّز على العمل في هذا المجال. كان أربعة
منّا مرشحين لتدريس دورة مديري التموين. جاء اثنان بكل أنواع الأعذار
المهزوزة لتجنب الوظيفة، وتمّ إرسالهما إلى السجن العسكري لجهودهما.
قلنا أنا وإسحاق ليفي إننا سنفعل ذلك. في مكان ما مدى السّيرورة، ترك

إسحاق الدراسة، لذلك بقيت أنا كمدرّب وحيد.

أحببت فكرة التدريس لأنّ هدفها كان تكوين الناس ليصبحوا محترفين. بدا الأمر مهمّا- وظيفة يمكن أن تخدمني جيدا في المستقبل أيضا. كان من المفترض أن يصبح الجنود الذين أهّلتهم بأن يكونوا مديري الاتصالات على مستوى الكتيبة. كان عليهم أن يكونوا على دراية بحوالي ثلاثمائة جهاز راديو ثنائي الاتجاه وصيانته وتوفيره. لم يكن هذا إنجازا بسيطا، بل يتطلّب القيام بالمهمة بشكل صحيح خبرة في التنقل من خلال الأعمال الورقية غير الشفّافة، الإلمام بمجموعة من أجهزة الاتصالات العادية وغير المنتظمة، وتحمّل المسؤولية عن كل غرض. كان هناك قدر معيَّن من الجحود أداء الواجب الوظيفي. بقدر ما كان رفاقي قلقين، كل ما فعلته هو إدارة مخزن، في حين كانوا قادرين على التباهي بمساعي أكثر إثارة

كانت المتطلّبات الأساسية لمديري الكتيبة قليلة: دبلوم الثانوية العامة، وبعض الحس التقني، ومستوى معيّن من القدرة التنظيمية. معظم الجنود الذين تم إرسالهم إلى الدورة لم يرغبوا في التواجد هناك، لذلك كانت مهمة المدرّب صعبة. على الرغم من أنّهم لم يجرؤوا على التّصريح بذلك، إلّا أنّ معظم الجنود كانوا يأملون الإخفاق. لكن إذا فشلوا في اتباع الأوامر، فيكون إرسالهم إلى السجن. لذلك، فعلوا كل ما في وسعهم وتعمّدوا التظاهر بصعوبة فهم المادة، على أمل طردهم بسبب عدم الكفاءة. على هذا النحو، لم تكن مهمة المعلم هي تعليم خالص لهؤلاء الرجال بقدر ما كانت تحفيزهم على التعلم.

بالنسبة لي، أصبحت دورة تدريب المدرّبين درسا لا ينسى في فهم الناس. كان المدرّبون رائعين. ما زلت أتذكر الدرس الأوّل. وضع المدرّب صندوقا من أعواد الثقاب على الطاولة وطلب من كل واحد منّا التحدث لمدة خمس دقائق عن الصندوق. ماذا يمكن أن نقول عن صندوق أعواد الثقاب الذي سيستغرق خمس دقائق كاملة؟ لكن المدرّب أصرّ. قمت أوّلا، وأخذت الصندوق في يدي وبدأت أتحدث:

"هذا صندوق من أعواد الثقاب. يتكوّن من ثلاثة أجزاء: الصندوق نفسه، الغلاف المطبوع والألعاب الموجودة في الداخل. يتكوّن الغطاء من ثلاثة أجزاء. . . تتكوّن المباريات من. . .

لقد انجرفت بعيدا، وقطعني أحد المدرّبين. لقد تعلمت درسا حيويا: عندما يسمح لك بقدر معيّن من الوقت لتقديم رسالة، فلا تتجاوزها أبدا. علاوة على ذلك، حاول أن تقول كل شيء في وقت أقل ممّا أعطيت. بعد سنوات، عندما كنت محترفا في مجال الأعمال، تذكّرت هذا الدرس ولم أتجاوز الوقت المخصص لي أبدا. كنت أخطّط دائما لكيفيّة استغلال وقتي

مسبقا. تعلّمت أيضا أنّ الدقائق القليلة الأولى هي الأهم في أيّ خطاب أو عرض تقديمي أو مناقشة. إذا فشلت في إثارة اهتمام جمهورك في الدقائق الثلاث الأولى، فهذه مضيعة للوقت. قال المعلم إنّه إذا فشل أحد الطلاب، فهذا خطأنا وليس خطأهم. تعلّمت كيفية شرح الأفكار بشكل أكثر فعالية، وتجنب الأخطاء، والتأكد من أنّه حتى طلابي الأقل اهتماما سيجتازون الاختبار. بدأت كل محاضرة بالتفاصيل الأكثر إثارة للاهتمام: الميزات الخاصة لجهاز الاتصالات وتطوّره والإنجازات التي يمكن تحقيقها بفضله. للتوضيح، كنت دائما أستخدم قصصا من ساحة المعركة. عندها فقط- بمجرد أن استحوذت على اهتمامهم- حاولت الانتقال إلى ما تسميه المصطلحات العسكرية العبرية "المنحدر الخلفي"، وهو انسحاب تكتيكي من أجل إعادة التسلّح والاستعداد لهجوم جديد. كانت القاعدة كما يلي: عندما تكمل عرض هدفك بنجاح، انتقل إلى المنحدر الخلفي. في عرض تقديمي للأعمال، قد يعني هذا التحدث عن المنتجات الأخرى في السوق، ونطاق استخدامها، والمقارنة مع منتجك بميزاته الفريدة والرائدة. كل هذا يخلق تدفقا. الآن، يعرف محاوروك أنهم ينظرون إلى شيء ابتكاريّ، وهم مستعدون للاستماع. عندما يحدث ذلك، تكون في منتصف الطريق نحو هدفك. كما أنني ألقيت محاضرة بصوت معدّل، بينما كنت أتنقّل باستمرار في جميع أنحاء الغرفة. كانت لغة جسدي مقصودة، واستخدمت إيماءات اليد للتأكيد على نقاط محدّدة. عاملت جميع طلابي على قدم المساواة، وكافأت أعضاء الفصل الأكثر تعاونا، وشكّلت روابط قوية. في وقت لاحق من الحياة، كان العديد من طلابي يعملون معي في مشاريع كبيرة حيث كنت بحاجة إلى مساعدة خارجية.

بعد اثني عشر شهرا من الانتهاء من دوراتي، التحقت بمدرسة الضباط حيث لم أكتسب فقط حبي للاتصالات والإعلام وإنّما حبي للإدارة كذلك. علّمونا كيف نفوّض الصلاحيات، ونحمّل المسؤوليات، ونتأكّد من أن تُنجَز المهمة على أمثل وجه. إلى جانب إجادة وإتقان فن الخطابة، بدأت في إتقان فن الإدارة الفعّالة- وهما من نقاط القوة التي حملتها معي حتى يومنا هذا كصاحب عمّل.

كان هناك يوم واحد في وقت مبكر من خدمتي العسكرية لن أنساه أبدا. كنت في الخدمة الفعلية لمدة ثلاثة أسابيع فقط عندما اتصل بي قائدي وطلب مني أن أحضر إلى مكتب العقيد. كنت متسمّرا، متأكدا من أنني فعلت شيئا كان على وشك طردي من الجيش يُهينني ويُهين عائلتي- خفض الرتبة، وإحالة إلى المحكمة العسكرية، كانت السيناريوهات المحتملة لأسوأ الحالات تجول في خاطري وأنا أسير إلى مكتب العقيد. عندما

وصلت، بدا جادا وأنا أحييه ووقفت منتبها. لدهشتي كثيرا، طلب مني أن أجلس.

"آفي، أنا آسف. لدي بعض الأخبار الصعبة لتشاركها. توفي عمك. لقد تلقيت للتو برقية من ضابط في مدينة نتانيا تفيد بأنّ جنازته ستكون غدا. تم تسريحك لحضورها. سنراك هنا في غضون أسبوع".

لا أتذكر ما قلته أو حتى مغادرة مكتب العقيد. كان كل شيء ضبابيّا. كنت في حالة صدمة كاملة. كيف يمكن أن يكون هذا صحيحا؟ تساءلت. كان عمي الحبيب موشيه يبلغ من العمر ستين عاما فقط. ماذا حدث؟ علمت أنّ العم موشيه أصيب بنوبة قلبية وتوفي في المستشفى. عادت كل ذكريات أوقاتنا الرائعة معا إلى الوراء. عندما كنت في العاشرة من عمري، كان يقضي معي ساعة كل يوم سبت بعد الكنيس. كان يعاملني مثل ابنه، وكنا ندرس ونناقش الكتب المقدسة والتّعاليم اليهودية معا. لقد كان شرفا كبيرا لي أنّه اختارني، وأحببت أن أكون معه. لقد نظرت إليه طوال حياتي. كان زعيم عائلتنا الممتدة. كما شغل منصب عمدة نتانيا لسنوات عديدة، لذلك حضر جنازته عشرات الآلاف من الأشخاص. كان حزني عميقا، ولأسباب عديدة، ساعدتني العودة إلى الانضباط العسكري على تجاوز هذا الوقت الصعب للغاية في حياتي. حتى اليوم، بعد عقود عديدة، ما زلت أفتقد العم موشيه.

بعد عامين من خدمتي، في أكتوبر 1973، عندما كنت رقيبا، اندلعت حرب يوم الغفران بين إسرائيل وتحالف من الدول العربية بقيادة مصر وسوريا. تمّ إرسالي إلى قناة السويس مع وحدة متنقلة، استمعت إلى عمليات نقل اتصالات العدو في خضم الصراع. ظلت سيارتنا ثابتة بينما انفجرت القنابل من حولنا ليلا ونهارا لمدة عشرين يوما متواصلة. كان الأمر مرعبا، وشعرنا جميعا بأننا سنموت. لقد كانت تجربة غيّرت الحياة، وكنا محظوظين. قتل أكثر من عشرين ألف مصري وإسرائيلي وسوري. لرفع الصدمة، قمت بمسح التجربة بأكملها من ذهني. لا أتذكّر شيئا تقريبا باستثناء صوت القنابل. ماذا حقّقت هذه الحرب؟ مما استطعت رؤيته، لا شيء على الإطلاق. كانت هذه هي المرّة الأولى التي بدأت فيها في التشكيك في كل شيء، وأستنتج أنّ الحرب عديمة الفائدة- والسلام لا يثمن

6

ليس في عائلتنا

بعد أن أنهيت خدمتي العسكرية في سن الحادية والعشرين، قرّرت قضاء السنوات القليلة التالية في الجامعة. لأنني تفوقت في كيمياء المدرسة الثانوية، كان ميولي الطبيعي هو الاستمرار في هذا الموضوع على صعيد الكلية. ومع ذلك، أردت التأكد من أنّ الكيمياء ستؤدي إلى تحصيل مهنة فعلية براتب. كان أحد أبناء عمومتي مهندسا كيميائيا في مصنع لصنع شحوم وزيوت السيارات. طلبت منه ترتيب وظيفة صيفية لي هناك، حتى أتمكن من التحقق من الكيمياء في العالم الحقيقي. عملت في المختبر، ومعظم الأعمال كانت في اختبار الجودة واللزوجة، واستمتعت بكل دقيقة. أكدت التجربة أنّ الكيمياء كانت المجال بالنسبة لي.

كنت أرغب في الدراسة في التخنيون- وهو ما يعادل معهد ماساتشوستس للتكنولوجيا أو معهد كاليفورنيا للتكنولوجيا خارج إسرائيل- لكنني لم أتمكن من الالتحاق بسبب درجاتي المنخفضة في المدرسة الثانوية. بعد أن تم رفضي، تقدّمت بطلب إلى جامعة بن غوريون في النقب. تم قبولي هناك بشرط أن أحضر دورة التّحضير الأكاديمي للجامعة. لقد نجحت في تلك الاختبارات وتم قبولي أخيرا. في خريف عام 1975 بدأت الدراسة في كلية الهندسة الكيميائية في بئر السبع. كان الأمر صعبا للغاية. استأجرت شقة صغيرة في حي جيمل في بئر السبع مع زميل اخرفي الشقة، كان عضوا في كيبوتس كفار عزة. كان الإيجار أقل من المتوسط لأنّ المالك يحتفظ بالحق في النوم هناك وقتما يشاء. عملت في وظائف مختلفة للمعيشة . كنت أدرّس الأطفال المعرّضين للخطر أثناء

النهار، وفي الليل كنت أعمل كحارس أمن في مستودع نفط في الصحراء. في عطلات نهاية الأسبوع وأثناء الإجازات، كنت أساعد والدي في مواقع البناء الخاصة به.

قابلت داليا، زوجتي المستقبلية، بينما كنت أنتظر في طابور لاستخدام الهاتف العمومي. كنا كلانا طالبا جامعة في السنة الأولى- كانت تدرس علم الأحياء- وكان الحب من النظرة الأولى. بعد بضعة أشهر، قرّرنا الزواج. أحضرت داليا إلى نتانيا لتقديمها لوالدي. أردت أن أعلن قرارنا بالزواج ، لكن المنزل، كالعادة، كان عاجّا بالناس- الأقارب وشركاء العمل ومهندسي البناء. في المطبخ، أخبرت والدتي بالأخبار وهنأتنا كلينا. ثم طلبت التحدث مع والدي. لقد واجه صعوبة في صرف الجميع من المنزل، لكننا تركنا أخيرا نتحدث بمفردنا في غرفة النوم. عندما أخبرته بخبري السعيد، أصبح وجهه جادا، وأمسك كتفي بيديه القويّتَين.

"الزواج مثل شراكة تجارية، آفي. عليك أن تكون منتبها لشريكك، وأن تسير جنبا إلى جنب نحو نفس الهدف، وأن تتخذا القرارات معا، وأن تعرف بشكل خاص كيفية تقديم تنازلات.

"نعم يا آفي . أنا أفهم."

ظل تعبيره جادّا وهو يواصل، "وهناك شيء واحد يجب أن تتذكّره: في عائلتنا، لا توجد حالات طلاق. الزواج مدى الحياة. لذا اذهب وفكّر في الأمر، ثم عد للحصول على مباركتي فقط عندما تكون متأكدا من أنّ داليا ستكون زوجتك إلى الأبد".

قلت: "لست مضطرا للتفكير في الأمر". "أعلم أنّني وداليا سنكون معا إلى الأبد."

تزوجت أنا وداليا في عام 1976، خلال عامنا الأول في الجامعة. أقيم حفل الاستقبال في فندق مكسيم الصغير والشعبي في نتانيا. جاء جميع أصدقائي من الكشّافة وأصدقاء داليا من فتيات الكشّافة للاحتفال معنا. عزف صديقي يسرائيل شيختر على البيانو الكهربائي في حفل الاستقبال، ورقص الجميع. لقد كان حدثا صاخبا وسعيدا للغاية.

كنت أعمل في عدة وظائف بعد الفصل. قدتُ حركة الكشّافة في المدينة وعملت كضابط أمن في خط أنابيب نفط، من بين أمور أخرى. ولد ابننا إيال خلال عامنا الأخير في المدرسة. تبعتها ابنتنا ميهال بعد ذلك بعامين في عام 1981، وولد ابننا أوري في عام 1983. أحببنا أن نكون والدَين ونشاهد عائلتنا الصغيرة تنمو. كانت الحياة جيدة على الرغم من الصعود والهبوط، في المرض والصحة، في الأوقات الجيدة والسيئة،

بقيت أنا وداليا معا، ودعمنا الواحد منّا الآخر، ونعتز بوقتنا معا. نحن نحب بعضنا البعض، وبعد خمسين عاما من الزواج، لم يخطر ببال أيّ منّا أن يكون منفصلا أبدا.

7

اليوم الذي بكيت فيه

بعد أن أكملت شهادتي في الهندسة الكيميائية، اتصل بي والدي لإجراء محادثة. التقينا على طاولة غرفة الطعام، مكتبه غير الرسمي. كان الوقت متأخرا من الليل، وكانت النوافذ مفتوحة، ورائحة زهر العسل منبعثة بالهواء. أخذ والدي رشفة من الماء الفوّار، وجلس على كرسيه وتنهّد.

"لقد حصلت على شهادة، يا بني"، بدأ وعيناه تلمعان. "ماذا الآن؟"

قلت ببساطة: "يجب أن أبحث عن وظيفة". ابتسم، أومأ برأسه. كنت متأكدا تماما من أنّني أعرف ما كان على وشك اقتراحه.

"اسمح لي أن أقدم لك أول عرض عمل لك، آفي. تعال واعمل من أجلي. أنت مهندس، وأنا متأكد من أنّك درست الإدارة. لا تقلق، سأدفع لك جيدا ".

أجبته بصدق: "لكن لدي طموحات يا آفي". "أريد أن أواجه تحديا وأوسّع آفاقي."ثم أضفت بهدوء: "أريد أن أكون مثلك ومثل العم موشيه. أريد أن أشقّ طريقي الخاص".

أومأ والدي برأسه. كنت أعلم أنّه يفهم ما كنت أحاول قوله.

"ما زلت اطلب منك ان تبني معي مبنيين. قم ببيع عدد قليل من الوحدات السكنية. ساعد بعض الناس على وضع سقف فوق رؤوسهم. سترى أنّه لا يوجد تحد أكبر من ذلك".

لم يكن لديّ شيء آخر في الحسبان، فاستجبتُ لإلحاحه.

كان والدي فخورا جدا بأنّني وافقت على الانضمام إليه. كان مكتبه في المنزل، في زاوية من غرفة الطعام. وضع طاولة وكرسي بجانبه، وذهبنا إلى العمل جنبا إلى جنب. لفترة قصيرة، كان لطيفا. لكن لم يستغرق الأمر وقتا طويلا حتى بدأت في التشكيك في قراري بالعمل عن كثب مع

والدي. كنّا شخصَين مختلفين تماما، ولدينا منهجيّات مختلفة جدا في العمل والقيادة. بدأ الاحتكاك بسرعة.

طوال حياته، أراد والدي أن ينجح ويتقدم ويثبت لعائلته أنّه يستطيع كسب المال مثل شقيقه الأكبر الشهير موشيه شاكيد. من قيادة الشاحنات، ارتقى والدي لامتلاك شركة نقل ثم أصبح مقاول بناء ناجحا، تماما مثل شقيقه. ولكن هذا هو المكان الذي انتهت فيه أوجه التشابه بين والدي وشقيقه. على عكس العم موشيه، لم يكن والدي على استعداد لتحمل مخاطر كبيرة، حتى لو كان ذلك يعني إمكانية الحصول على مكافآت كبيرة. بدلا من ذلك، اتخذ نهجا براغماتيا- غير راغب في إصلاح شيء لم يره مكسورا. قام بقياس النجاح بجرعات صغيرة. كان يشتري قطعة أرض ويبني مبنى ويبيع الوحدات السكنية. مع الأرباح، كان يشتري قطعة أرض أخرى ويكرّر العملية. بالنسبة لي، قدّم هذا النهج الثابت إيجابيات وسلبيات. لقد قلّل من المخاطر ولكن أيضا فرصة الحصول على مكافآت أكبر. هذا خلق توتُّرا متزايدا بيننا. بدأنا في الدخول في النقاش واختلاف وجهات النظر . أردته أن يكبر ويبني هياكل أطول- سبعة أو تسعة طوابق بدلا من ثلاثة- لكنه لم يرغب في المخاطرة. وعلى الرغم من أنّه كان يقدر أنني حصلت على شهادة جامعية، إلّا أنّ والدي غالبا ما عاملني كمبتدئ لا يعرف شيئا. عندما أبرم عقودا مع المشترين، كان يطلب مني الجلوس لكنه توقع مني أن أبقى هادئا وأستمع وأتعلّم. أراد أن يفعل كل شيء بطريقته، حتى لو اقترحت شيئا أكثر كفاءة. كانت بعض ممارساته أيضا غريبة بعض الشيء. على سبيل المثال، كان يختبر المشترين الذين يعتقد أنّهم سيعطلون انسجام مبانيه. كان يدعي أن جميع الشقق قد تم بيعها بالفعل، وسنفقد العمل. عندما اجتاز المشترون المحتملون اختبار الانسجام الخاص به، كان يوقف العقد ويقول: "في الوقت الحالي ، ليس لدي شقة متاحة. لكن لدي عميل يتردّد في صفقة ، لذلك سأخبرك إذا فشلت الصفقة ". كان يعتقد أنّ هذا سيجعل المشترين يرغبون في العمارات أكثر. في كثير من الأحيان، كان على حق، وكان المشتري ينتظر بصبر- ولكن ليس دائما.

لم يسمح لي أبدا بالتعامل مع المفاوضات بمفردي لأنه اعتقد أنني لست متطوّرا بما فيه الكفاية. كان يقول: "لا يزال لديك الكثير لتتعلمه عن ممارسة الأعمال التجارية". في الواقع، قضيت معظم وقتي كمجرد رئيس عمّال بأن أشرف عليهم، والتأكد من وصول مواد البناء في الوقت المحدّد والحفاظ على كل شيء في الموعد المحدّد. عندما كانت هناك حاجة إلى مواد، طلب مني الذهاب لشرائها. عندما تم احتجاز العمّال العرب عند

نقاط التفتيش الحدودية، كنت أقود سيارتي لأخذهم. خلال تدريب الضباط في الجيش، تعلمت مبدأ تفويض السلطة. كلما زادت السلطة التي منحتها للأشخاص المناسبين، انخفض معدل فشلك. أردت تفويض بعض وظائفي الإشرافية إلى أفضل العمّال، وبالتالي تشجيعهم على زيادة استثمار أنفسهم في مسؤولياتهم ونتائج عملهم. فكّر والدي بشكل مختلف. لقد كان من مؤيدي السلطة المركزية التي دفعت عمّاله إلى حافة الانفلات، حتّى يتمكّن من استحقاق كل دولار يدفعه في الأجور. أمر عمّاله بحمل ثلاث كتل أسمنتية إلى الطوابق العليا من مبانيه عندما أوصيت باثنتين. جادلت بأن عبئا كبيرا جدا كان يرهق عمّاله. أردت أن يحصلوا على استراحة تناول الطعام مرّتين في اليوم ، لكن والدي أصرّ على أن الواحدة كافية.

كلّ صباح كان والدي يأتي إلى الموقع ويبقى حتى مغادرة آخر عامل. لم يكن يثق بهم، وفي كل مرّة أثرت فيها مسألة تحسين ظروف عملهم- مثل استخدام الرافعات والمضخّات بدلا من العمل اليدوي- كان يغضب ويصرخ في وجهي. قال إنّني أفسدهم. أصبح من الواضح أنّه وأنا كالنفط والماء- سواء في نهجنا تجاه الناس أو رؤيتنا. عندما أراد المشي، أردت الركض. عندما كان يحلم ببناء مبنى واحد، حلمت بأحياء بأكملها. كنت على استعداد لتحمل المخاطر والابتكار، لكنه كان ملتزما بالتمسّك بالماضي وما يعرفه. كنت مندفعا، صانع قرار سريع يفكر بشكل كبير. كان عكس ذلك تماما. قرب نهاية علاقة العمل بيننا، تجادلنا حول كل شيء تقريبا.

عملت مع والدي لمدة عامين تقريبا. لقد وضع ضغطا هائلا على علاقتنا. في هذه الأثناء، من حولنا، كانت نتانيا مزدهرة. كان البناء الجديد يرتفع طوال الوقت. تم تشييد بعض المباني من قِبَل مقاول شاب حاد يدعى إسحاق تشوفا، الذي كان يكبرني ببضع سنوات فقط. سيصبح ثامن أغنى رجل في إسرائيل ورئيس مجلس إدارة شركة إلعاد، وهي تكتُّل تطوير عقاري، بالإضافة إلى مالك مجموعة ديليك، وهي تكتُّل عالمي متكامل للطاقة. في هذه الأثناء، واصل والدي العمل في المباني الصغيرة، بنفقات صغيرة، وأرباح صغيرة. في إحدى الليالي، بعد مشادّة أخرى، عدت إلى المنزل إلى زوجتي وانا أبكي . كانت هذه هي المرّة الأولى التي أبكي فيها منذ أن كنت طفلا صغيرا. خلال البكاء، أخبرت داليا بما حدث.

"لا أستطيع الاستمرار على هذا النحو، ولكنني أيضًا لا أستطيع أن أخيّب أمل والدي. إنه يعلّق عليّ آمالًا كبيرة."

لقد فهمت وأصرّت على أن أبدأ في البحث عن وظيفة أخرى.

"أعلم أنه قرار مؤلم يا آفي، لكن ليس لديك خيار. إذا بقيت مع والدك،

فسوف تدمّر حياتك ومستقبلك ".

كنت أعرف أنّها كانت على حق. ذهبت إلى والدتي وأخبرتها أنّني أفكر في الإقلاع عن التدخين. ردت بجملة واحدة. "أنت ووالدك تتشاجران كثيرا يا آفي، وهذا ليس على ما يرام." لم تزعجها فكرة أنّ طرقنا ستفترق

أخبرت والدي أنني قرّرت أخذ إجازة للبحث عن وظيفة مختلفة. وصفني بالناكر للجميل واقترح أن نزور يشعياهو شاكيد- ابن الراحل موشيه شاكيد- الذي كان وسيط عائلتنا. جلس يشعياهو، الرجل الموهوب الذي كان يدير الآن الإمبراطورية التي تركها له والده، على كرسي جلدي بذراعين في غرفة معيشته الكبرى في نتانيا، واستمع من والدي ومنّي. ثم التفت إليّ.

"لديك شهادة مهنية. يجب أن تعمل في مجالك. إذا كنت غير سعيد في أي وقت، فارجع إلى والدك".

بهذه الكلمات، أجبر والدي على قبول قراري بالتّرك. بعد الاجتماع، قال والدي: "هل تعرف ما هو خطبك يا آفي؟ أنت تركض بسرعة كبيرة. كن حذرا، وإلا ستسقط يوما ما وتتعرّض للأذى ".

تشاورت مع داليا، وقررنا أنّنا بحاجة إلى الابتعاد عن نتانيا لتقليل فرصة الضغط للعودة إلى العمل مع والدي. كنت بحاجة أيضا إلى بعض المساحة لأكون على طبيعتي مرّة أخرى. بدأت في البحث عن عمل في جزء آخر من إسرائيل في اليوم التالي.

8

عدن على الكيبوتس

في عام 1981، كانت شركة سيفن، وهي شركة كبيرة مملوكة للكيبوتس تصنع رقائق بلاستيكية وتبيع المنتجات في الخارج، تبحث عن مهندس كيميائي للعمل في مصنعها في غور الأردن. لقد تأثرت بعملية التصنيع الخاصة بهم، والتي استخدمت أجهزة الكمبيوتر على نطاق واسع في خط إنتاجها للوحات الدوائر المطبوعة. خلال سنتي الرابعة في الجامعة، تعلّمنا إدارة المصانع بمساعدة الكمبيوتر، وأصبحت مدمن مخدرات. عرضت علي الوظيفة وقيل لي إن هناك أيضا فرصة لمدرّس علوم في المدرسة المشتركة في كيبوتس دغانيا أ. هذا يعني أنّ داليا يمكن أن تعمل أيضا. لقد شعرنا بسعادة غامرة.

كان المسمّى الوظيفي الخاص بي هو "مهندس ضمان الجودة للهندسة الكيميائية". لم نواجه أنا وداليا أيّة مشكلة في الانتقال إلى الكيبوتس. لن نكون عضوين كاملين فقط نعيش على الأرض. اعتقدنا أن هذا سيكون تغييرا منعشا. كان جميع القادة الذين خدمت معهم في الاحتياط تقريبا من أعضاء الكيبوتس، ولم يكن لديهم سوى أشياء رائعة ليقولوها عن منازلهم. بدا الأمر وكأنّنا سنكون سعداء في الكيبوتس. كان لدينا بيت صغير تحيط به قطعة من العشب وأحواض من الزهور. كان عملي مثيرا للاهتمام، وكان الأجر جيدا. أحبّت داليا أيضا وظيفتها. عشنا حياة هادئة على الجانب الآخر من نهر الأردن، نتنفّس هواء الريف النقي. في نهاية يوم العمل، كنا نجلس على العشب ونستمتع بالمنظر ونحتسي القهوة. كوّنّا العديد من الأصدقاء الجدد واشترينا دراجتين حتى نتمكّن من اصطحاب ابننا إيال في رحلات خاصّة بالدراجات يوم السبت في المنطقة. شعرنا كما لو كنّا في إجازة طويلة. كانت أهدأ فترة في حياتنا- لكنها لم تدم طويلا.

في سيفن، تقدّمت بسرعة، وسرعان ما عرض عليّ منصب إداري. قيل لي إنّ سياسة الشركة تتطلّب من المديرين أن يكونوا أعضاء في الكيبوتس. وعد مديري بجعل الانتقال إلى حياة الكيبوتس الكاملة أمرا سهلا بالنسبة لنا- لكن كانت لدي شكوك، خاصة بعد العمل في سيفن لفترة من الوقت. نعم، العديد من أعضاء الكيبوتس الذين عملوا في سيفن قاموا بواجباتهم بفعالية، لكن لم يكن لأيّ منهم مصلحة شخصية في المضي قدما. كما ترى، يعمل الكيبوتس على أساس أنّ جميع الدخل الذي يحقّقه الكيبوتس وأعضاؤه يذهب إلى صندوق مشترك. لذا، فإنّ السعي للحصول على قطعة أكبر من الكعكة في العمل يتعارض مع المهمة المجتمعية للكيبوتس. لم يكن هناك حافز للتفوّق. في رأيي، وضع هذا موظفي سيفن في وضع غير مؤات مقارنة بمنافسيها في السوق الحرّة. لم يكن هذا النهج مناسبا لي. كنت قلقا من أنّني سأكون عاملا من التّاسعة إلى الخامسة، ومن ثَمَّ يعود إلى الفناء الخلفيّ لمنزله ليجلس في ويشاهد النهر يجري متدفّقا إلى جانبه. كنت قلقا أيضا من أنّ مثل هذا الإعداد المريح سيحد من مستقبلي المهني. تذكرت عندما غادر العم موشيه الكيبوتس للعمل بشكل مستقلّ. لقد كانت مخاطرة كبيرة، لكنه تمت مكافأته بنجاح كبير. شعرت داليا أيضا أنّ الكيبوتس قد يحدّني. بعد تفكير شامل، رفضت عرض سيفن. حزمنا حقائبنا، ودّعنا أصدقاءنا في الكيبوتس، وانتقلنا إلى شقة مستأجرة في بيتح تكفا، إحدى ضواحي تل أبيب. عدنا إلى المدينة.

9

مقابلة عمل بائسة

بعد العمل في Sefen، أردت تجربة شيء جديد. بحثت عن عمل في المبيعات. بصرف النظر عن التحديات الجديدة، التي أردتها بشدة، كنت أبحث أيضا عن راتب كبير لدعم عائلتي المتنامية. لقد قمت بمراجعة الإعلانات عن الوظائف ووجدت أنّ شركة "جاتر للحواسيب" تبحث عن موظف مبيعات للحواسيب الشخصية. بدت وكأنّها فرصة عظيمة. طلب مني الحضور لإجراء مقابلة في فندق في تل أبيب. قمت بالتحضير المسبق، درست ميزات كل جهاز كمبيوتر في السوق. كنت واثقا من أنّ لديّ انغلاقا بخصوص الوظيفة. خلال المقابلة، طلبوا مني عرض الكمبيوتر على عميل وهمي. اعتقدت أنّه رائع. لقد غصت في محاضرتي التفصيلية حول إيجابيات وسلبيات جميع أجهزة الكمبيوتر المختلفة المتاحة. انتهيت وانتظرت قرار المحاورين.

"آسف، لم تقم بالقطع"، قال أحد المحاورين بشكل واقعي. "حظا سعيدا."

كنتُ مذهولًا ومجروحًا.

"لكني أعرف المادة جيدا!" ادّعيتُ.

أجاب أحدهم: "هذه هي المشكلة". "أنت تعرف ذلك جيدا. أنت عرضة لإرباك العملاء بالكثير من المعلومات. يجب إخبار العملاء فقط بما هو مهم بالنسبة لهم. عليك أن تمنحهم الإحساس بأنّ الكمبيوتر الشخصي هو أداة بسيطة وفعّالة، بدلا من طرح حزمة هائلة من الخيارات- معظمها لن يستخدموها أبدا.

شعرت بغبن ما لحق بي. في وقت لاحق، بعد مشاهدة الأخبار حول إطلاق كمبيوتر كبير من Dell فشل بسبب التعقيد الشديد، بدأت أفهم

أنّ المحاورين كانوا على حق. بمرور الوقت، تعلمت أن أحد المكوّنات الرئيسية للنجاح هو بساطة رسالتك. يرغب العملاء أو المستثمرون في فهم عرضك أو خدمتك أو منتجك أو اقتراحك بسرعة وبشكل كامل. كلّما زادت التفاصيل التي تقدّمها، زادت سرعة فقدانك لاهتمامهم. الناس يكرهون أن يكونوا غارقين. لن تتمكّن أبدا من بيع أيّ شيء لا يمكنك شرحه في ثلاث دقائق، وهو الدرس المستفاد. لقد حان الوقت للعودة إلى البحث عن وظيفة.

10

سرقات أمين الصندوق

"هل أنت عاطل عن العمل؟" سأل كاتب وزارة العمل.
قلت: "ليس بالضبط". "لقد تركت وظيفتي للتو."
"هل تحصل على إعانات البطالة؟" أعاد صياغته.
"لم أتقدم بطلب."
هزّ الكاتب كتفيه. "إذا لم تكن عاطلا عن العمل بالفعل ، فلا يمكنك
حضور الدورة. إنها مخصصة فقط للعاطلين عن العمل".
لم يخطر ببالي أنّ وزارة العمل لن تقبلني كطالب في دورة كانت
تقدمها. لم أصادف عاطلا عن العمل، لذلك لم أفعل أي شيء للحصول على
إعانات البطالة. كنت بين الوظائف. كل ما أردت فعله هو أخذ دورتهم في
COBOL، وهي لغة كمبيوتر جديدة. وحددت العديد من فرص العمل
COBOL كشرط. تم تطوير COBOL في الولايات المتحدة، وقد تم
تصميمه لإدارة القوى العاملة على نطاق واسع. كانت المنظومة قادرة
على حساب مجموعة واسعة من الرواتب والمخزون، وإعداد تقارير
عن التغيرات في السكّان. كانت لغة برمجة مناسبة للوزارات الحكومية
والشركات الكبيرة جدا. مع وجود COBOL تحت حزامي، اعتقدت أنّ
العثور على وظيفة سيكون أسهل بكثير.
عكست اللغة الجديدة تقدما كبيرا. مرّت خمس سنوات فقط منذ صفي
الأول في تطبيقات الحاسوب الرياضية في كلية الهندسة الكيميائية في
جامعة بن غوريون، لكن شعرت وكأنّ الفترة اخذت سنين طويلة . بدت
جميع البرامج التي درستها بالفعل خرقاء وعفا عليها الزمن. لقد تخيلت
مستقبلا من التغييرات المستمرة في صناعة الكمبيوتر وأردت أن أكون
جزءا منها. لأخذ الدورة، كان عليّ أن أصبح عاطلا عن العمل رسميا

، لذلك ملأت طلبي للحصول على إعانات البطالة واشتركت في دورة COBOL. سرعان ما كنت أبحث عن عمل مرّة أخرى وتقدمت بطلب للحصول على وظيفة في متجر معفى من الرسوم الجمركية في مطار بن غوريون الدولي. كانوا يبحثون عن مبرمج COBOL لإدارة نظام الكمبيوتر المتطور في المتجر.

عندما بدأت العمل هناك لأوّل مرة ، كان المتجر يعاني من خسائر كبيرة في الإيرادات بسبب سرقة المتاجر. لتسوية الأمور، عيّن المالكون مفوّض شرطة سابقا، هرتزل شافير، رئيسا تنفيذيا مؤقتا. أمضى عدة أيام في النظر في ممارسات وإجراءات المتجر، ثم دعا إلى اجتماع لكبار الموظفين. في ذلك الاجتماع، سألنا جميعا سؤالا واحدا فقط: "ما الذي يجعل أمين الصندوق جيّدا؟" بدأ الجميع يتحدثون عن الولاء والمجاملة والكفاءة. "ليس بالضبط"، قال هرتزل شافير. "يمكن لأمين الصندوق الجيّد أن يفلت من السرقة. لماذا؟ لأنهم يعرفون كيفية استغلال نقاط الضعف في النظام التي لن يلتقطها الصرّافون الآخرون". ولاحظ أنّ معظم السرقات كانت تحدث عندما كانت شبكة الكمبيوتر معطلة، وهي الفترة التي لم يتمكّن فيها الصرّافون من تسجيل المبيعات على الكمبيوتر. عندما حدث هذا، كان من المفترض أن يتم تسجيل المبيعات يدويا. وأوضح أنّ مثل هذه اللحظة كانت محفوفة بالإغراء. يمكن لأمين الصندوق الذكي ببساطة تخطّي تسجيل بعض العناصر وتمريرها إلى المتواطئين الذين ينتظرون إخراجها من المتجر. تم إصدار توجيه جديد لإغلاق المتجر في كل مرة تتعطل فيها شبكة الكمبيوتر. توقّفت السرقات تقريبا. ونظرا لأنّ المتجر تم إغلاقه أثناء حوادث الشبكة، فقد كانت وظيفتي تصحيح النظام في أسرع وقت ممكن. أكثر من مرّة، كان هذا يعني القيادة إلى المطار في منتصف الليل لإعادة كل شيء إلى الإنترنت. وبعد أقل من عام، توصلت إلى استنتاج مفاده أن الوظيفة أخذت كل امكانياتي ومجهودي، ليس فقط بسبب ساعات العمل، بل ببساطة لم أجد هناك أي فرصة للتقدُّم المهني. مرّة أخرى، حان الوقت للبحث عن منصب جديد.

11

السياسة وريادة الأعمال

كان مكان عملي التالي هو شركة صناعات الطائرات الإسرائيلية (IAI)،
وهي شبكة من المنشآت الصناعية الضخمة التي تعمل في مشاريع
دفاعية ومدنية للعملاء في جميع أنحاء العالم. جئت إلى IAI بمعرفة
شاملة بأجهزة الكمبيوتر وتم تعييني في دورة إعدادية متقدّمة. لم يعلمني
خبراء IAI تطبيقات الكمبيوتر المختلفة فحسب، بل علمني أيضا المنطق
والاستراتيجية. استوعبت كل شيء بشغف وأعربت عن تقديري لقدرة
IAI على التكيف مع المستقبل. كان هذا عام 1983، وكان لديهم جهاز
مركزي ضخم تم تجهيزه باستمرار بطرق جديدة لجعل عملهم أكثر كفاءة.

تم تعييني في قسم الأنظمة كمبرمج أوّل مسؤول عن التحكم في
البرامج ودعمها. عززت الوظيفة قناعتي بأنّ عالم أجهزة الكمبيوتر كان
على وشك تحقيق اختراقات هائلة. كنت آمل أن أتمكن من المشاركة في
الثورة. بينما كنت أدرس الهندسة الكيميائية في الجامعة، أصبحت أجهزة
الكمبيوتر حبي الحقيقي. أعطتني IAI (الصناعة الجوية الإسرائيلية)
الفرصة لدخول هذا العالم بشكل كامل. كان المردود المالي رائعا، لكن بعد
عامين ، بدأت أشعر مرّة أخرى بالقلق إذ تحرّكت الثقافة في IAI ببطء
شديد بالنسبة لي، وكنت أشعر بالملل. لحسن الحظ، كان زميل في العمل
يدعى بنحاس هار زهاف ناشطا في حزب العمل وطلب مني الاستعانة
بالأصدقاء والزملاء للحصول على عضوية الحزب. كنت أكثر من راغب
في المساعدة، لأنني كنت أؤمن بمواقف حزب العمل، خاصة عندما يتعلق
الأمر بالسلام. السياسة كانت عالما غريبا تماما بالنسبة لي، وقد أثار
فضولي. بدت لي المشاركة في النشاط السياسي ملاذًا جيّدا من الملل.

دون تغيير الوظيفة. سرعان ما اكتشفت أنّ السياسة لديها الكثير

من القواسم المشتركة مع بيع منتج أو خدمة. يجب أن تعرف كيفية تقديم آراء جديدة، واستقطاب القلوب، والأهم من ذلك كله، القدرة على الإقناع. سرعان ما أدركت أيضا أنّ إنشاء اتصالات في الأماكن الصحيحة لم يكن أبدا عيبا في العمل. تم إطلاق العديد من المهن النيزكية من خلال الروابط السياسية التي تمّ زرعها بجد.

بعد الانخراط في السياسة لبضعة أشهر، دعيت للانضمام إلى صديقي بنحاس في مظاهرة في تل أبيب لدعم الانسحاب الإسرائيلي من لبنان. غزت بلادي واحتلت جنوب لبنان مرّتين- في عامي 1978 و 982 - في المقام الأول للدفاع عن نفسها ضد الجماعات شبه العسكرية، وأحيانا الحكومات الأجنبية التي استخدمت المنطقة لشن هجمات ضد إسرائيل. لأنّني اعتقدت أنّ هناك بدائل للاحتلال ودعمت انسحاب إسرائيل من لبنان، انضممت إلى المظاهرة. في ذلك الوقت، أخبرني بنحاس أيضا عن منتدى ماشوف التابع لحزب العمل، الذي أسّسه السياسي الإسرائيلي وناشط السلام يوسي بيلين في عام 1981، والذي يدعو إلى إجراء مفاوضات مباشرة بين إسرائيل والفلسطينيّين وإقامة دولة فلسطينية في قطاع غزة والضفة الغربية. وكان من بين الأعضاء النشطين في منتدى ماشوف إسرائيليّين مؤثّرون مثل إسحاق هرتسوغ وأفروم بورغ وبوريس كراسني وأوري سافير ونمرود نوفيك وأمنون نويباخ. لقد تأثرت كثيرا بالمناقشات المتعمقة التي أجراها منتدى ماشوف حول السلام بين الإسرائيليّين والفلسطينيّين. قادتني التجربة إلى تكوين علاقة وثيقة مع الأشخاص الذين أداروا فرع حزب العمال في IAI.

لقد كشف نجاحي في تسجيل أعضاء جدد في حزب العمال عمّا كنت أشعر به بداخلي بأن أكون بائعا محترما وربّما سياسيا ناجحا. انساب إليّ الإقناع بسهولة، واكتشفت أيضا أنّني أحب السياسة. لقد أحطت علما بحقيقة أنّه في المؤسسات المركزية للمعهد الدولي للسياسات، كان خمسة من ممثلي حزب العمال كبار السن. من غيري، لم يكن هناك ناشط شابّ واحد في الحزب. اقترحت إنشاء فرع للحرس الشاب التابع لحزب العمل في IAI، وفي غضون فترة زمنية قصيرة، أصبحت سكرتيرا له. لكن السياسة تغلغلت إلى رأسي، وأردت المزيد. في بيتح تكفا، كان زميل يدعى تسور حكمون- الذي ينشر عدة صحف محلية- قد أعلن للتو ترشحه لمنصب سكرتير الحرس الشاب في المدينة. كان لديه ميزة عليّ لأنه عاش في بيتح تكفا معظم حياته، بينما جئت إلى المدينة قبل عامين فقط. لكنني كنت متأكدا من قدرتي على إقناع لجنة فرع الحرس الشاب باختياري بسبب مكانتي المهنية، والدعم الذي تلقيته من زملائي في العمل

في IAI، وغيرها من المهارات الّتي أتمتّع بها. كان هذا ساذجا. لم أكن أعرف بعد أنّ لعبة السياسة غالبا ما يكون لها قواعد لا يفهمها سوى المطّلعين. حصلت على خمسة أصوات فقط من أصل خمسة وعشرين صوتا، وأصبح تسور حكمون سكرتيرا للحرس الشاب لحزب العمل التابع لبيتاح تكفا.

لقد تخلصت من هزيمتي وواصلت تعميق مشاركتي السياسية. ذهبت إلى الاجتماعات وكوّنت صداقات مع شخصيات بارزة في الحزب. بعد فترة وجيزة، حدّدت فرصة أخرى. كان دوف تافوري، عمدة بيتح تكفا، يترشّح لولاية أخرى. كان لديه أحد عشر مقعدا في مجلس المدينة. أقنعته بأنّه بحاجة إلى ممثل أصغر سنّا- أنا! نتيجة لذلك، وعدني بالمركز السادس في قائمة الحزب. وكنتُ واثقًا بأنّني هذه المرّة سأفوز بالدخول. لكن في الانتخابات، فاز تافوري بخمسة مقاعد فقط. مرّة أخرى، بقيت في الخارج. بدا من الحكمة أن نأخذ بعض الوقت لمعرفة ما حدث والتعلم منه. كانت كل طاقتي ووقتي يستنفد على السياسة، ولم أكن أبلغ إلى أي مكان. لقد كانت مهنة بدوام كامل، على الأقل، وكنت أتلاعب بها بعد يوم عملي في IAI. كان عليّ أن أقرّر إذا ما كانت السياسة ستكون طريقي في الحياة. في الوقت الحالي، قرّرت أنه لن يكون كذلك. كان الأمر مثيرا للاهتمام وصعبا، لكنني بدأت أدرك أن توقي المستمر إلى تحديات جديدة قد يكون مناسبا لمساعي ريادة الأعمال بدلا من مسار الشركة التقليدي. لقد عملت الآن في عدد لا بأس به من الشركات والصناعات، وكنت مستعدا للمراهنة. وهذا يتطلب اهتمامي الكامل. تركت السياسة، ولم أكن أدرك تماما أنّ ندوب الخطأ قد حفرت اعماقي ، وكنت أنتظر فقط الفرصة المناسبة للظهور مرّة أخرى.

في ذلك الوقت، لاحظت أنّ IAI كانت تستثمر بكثافة في التسويق الدولي. كان هذا هو النهج الصحيح لأنّه كان من المستحيل الاعتماد فقط على السوق الإسرائيلية، الّتي كانت صغيرة جدا. احتاجت الشركة إلى التوسُّع في الخارج، لذلك اقتربت بسذاجة من الإدارة بشأن منصب رفيع في قسم التسويق. لو كنت أفكّر بوضوح، لكنت أدركت أنّ هذا كان أحد أهم المناصب في IAI، وهو مخصص لأولئك الذين لديهم أقدمية وسنوات عديدة من الخبرة. ومع ذلك، فوجئت عندما تم رفض طلبي.

قالوا لي: "نحن بحاجة إليك في قسم الكمبيوتر". "انتظر بصبر لبضع سنوات وسنرى." لم يكن الانتظار بصبر احدى سماتي القوية ، لذلك وجدت نفسي على مفترق طرق آخر. بينما كان بإمكاني ببساطة الاستمرار في وظيفتي الحالية، ودعم عائلتي بشكل جيد والتقاعد بمعاش

تقاعدي سمين في وقت لاحق من الحياة، شعرت وكأنني كنت أخطو في الماء وبحاجة إلى مواجهة تحديات جديدة. في اليوم التالي، سلّمت استقالتي.

12

لا تخف من الخسائر

هز صديق للعائلة والذي كان مديرا تنفيذيا كبيرا في شركة رافائيل، وهي شركة إسرائيلية مهمة لتصنيع أنظمة الدفاع عالية التقنية، رأسه عندما أخبرته أنني سأترك وظيفتي في IAI. ونظرا لأنّني لم أشغل وظيفة واحدة لأكثر من عامين، قال إنّه إذا تم تسليمه سيرتي الذاتية، فسيتعيّن عليه التفكير مرّتين في توظيفي. قال لي إنّ تاريخي الوظيفي أعطى انطباعا بأنني غير قادر على "التمسُّك به". هناك وجهتا نظر عندما يتعلق الأمر بالسير الذاتية. يعتقد بعض المديرين التنفيذيّين، في شركات مثل رافائيل، أنّ البقاء في وظيفة على المدى الطويل يظهر المثابرة والتفاني والولاء والالتزام. ربّما. ولكن الآن بعد أن أصبحت الشخص الذي يراجع السير الذاتية كرئيس لشركتي الخاصة، أعتقد أيضا أنه يمكن أن يكون علامة على عقلية محافظة للغاية، وربّما حتى غير طموحة. في بعض الأحيان، لا يكون الوقوف ساكنا انعكاسا لقدرة المرء على الابتسام والتحمّل، بل هو مظهر من مظاهر الخوف. أنا منجذب إلى السير الذاتية التي تظهر الحركة والتغيير للتحسين. أحب أن أرى المهنيّين يتابعون تحديات جديدة لتعزيز حياتهم المهنية. ربما يأتي هذا التحيز من حقيقة أنّني في بداية مسيرتي المهنية، غالبا ما غيرت وظائفي، ممّا أدى إلى تسريع رحلة نجاحي.

بعد أن تركت IAI، جلست في المنزل أفكّر في مستقبلي وسرعان ما خلصتُ إلى أنّ الوقت قد حان لبدء العمل لنفسي. وجدت دراسة أجراها البروفيسور إيهود مينيباز من جامعة بن غوريون في ذلك الوقت أنّ واحدا من كل خمسة إسرائيليّين يريد فتح مشروعه الخاص. كتب مينيباز: "ومع ذلك، فإنّ العديد من أولئك الذين يرغبون في النجاح يفتقرون إلى القدرة اللازمة على التحمل لبناء وضمان نجاح عمل جديد. إنهم يميلون إلى

الاستسلام في وقت مبكّر جدا". لقد تعهّدت بأنّ هذا لن يحدث لي. أقسمت أنني سأبذل قصارى جهدي وأتمسك حتى أنجح. على الرغم من أنّه لم يكن لدي أي فكرة عن نوع العمل الذي أريد أن أبدأه، إلا أنّه لدي مجموعة من المبادئ التوجيهية:

نموّ قوي. أردت أن تنمو شركتي بنسبة 12 في المائة على الأقل كل عام.

ابتداع. كنت أرغب في البقاء في الطليعة عندما يتعلق الأمر بالاتجاهات الناشئة.

التحسين المستمر. كنت أزور المعارض التجارية والمعارض، وأقرأ الأدبيات المهنية، وأحضر دورات تدريبية متقدمة، وأتعلم من رجال الأعمال الذين أعجبت بهم.

المخاطرة. لن أدع الخوف من الضياع يمنعني من الابتكار والنموّ.

كانت هذه المبادئ هي أساسي لبدء أيّ مسعى. ستقدم تفاصيل عملي المستقبلي نفسها في النهاية.

اصطحبت معي داليا وأوري الصغير، الأصغر بين أطفالنا الثلاثة، لتسجيل شركتي الجديدة في مسجّل الشركة في القدس. كان يوما صيفيا صافيا، حيث كانت الشمس ترسل أشعة دافئة على كل شيء، ونسيم لطيف ينشر رائحة السرو الخشبية الحارة عبر السيارة. كنا نرتدي ملابس عطلتنا. كانت داليا متحمسة. لقد شعر كلانا بأهمية هذه المناسبة. دخلنا المكتب وطلبنا تسجيل شاكيد للتسويق الدولي، التي ستكون مملوكة لي ولداليا. ربما كانت إضافة كلمة "دولية" رنانة

بعض الشيء، لكنني كنت أحلم بأحلام كبيرة وشعرت أنّه من المهم التأكيد على أنّ الشركة ستعمل يوما ما خارج حدود إسرائيل.

"ماذا الآن؟" سألت داليا.

قلت: "كل شيء سيكون على ما يرام". "أبدأ العمل غدا."

"أين؟" سألت.

"ليس لدي أي فكرة."

كنت في الثانية والثلاثين من عمري، ولم يكن لدي مكتب ولا موظّف ولا تمويل.

لكن كانت لدي فكرة ومبادئ توجيهية ـ وكنت مستعدا للمراهنة.

13

شراكة مربحة

كما خمّنت، على الأرجح الآن بأن أكون مهتمّا بالعديد من المجالات، وكان التسويق الدولي أحدها. خلال فترة عملي في IAI، أدركت أنّ معظم المنشآت الصناعية الخطيرة في إسرائيل كانت تبحث بفارغ الصبر عن أسواق التصدير. رأيت الكثير من الفرص في هذا المجال المزدهر، ولكني لم أكن أعرف الكثير عنه. كنت بحاجة إلى تعلم الأساسيات؛ لذلك اتصلت بالمعهد الإسرائيلي للتصدير والتعاون الدولي. كان المعهد قائما منذ عقدين من الزمن، حيث تم إنشاؤه لمساعدة الصناعات الإسرائيلية على التوسُّع دوليا من خلال الصادرات. عندما دخلت مكاتب المعهد لأوّل مرّة، رأيت عددا كبيرا من الدورات الجديدة مدرجة على لوحة الإعلانات. كان أحدها "التصدير إلى الولايات المتحدة". لقد قمت بالتسجيل على الفور.

كان شموئيل بن توفيم، الملحق التجاري السابق في السفارة الإسرائيلية في واشنطن، يلقي محاضرات حول اتفاقية تجارية جديدة تماما مع الولايات المتحدة ومن شأنها أن تمنح الشركات الإسرائيلية نفس الحالة الّتي تتمتّع بها الشركات الأمريكية في التنافس على المناقصات العسكرية الأمريكية. هذه هي العقود التي تصدِرها المنظمات الحكومية لتوريد السلع أو الخدمات للقوات المسلحة- كل شيء من المركبات العسكرية والأمن السيبراني والإشراف على البناء وعقود الصيانة إلى توريد المعدات والذخيرة والزي الرسمي وما إلى ذلك. كان الحبر بالكاد جافّا على ورقة الاتفاق، وبدا لي أنّه يمكن أن يعني فرصا كثيرة للمستقبل القريب. سألت من كان يتعامل مع هذه المناقصات وأحيل إلى غيرشون بروسوفانكين، وهو عازب يبلغ من العمر ثلاثين عاما، يضع نظّارة طبية وقد هاجر مؤخرا من الولايات المتحدة. لم يتحدّث كثيرا، ولم أره يبتسم

مرّة واحدة. طلبت منه أن يخبرني كيف يمكن لشركة إسرائيلية أن تربط بمناقصات عسكرية أمريكية.

أجاب: "بكل بساطة". "في الولايات المتحدة، هناك صحيفة يومية تسمى Commerce Business Daily، والمعروفة باسم CBD، وتحمل جميع تفاصيل مناقصات الجيش. لكل فرع من فروع الجيش قسم مشتريات خاص به مسؤول عن إعادة التخزين والحصول على منتجات جديدة، حسب الحاجة. عندما أحصل على الورقة، أذهب إلى قاعدة البيانات الخاصة بي- التي تضم جميع الشركات الإسرائيلية ذات الصلة- وأحاول معرفة أيّ منها سيكون مهتمّا بمناقصة أو أخرى. بعد ذلك، أتصل بالشركات وألفت انتباهها إلى المناقصات".

"كم عدد المناقصات التي يتم نشرها يوميا؟" سألت.

"حوالي ثلاثة آلاف."

لقد أذهلني، وواصلت استجواب جيرشون. "كم من الوقت يستغرق الحصول على الورقة من وقت نشرها؟"

"حوالي أسبوع."

"هل هناك أيّة طريقة للوصول إلى المناقصات في وقت أقرب؟"

"بالتأكيد. يمكنك البحث عنه على جهاز الكمبيوتر الخاص بك. المعلومات متاحة على الإنترنت. لكنها تكلف الكثير من المال ولا تستطيع تحمل تكاليفها سوى الشركات الكبيرة- مثل صناعات الطائرات الإسرائيلية أو رافائيل أو الصناعات العسكرية الإسرائيلية. جميع الشركات الأخرى تحصل على المعلومات مني بعد استلام الورقة".

على الرّغم من أنّ مثل غيرشون بروسوفانكين يختلف عن شخصيتي، إلّا أنّه أثبت أنه كنز دفين من المعلومات. كان من الواضح أن الفجوة الزمنية التي استمرت أسبوعا كانت طويلة جدا؛ ممّا يضع مقدّمي العطاءات الإسرائيليّين في وضع غير مؤات. كنت متأكّدا من أن الكثيرين كانوا يفقدون صفقات هائلة. أردت تصحيح الوضع ولكني كنت أعرف أنّه بدون شخص رئيسي يعرف إجراءات المناقصات الأمريكية ويمتلك قاعدة بيانات شاملة للشركات الإسرائيلية، سأصادف قريبا جدارا من الطوب. كان لدي الشخص المثالي للوظيفة، لكن لم يكن لدي أي فكرة عمّا إذا كان سيوافق على العمل معي. ذهبت إلى معهد التصدير الإسرائيلي مرّة أخرى ودخلت إلى مكتب جيرشون. قلت له إنّني أفكر في تأسيس شركة وساطة سريعة بين شركات أمريكية وإسرائيلية، وعرضت عليه وظيفة.

نظر إليّ غيرشون بهدوء. "يعجبني هنا. لماذا يجب أن أترك؟"

عرضت عليه ضعف الراتب الذي كان يتقاضاه في المعهد- على

الرغم من أنّه في ذلك الوقت، لم يكن هناك أي دليل على أنني سأكون قادرا على دعم هذا العرض. تغيرت تعبيرات وجهه، وكنت متأكدا من أنني رأيت وميضا من الاهتمام.

"اسمح لي أن أفكّر في الأمر لبضعة أيام." أراد أن يعرف المزيد عني وعن الشركة التي أردت أن أبدأها. سأل عن تفاصيل محدّدة حول المنصب الذي كنت أقدمه.

بعد أسبوع، أخبرني غيرشون أنه على استعداد للقفز على متن السفينة والانضمام إلي.

تشاركت قراري مع داليا، التي وافقت على أنها كانت خطوة جريئة ومحفوفة بالمخاطر. لكنها، كالعادة، أعطتني الضوء الأخضر. "أنا أثق بك يا آفي". لقد وجدت أنّه كان من الأسهل دائما اتخاذ خطوات كبيرة عندما دعمتني داليا دون تحفُّظ. علمتني التجربة مدى أهمية مشاركة قرارات عملي مع عائلتي. فذلك يجعلهم شركاء ويمنحهم إحساسا بالمسؤولية.

لأوّل مرّة في حياتي، كنت أعمل لحسابي الخاص تماما. شعرت بالارتياح، باستثناء أنّه لم يعد لدي راتب ثابت يتم إيداعه في حسابي المصرفي كل شهر. شعرت بثقل ذلك مع زوجة وثلاثة أطفال أعيلهم- ناهيك عن نفقات العمل مثل راتب جيرشون، وإيجار المكتب وصيانته، والإمدادات، وما إلى ذلك. ستأتي الأموال اللازمة لتغطية كل هذا من أرباح الشركة، إذا كنا محظوظين بما يكفي لتحقيق أي منها.

بينما كان غيرشون لا يزال في المعهد، يقوم بتدريب بديله، كنت أبحث عن مكتب. كان بإمكاني توفير المال من خلال العمل من المنزل، لكنني لم أستطع التخلص من ذكرى مكتب والدي في غرفة المعيشة الضيقة عندما كنت أكبر. شعرت أنّ هيئة ومرآى الشركة مهمّ، وهذا يشمل الحصول على العنوان الصحيح. ذهبت إلى America House في شارع الملك شاول في تل أبيب لاستئجار مكتب. حقيقة أنّ "أمريكا" ستكون جزءا من العنوان أثارت إعجابي. كان المبنى أيضا موطنا لجمعية التجارة الإسرائيلية الأمريكية، وكان العديد من أعضائها النشطين من المديرين التنفيذيّين للشركة الذين أردتهم كعملاء. كان مدير مبنى البيت الأمريكي مهذّبا ولكنه صريح جدا: تم الاستيلاء على جميع المكاتب، ولم يكن هناك شيء متاح للإيجار في المبنى. لقد أصبحت مرتبطا بالمظهر الذي سينقله هذا الموقع المعيّن لشركتي، لذلك استمررت. نظرت إلى قائمة المستأجرين على السبّورة في الردهة، ورأيت أنّ جيبور سابرينا، الشركة المصنّعة للمنسوجات والجوارب غير اللّحميّة، احتلت عدة طوابق. ذهبت إلى جناحهم وسألت محاسب الشركة عمّا إذا كان لديهم غرفة احتياطية

متاحة.

قال لي: "نعم". "هناك بالفعل غرفة صغيرة غير مفروشة وفارغة، في الطابق التاسع. سنكون على استعداد لتأجيرها لك مقابل ألف دولار شهريا". شعرت بسعادة غامرة، لكن هذا كان مبلغا ضخما من المال- أعلى بكثير من الإيجار العادي لغرفة صغيرة غير مفروشة. لا يهم، لقد قبلت بسعادة. اشتريت مكتبا وكرسيا لجيرشون. مع مساحة صغيرة جدا، سيتعيّن علينا مشاركة مكتب واحد. بعد يومين، ذهبنا إلى العمل.

في البداية، كانت النفقات أكبر ممّا كنت أتوقع. بالإضافة إلى راتب جيرشون والإيجار، كنت بحاجة إلى جهاز كمبيوتر وقارئ ميكروفيش لقراءة بطاقات الأفلام الصغيرة التي تحتوي على كميات هائلة من البيانات. كلاهما كان باهظ الثمن، لكنني شددت

على أسناني واشتريتها، لأنها كانت ضرورية. بعد بذل هذه النفقات، لم يتبق سوى القليل جدا في حسابات التوفير الخاصة بي. صليت من أجل الدخل قبل أن يتم القضاء على حساباتي تماما.

خلال الأشهر الثلاثة التالية، ركّزتُ على هدف واحد فقط: توفير إمكانية الوصول إلى الـCBD بسرعة وكفاءة أكبر من معهد التصدير. وهذا من شأنه أن يمكنني من تأمين العملاء الذين يحتاجون إلى التغلب على الفجوة الزمنية التي استمرت أسبوعا واحدا والتي كانت تعيق قدرتهم التنافسية في الحصول على عقود عسكرية أمريكية لسلعهم وخدماتهم. كان أوّل ترتيب للعمل هو الوصول إلى اتفاقية خاصّة بالتنوع البيولوجي في اللحظة التي تم نشرها فيها- وليس بعد أسبوع. اكتشفت أنّ المشتركين الأمريكيّين تلقوا الصحيفة بالفعل في اليوم السابق لنشرها، لذلك طلبت على الفور اشتراكا باسم خدمة بريد سريع دولية مقرها في نيويورك. رتّبنا لساعيهم، الذي كان دائما مسافرا إلى إسرائيل، لتسليم الصحيفة إليّ في إسرائيل في الليلة التي صدرت فيها. هذا يعني أنّه كل ليلة، سأضطر إلى الخروج إلى المطار مع داليا لالتقاط أحدث إصدار من اتفاقية التنوع البيولوجي. عادة ما كانت تقود السيارة حتى أتمكّن من النوم في الطريق إلى هناك والعودة. في ذلك الوقت، كانت هذه هي المرة الوحيدة التي نمت فيها.

عاش غيرشون في القدس، وكان يستقل الحافلة لمدة ساعة واحدة إلى مكتبنا في تل أبيب. عندما وصل في الساعة 9:00 صباحا، كان موظّف بنك الأعمال المركزي جالسا على مكتبه. بفضل تركيزه وانضباطه الاستثنائيين، كان جيرشون يجلس وبالكاد يتحرك حتى نهاية يوم العمل. سرعان ما أصبح الشخص الأكثر دراية في إسرائيل بجميع

الأمور المتعلقة بالمناقصات العسكرية الأمريكية. شعرت بأنّني محظوظ جدا لأنني وظّفته، لكنني بدأت أدرك أنّ تقديراتي لمصاريفي كانت خاطئة. لم آخذ في الاعتبار أنّ الكفاءة التي أحتاجها لأكون ناجحا ستتطلب المزيد من الأشخاص والمعدات والمال أكثر ممّا كنت أعتقد. على سبيل المثال، اكتشفت مخزونا ضخما من أفلام الميكروفيش المعروضة للبيع والتي تحتوي على مجموعة كبيرة من الرسوم البيانية، معظمها من قطع غيار الطائرات والدبابات المذكورة في المناقصات. في وقت لاحق فقط خطر ببالي أنني سأحتاج إلى ثلاثة أشخاص لفهرسة المعلومات ومطابقة بيانات الميكروفيش مع الاحتياجات المذكورة في المناقصات. لقد ضاعف توظيفهم نفقاتي، لكن لم يكن لدي خيار. وظفتهم للعمل ليلا، لأنّه لم يكن هناك مكان في مكتبنا الصغير أثناء النهار. كانت وظيفتهم هي إرسال تفاصيل المناقصة والمنتجات المطلوبة إلى العملاء المناسبين. أصبح من الواضح أنّه للقيام بذلك بكفاءة، كنّا نحتاج أيضا إلى جهاز فاكس. لقد نفدت أموالي بالفعل، وتكلفة جهاز الفاكس 1,500 دولار. طلبت من والدي قرضا، وطلب مني أن أشرح كيف ستحقق هذه الآلة الجديدة دخلا. لم أكن مستعدا لذلك تماما كما هو الحال عندما عملنا معا، أرسلني لأداء واجبي المنزلي والعودة بإجابات واضحة. بعد بضعة أيام، قدمت العديد من الصفحات المكتوبة على الآلة الكاتبة التي أدرجت فيها جميع مزايا جهاز الفاكس والطرق التي نستخدمها في أعمالنا لكسب المال.هكذا ، تم إقناعه أخيرا بإقراضي المال.

الآن بعد أن أصبح لدي حلّ قوي، كان بناء قاعدة عملاء هو تركيزي التالي. كما ما زلت أفعل حتّى اليوم، تعاملت مع توظيف العملاء شخصيا. سافرت في جميع أنحاء إسرائيل، والتقيت بعشرات الرؤساء التنفيذيّين لشرح خدمتي. لقد وعدت بالخدمة الأسرع والأكثر كفاءة. أخبرتهم أنني سأكون تحت أمرهم وأتصل 24/7. لكن لم يكن أحد يقبلني على عرضي. لماذا؟ لأنني لم أتمكن من إثبات نقطتين حاسمتين: أوّلا، أنّه لدي خبرة مثبتة في هذا المجال، وثانيا، أنّه لدي قائمة من العملاء الراضين. بعبارة أخرى، لم أستطع إقناع أي شخص بالوثوق بي. لقد رأوني مبتدئا. أدركت أنّ حسن نيتي وجهودي العليا لم تكن كافية. لم يسمع أحد عن شركتي من قبل، لذلك عندما طلبت رسوم الاشتراك الشهرية البالغة 400 دولار لخدماتي، هزّوا رؤوسهم. "أنت بعيد عن الخط" ، قال لي أحدهم وهو يريني الباب.

في تلك المرحلة، كنتُ يائسًا. ظننتُ أنّني أنشأتُ منظومة مثالية واستثمرتُ فيها كل أموالي، لكنها لم تنجح. أجهدتُ فِكري محاولًا معرفة

موضع الخطأ. وفي النهاية، خلصتُ إلى أنّ مشروعي بحاجة إلى جرعة من الأدرينالين. سأعطي العملاء بالضبط ما كانوا يطلبونه: سمعة طيبة حتى يتمكّنوا من الوثوق بي. بطبيعة الحال، ذهبت لتجنيد معهد التصدير الإسرائيلي كشريك. يمكن للمعهد أن يشير إلى قائمة طويلة من النجاحات. لا يمكن لأحد أن يلقي بظلال من الشك على تجربتها وخبرتها المهنية. باستخدام سمعة المعهد، سيكون لدي وقت أسهل في جذب العملاء المحتملين. شرحت لعدد من الأشخاص في المعهد أنّنا نتشارك المصلحة: توفير المزيد من طلبات التصدير للشركات الإسرائيلية. كان لديهم ميزانية لتعزيز الصادرات، لذلك اتفقنا على أنّهم سيعطونني 300 دولار عن كل عميل اشترك في خدمتي. سأحصل أيضا على 4 بالمائة من عائدات أيّ عقد تم توقيعه نتيجة خدمتي.

هذه الشراكة غيّرت كل شيء. بفضل المعهد، تمكّنت من تقديم اشتراك شهري مقابل 100 دولار فقط. مع عرض قوي وسمعة المعهد وسعر اشتراك أقل، بدأ العملاء المحتملون في الاهتمام- وبدأ عملي في النموّ بسرعة. بدأت الإيرادات تتدفق، وأخيرا تمكّنت من تنفُّس الصّعداء قليلا. تمكّنت أخيرا من تغطية النفقات وملامسة بعض الأرباح. بانتهاء ثلاث سنوات، كان لدي ثلاثمائة عميل وحساب مصرفي سمين للغاية. قدّم فريقي عملا ممتازا وفعّالا، وتلقّى الكثير من ردود الفعل الإيجابية من العملاء الراضين. كنت رئيسي الخاص. لقد نجحت. كانت الحياة جيدة. لسوء الحظ، سرعان ما أصبح من الواضح أنّني كنت أنظر إلى العالم من خلال نظارات وردية اللون.

لقد ظهر منافس، وبدأ يتنفس أسفل رقبتي. بعد فترة وجيزة، ظهر منافس ثان. لقد لاحظا نجاحي، وتعلّما من تجربتي، وكانا أسرع وأكثر كفاءة. كل ما قمت ببنائه كان مهدّدا فجأة. كانت المنافسة تأكل غدائي. قررت أن أبدأ الكفاح للاحتفاظ بعملائي- بغض النظر عن الجهد. كان شعاري اليومي، إذا كان بإمكان منافسي النجاح، فيمكنني ذلك أيضا.

كانت أولى منافِساتي شركة تُدعى "عورِك إنفورميشن"، والتي أصبحت لاحقًا عملاق البرمجيات "أمدوكس". وقد مثّلت "عورِك" شركةً أمريكية تُدعى "Dialog"، كانت توفّر بيانات المناقصات الجديدة لجيش الولايات المتحدة، عبر برنامج حاسوب يُنقَل من خلال خطوط الهاتف التابعة لشركة "بيزك".

كان هذا يمنحهم ميزة تنافسية شرسة على خدمتي، والتي لا تزال تعتمد على صحيفة CBD المطبوعة. كانوا أسرع- وكانت السرعة عنوان اللعبة. بالطبع، كان هذا والإنترنت لا يزال في طوره المبكّر. في

ذلك الوقت، كان البريد الإلكترونيّ فقط لدى الحكومة الأمريكية والجيش والمؤسسات الأكاديمية. كان تلقي البيانات والمعلومات عبر البريد الإلكتروني لا يزال أعجوبة حقيقية، وكذلك الوصول إلى الصحف الرقمية. فكرت في خياراتي. يمكنني توصيل قواعد البيانات الخاصة بنا حول اتفاقية التنوع البيولوجي باستخدام أجهزة المودم والصفحة المعلوماتيّة كما في مثل الموسوعة. يمكن تحقيق ذلك باستخدام أجهزة كمبيوتر كبيرة ومكلفة وذات أداء عالٍ، تتطلب مني توظيف علماء معلومات برواتب باهظة. لكن العثور على المال للاستثمار في كل هذا كان تحديا.

المنافس الثاني الذي دخل سوقي كان إلدان. مثل Aurec، كانت خدمات Eldan أغلى من خدماتي، لكنها فتحت فرصا أوسع بكثير لمجتمع الأعمال الإسرائيلي. بالطبع، يمكن فقط للمؤسسات التي لديها أجهزة كمبيوتر استخدام خدمات منافسي. لكن المزيد والمزيد من الشركات كانت تشتري أجهزة الكمبيوتر - وتتركني. لقد تركت مع العملاء الذين لم يشتروا جهاز كمبيوتر بعد. كانت هذه شركات أصغر حجما وكانت فرصها في الفوز بعقد عسكري أمريكي والاستمرار في دفع ثمن اشتراكها الشهري أقل بكثير. تساءلت عمّا إذا كان الوقت قد حان لتعبئتها.

أتذكّر داليا، التي كانت داعمة دائما، تصنع لي القهوة وشطيرة الجبن خلال إحدى مداولاتي العديدة. "كما تعلم، آفي، الشيء الذي أحبه فيك هو أنّك دائما ما تمضي قدما ولا تستسلم أبدا. أعلم أنّك ستجد طريقة للتغلب على هذه الأزمة".

لا أستطيع أن أُخيّب أملها أو أُخيّب أمل عائلتي. كان عليّ أن أعيد البناء. لن يكون الأمر سهلا. كنت بحاجة إلى فكرة ثورية. كنت بحاجة إلى إيجاد طريقة ميسورة التكلفة للوصول إلى بيانات اتفاقية التنوع البيولوجي بشكل أسرع من أجهزة كمبيوتر منافسي. لكن كيف؟

اعتقدت أنّ المفتاح قد يكمن في Dialog، الذي قدم المعلومات حول المناقصات العسكرية الأمريكية. بعد بعض التّنفتيش، اكتشفت أنّ المعلومات تنتمي بالفعل إلى وزارة التجارة الأمريكية، التي غذّت قاعدة بيانات Dialog المحوسبة بنفس البيانات التي قدمتها للصحيفة التي استمدت منها معلوماتي. فجأة ظهرت صورة أوضح. فهمت أن "Dialog" لم تكن سوى وسيط، وأنّ المفتاح كان فعليًا بيد وزارة التجارة الأمريكية، فحزمت حقيبتي بسرعة وسافرت إلى واشنطن العاصمة.

عندما وصلت أخيرا إلى وزارة التجارة الأمريكية، طلبت من الرجل في مكتب الاستعلامات أن يوجّهني نحو مَن كان يتعامل مع المناقصات العسكرية الأمريكية. سألني عما إذا كنت قد حدّدت موعدا، فقلت: لا.

"لست متأكدا من أنّني أستطيع مساعدتك يا سيدي"، قال بهدوء. أخبرته أنّني قطعت الطريق من إسرائيل لمجرد مقابلة هذا الشخص. لا بد أنّه شعر بالأسف تجاهي لأنّه قال إنه سيرى ما يمكنه فعله.

بعد انتظار دام أربع ساعات ونصف، خرجت امرأة شابة لتقودني إلى مكتب الشخص المسؤول عن نشر مناقصات الجيش الأمريكي. اتّضح أنّه كان يهوديّا وله أقارب يعيشون في القدس ورمات غان. كان جدوله حافلا للغاية، لكنّه خصص وقتا للتحدث معي. تحدثنا عن الحياة في إسرائيل، وبار ميتسفه الذي كان ابنه قد أقامه للتو في حائط المبكى، والرحلات إلى مسعدة والجليل. أخيرا، سألني لماذا كنت هناك. أخبرته عن شركتي والتحديات التي واجهتها عندما واجهت منافسة متزايدة.

"أحتاج إلى الحصول على المعلومات قبل أن يفعل منافسي ذلك، وأن أكون قادرا على تقديمها لعملائي بسعر أقل"، شرحت.

أظهر لي ابتسامة أبوية. "ألن يكون من الأفضل الدخول في شراكة مع أحدهم؟"

شرحت أنّه في ظل الظروف، كنت متأكدا من أنّهم لن يرجّحوا التعاون معي.

قال: "آفي". "لم يخطر ببالي أبدا أنّ المناقصات العسكرية الأمريكية ستحظى بشعبية كبيرة في إسرائيل. في الولايات المتحدة، هناك مربّع حوار واحد فقط للجميع. لماذا يجب أن يكون هناك أكثر من واحد في إسرائيل؟"

أجبته: "لأن كل شركة في إسرائيل تريد العمل مع أمريكا". "هل يمكن أن تخبرني كيف تنقل المعلومات إلى Dialog؟"

وأوضح أنّ "المعلومات تنتقل يوميا على شريط مغناطيسي يحتوي على جميع المعلومات حول المناقصات الجديدة".

"كم يكلّف هذا الشريط؟" سألت. كنت على استعداد لدفع مبلغ كبير مقابل ذلك.

قال: "سأسمح لك بالحصول عليها مجانا، بشرط واحد: ستسمح أيضا للشركات الأمريكية بالحصول على المعلومات".

وافقت على الفور، وتصافحنا.

من هناك، أسرعت إلى شركة البريد السريع لشرح الترتيب الجديد. ثم ركبتُ رحلة ليلية عائدا إلى إسرائيل. في الليلة التالية، سافرت أنا وداليا إلى المطار، كما فعلنا مئات المرات. انتظرنا الساعي، لكن هذه المرّة، بدلا من صحيفة، استحوذنا على الشريط المغناطيسي. وهذه هي الطريقة التي تمكّنت بها من الحصول على قفزة لمدة ثلاثة أيام على منافسي. لقد كان

إنجازا ثوريا، وعرف عملائي الآن أنّه يمكنهم الاعتماد علي لمواصلة تقديم أفضل خدمة ممكنة لهم.

لقد تغلّبت على عقبة كبيرة، لكن كان هناك المزيد في المستقبل- ومرّة أخرى، بدا أنه من الصعب التغلب عليهم. كانت التكنولوجيا وأنظمة البيانات تتغيّر بسرعة كبيرة، وكان من الصعب مواكبة ذلك. في غضون عام، هدّدت المنافسة الشرسة مرّة أخرى بالمسّ بكلّ ما قمت ببنائه. بمجرد أن تتمكّن الشركات الكبيرة من الحصول على الشريط المغناطيسي لنفسها، ستختفي أيّة ميزة تمتّعت بها. بشكل مؤلم وبحزن شديد، كان عليّ أن أفكر في تقليل خسائري. لقد حان الوقت لاتخاذ بعض القرارات الصعبة بشأن مستقبل شركتي.

14

ليلة الشتاء المظلمة

في الأيام الأخيرة للشركة، كنت أسمع خفقانها المحتضر. فكرت في بيع سريع لكنني أدركت أنّ الشخص الذي ترك حواسه فقط هو الذي سيشتري شركتي. كانت في حالة انهيار، وكذلك كنت أنا. بعد كل الوقت والطاقة التي استثمرتها، أصبح من الواضح كل يوم أنّني بحاجة إلى تصفية الشركة المبتكرة التي قمت ببنائها من لا شيء. شعرت بالفشل أو حضور جنازة صديق عزيز كنت قد خذلته. على الرغم من حزني، لم يكن هناك جدوى من تأخير ما لا بدّ منه. لقد حان الوقت لترك الماضي وراءنا، والتطلع إلى مستقبل جديد.

كجهد أخير، جرّبت يدي في منصب قائم على العمولة، بدا واعدا للغاية ويكمل الأعمال الأساسية لشركتي. بدا الأمر وكأنه يمكن أن يساعدني في توليد بعض الدخل الذي تشتد الحاجة إليه بسرعة. جاءت الفرصة عندما قدمني غيرشون إلى أحد معارفه يدعى بروس تيريس، الذي وقع في حب القدس أثناء رحلاته وقرر الانتقال مع زوجته. لكسب لقمة العيش، كان بروس يمثل العديد من الشركات الأمريكية في إسرائيل. أخبرني أنّه كان يبحث عن مندوب مبيعات إسرائيلي لشركة McManus Ltd، التي تعاملت مع استطلاعات تسويقية كبيرة للمنتجات الأمريكية. كان لديّ قائمة بمئات أصحاب المنشآت الصناعية الذين أرادوا تصدير المنتجات إلى الجيش الأمريكي وما وراءه. يمكن أن تساعدهم استطلاعات السوق التي أجرتها McManus في جمع بيانات مفيدة حول طلب المستهلكين وتفضيلاتهم. كان ماكمانوس أيضا على استعداد لتسويق المنتجات مقابل نسبة مئوية من الأرباح، إذا أشارت الاستطلاعات إلى الطلب. سأقوم بتحصيل عمولة على كل عملية بيع، وأحصل على نسبة مئوية إذا أبرمت

شركة عقد تسويق مع McManus. بدا الأمر مناسبا للغاية. لسوء الحظ، أراد ماكمانوس 50,000 ألف دولار مقدّما لإجراء استطلاع. لقد أعطيت أفضل ما لدي لمدة عام تقريبا، لكن الشركات المدرجة في قائمتي لم تكن على استعداد لدفع هذا النوع من المال. الآن، كنت في ورطة حقيقية. كانت حساباتي المصرفية المتضائلة تسبب قلقا متزايدا. كانت حياتي اليومية ونفقات عملي تفوق دخلي، وكان عليّ اتخاذ بعض القرارات السريعة قبل أن يزداد الوضع سوءا. تركت تحصيل العمولة في McManus، ثم تركت الجميع في شركتي ينصرفون، وأغلقت المتجر، وأعدت مكتبي إلى طاولة المطبخ في شقتنا في Petah Tikva.

مع مرور الأسابيع بدون دخل، انخفضت مواردنا المالية أكثر. في أحد الأيام، وعلى نحو متوقع ، اتصل بي مدير البنك الخاص بي لعقد اجتماع. لقد أعددت لمحادثة غير سارّة. بحلول ذلك الوقت، كنت قد كتبت ما يقارب العشرين شيكا غير موثوقة، وكان البنك قد غطّاها مقابل رسوم. كانت هذه خدمة قدّموها، لكن من الواضح أنّني أفرطت في الرّكون إليها. أخبرني مدير البنك، المهذب وهادئ الطّباع، أنّ البنك لن يحترم المزيد من شيكاتي حتى يدرج حسابي في الخانة السّوداء. طلبت تمديدا لمدة أسبوعين، لكنه كان مصرّا على أنّ القرار سيدخل حيّز التنفيذ في ذلك اليوم. غادرت البنك في حالة من اليأس. كانت فكرة طلب قرض من والدي أكثر من مزعجة. لقد أقرضني بالفعل المال لإنشاء شركتي ولم أسدّده له بعد. لقد كان وقتا عصيبا، وكانت الأمور على وشك أن تزداد سوءا.

في إحدى ليالي الشتاء، عندما كنت أشاهد التلفاز مع أطفالنا بينما كانت داليا تحضّر العشاء، طُرق الباب. أوضح الرجلان الغريبان في المدخل أنّ لديهما مذكّرة حبس الرهن. اهتزت يدي وأنا أفحص الورقة. كنت أعرف الشخص الذي يقف وراء هذا- مورّد مكتب أدين له بالمال. نظرت داليا والأطفال في رعب عندما بدأ الرجلان في سحب التلفزيون والأدوات المنزلية الأخرى. أخبرت عائلتي ألّا يقلقوا، كل شيء سيكون على ما يرام، كان كل شيء مجرّد سوء فهم رهيب. كان أحد أقسى أيام حياتي.

كان بإمكاني البحث عن عمل كموظّف لسداد ديوني ببطء. كان هناك الكثير من المصانع التّصنيعيّة التي تبحث عن مهندسين كيميائيين وخبراء كمبيوتر. لكنّ ولمجرد التفكير في العودة إلى هذا النوع من العمل والخضوع لرئيس كانا يبدوان محبطين بالنسبة لي.

كنت قلقا من أنّني إذا سلكت هذا المسار، فلن أتحلى بالشجاعة لإدارة شركتي الخاصة مرّة أخرى. في النهاية، قررت التمسك بريادة

الأعمال- على الرغم من أنه لم يكن لدي فكرة عن شركة جديدة. خلال هذا التحوّل الصعب، كنت أغادر المنزل كل صباح، كما لو كنت ذاهبا إلى اجتماعات العمل- على الرغم من عدم وجود اجتماعات. عندما التقيت بعميل أو صديق قديم، كنت أخبرهم أنّ عملي كان مزدهرا، على الرغم من أنه لم يكن لدي فلس واحد في جيبي. تظاهرت بأنّ الحياة لا يمكن أن تكون أفضل. ربما شعرت بالخجل قليلا من ممّا أنا فيه من مأزق، لكنني أيضا لم أستطع الانغماس في فشل شركتي. في الماضي، كانت الإخفاقات والتحديات تؤدي دائما إلى فرص جديدة. كما قال المخترع الشهير ألكسندر جراهام بيل ذات مرّة: "عندما يغلق باب يفتح باب آخر. لكننا غالبا ما ننظر طويلا إلى الباب المغلق لدرجة أنّنا لا نرى الباب الذي يفتح لنا ". أنا متفائل أبديّ، وكان توجهي دائما هو التطلع إلى المستقبل. أفضّل تزييف الأمور حتى أصنعها، كما يقول المثل، بدلا من الاستمرار في التحديق في باب مغلق. لذلك بدوت بوجه شجاع. عادت العائلة إلى نتانيا، وبدأت في اغتنام الفرص على أمل أن تظهر فرصة جديدة. في النهاية، ستؤتي هذه العقلية ثمارها مرّة أخرى- هذه المرّة، بطريقة كبيرة جدا.

15

رياح التغيير

كان عام 1988 عاما من الابتكارات التكنولوجية الهائلة. كانت أجهزة الكمبيوتر الشخصية، والنطاق العريض لنقل الملفات الأكبر حجما تجري بشكل أسرع، وتوسيع استخدام الأقمار الصناعية وكابلات الألياف الضوئية. كلّها أصبحت على عتبة أبوابنا، وجاهزة لتغيير نمط التّعامل في حياتنا. حصلت الولايات المتحدة على قفزة على بقية العالم من خلال التبنّي الجماعي للبريد الإلكتروني. وهو ما لم ندرك معظمنا أهميته بعد. في إسرائيل، كما هو الحال في العديد من البلدان الأخرى، كان التلكس. وهو نموذج أكثر تقدما من المبرقة الكاتبة القديمة. لا يزال قيد الاستخدام. اعتمدت معظم الشركات على هذه الخدمة باهظة الثمن. اعتاد العديد من عملائي السابقين على الذهاب إلى جمعية التجارة الإسرائيلية الأمريكية لاستخدام التلكس الخاص بها للقيام بأعمال تجارية مع العالم. غالبا ما كانت نينا أدموني، المرأة النشطة والمهذّبة التي أدارت المكتب، تعتذر عن تحصيل 30 إلى 40 دولارا مقابل تلكس يحتوي على بضع عشرات الكلمات، وهذا السعر هو الّذي كان سائدا. لم يكن لديّ خيار، دفع الجميع بمن فيهم أنا. ثم فجأة وجدت نفسي أقرأ عن هذه التكنولوجيا الجديدة التي تسمى البريد الإلكتروني.

على الرغم من كارثة مكمانوس، أصبح بروس تيريس صديقا، واستمتعت بزيارتي له في منزله في القدس. لقد كان محادثا ممتازا ومضيفا لا تشوبه شائبة. في إحدى الزيارات، أخذني إلى جهاز الكمبيوتر الخاص به وأظهر لي بريده الإلكتروني أثناء العمل. بالإضافة إلى العمل الذي كان يقوم به لصالح الشركات الأمريكية، كان بروس أيضا شريكا رئيسيا في شركة قانونية كبيرة في واشنطن العاصمة. كان لا يزال مرتبطا ببريد

MCI الخاص بالشركة، الذي تديره شركة MCI Communications Corp، وهي واحدة من أكبر خدمات الاتصالات في العالم. لقد تأثّرت ليس فقط بسرعة إرسال البريد الإلكتروني ولكن أيضا بمدى رخصة استخدامه. يمكنني أن أتخيّل على الفور الثورة العالمية التي ستجلبها هذه التكنولوجيا التخريبية للغاية.

"كيف يمكنني التسجيل؟" سألت.

اقترح بروس أن أشترك في MCI Mail- لكن الشركة لم يتم إعدادها بعد للخدمة في إسرائيل. اتصلت بمكتب المحاماة الخاص ببروس وسألت عمّا إذا كان بإمكاني الحصول على اشتراك في حسابهم والدفع لهم. لقد التزموا، وتمكّنت من الحصول على اسم مستخدم بريد إلكتروني أمريكي. كان الاتصال سهل الاستخدام للغاية وسهل الإعداد. كنت أعرف أنّ MCI ليس لديها ممثّل في إسرائيل، وأردت هذه الوظيفة. اتصلت بإدارة الشركة في وايت بلينز، نيويورك، للاستفسار عن إمكانيّة أن اصبح ممثّلها الإسرائيلي. كانوا مهذّبين للغاية، لكنهم أشاروا إلى أنّ إسرائيل ليست أولوية بعد. لم تكن هذه هي الإجابة الّتي كنت على استعداد لقبولها.

الطريق إلى النجاح مليء بالعقبات. هذا هو السبب في أنّ الإيمان والإصرار والقدرة على التحمُّل مهمة للغاية. إذا كنت تريد شيئا ما، فلا يمكنك الاستسلام أبدا. إذا أظهروا لك الباب، عد من النافذة. إذا قالوا لك لا، تظاهر بأنّك سيّء السمع. إذا فشلت في الإقناع في المرّة الأولى، فافعل كل ما يلزم للتأكد من وجود مرّة ثانية. أنا دليل حي على أنّ المثابرة التي لا هوادة فيها هي نهج رابح.

تجنّبت شركة MCI جميع مكالماتي الهاتفية. حاولت مرارا وتكرارا تحديد موعد، لكن جيشا من الأمناء اعترضوا كل مكالمة. لا بد أنّني سمعت: "الجدول الزمني ممتلئ"، أو "نحن محجوزون بالكامل"، مائة مرّة. لم يرغب أحد في التحدث معي- لكنني أردت التحدث معهم. كنت بحاجة إلى المساعدة. لذلك طلبت من بروس أن يجد لي محاميا أمريكيا يمثّلني مع MCI. نبّهني بأنّ هذا قد يكلّف الكثير من المال، وعلى الرغم من مشاكلي المالية وافقت. بدت فرصة العمل مع مثل هذه الشركة العالمية الضخمة تستحق المخاطرة. أوصى بروس بمحامي واشنطن الأكبر سنا وذي الخبرة الكبيرة الّتي تدعى كارين إيدجكومب. كانت شريكة في شركة المحاماة Terris و Edgecombe و Hecker & Wayne، وتمكّنت من ترتيب اجتماع مع MCI، وكان من المفترض أن أسافر في وقت مبكر بيوم واحد لمقابلتها والاستعداد. تمّت رحلتي في وقت متأخر من الليلة السابقة، وعندما وصلت إلى مبنى مكتب المحاماة، كان الجميع باستثناء

طاقم التنظيف قد انصرفوا بعد انتهاء ذلك اليوم. لم يكن لديّ مال لشراء الطعام أو غرفة في الفندق، لذلك أخبرت طاقم التنظيف أنّني أعمل هناك، وسمحوا لي بالدخول. قضيت الليلة على سرير وجدته في خزانة إمدادات واكتفيت بتناول ألواح الشوكولاتة والقهوة من موزّع في الردهة.

في الصباح، وصلت كارين لاجتماعنا. بعد ذلك، قمنا برحلة قصيرة إلى مطار وايت بلينز الصغير بالقرب من مقر MCI International. كان الفصل خريفًا، وكلّما اقتربت سيارتنا الأجرة من هناك، تزيّنت الأشجار بألوان الخريف الرائعة: الأحمر والبرتقالي والبني. كان ذلك مختلفا تماما عن المشهد في إسرائيل. مررنا بالغابات والبِرك والحقول والقرى الجذّابة والمنازل المعتنى بها جيدا ذات الأسقف المكسوة بالطّوب الأحمر. حاولت أن أستمتع بمرأى المناطق المحيطة المثالية قدر المستطاع، لكن قلبي كان يتسارع في النّبض. فاجأني المقرّ الرئيسي لشركة MCI بحجمه وبنيته المعمارية الرائعة. كان الحرم الجامعي الكبير مليئا بالمباني المكوّنة من ثلاثة طوابق حيث كان يعمل ما لا يقل عن عشرة آلاف شخص. تم قص الأشجار الضخمة المشذّبة جيدا والبِرك المليئة بالبجع مع الشلالات والنوافير بين مباني MCI العشرة. كان البستانيّون يجزّون أعشاب المروج الشاسعة.

كان من المقرّر أن نلتقي بجيري دي مارتينو، وهو شاب إيطالي أمريكي، وكان نائب رئيس الشركة والمسؤول عن الموافقة على الامتيازات العالمية. في تلك الأيام، ركّزت وزارة التجارة والصناعة بشكل أساسي على تقديم الخدمة الهاتفية، سواء في الولايات المتحدة أو على الصعيد الدولي. لم يكن البريد الإلكتروني سوى جزء صغير من أعمال الشركة، لكنّه كان الجزء الذي أثار اهتمامي. تحدث دي مارتينو بسرعة كبيرة وكان سريعا في اتخاذ القرارات. استمع باهتمام إلى محاميتي، الّتي حاولت إقناعه بالسماح لي بتمثيل خدمة البريد الإلكتروني الخاصة ب MCI في إسرائيل. أخبرته أنّ لدي خبرة واسعة في العمل مع الأمريكيّين وأنّني تمكنت من حشد مئات العملاء من خلال شركة المناقصات الخاصة بي. وقالت إنّه ليس من المستبعد أن يقوم كل هؤلاء العملاء بالتسجيل للحصول على البريد الإلكتروني. طوال المحادثة، نظر دي مارتينو بسرعة إلى شاشة جهاز الكمبيوتر الخاص به وقام بين الحين والآخر بتدوين بعض الملاحظات. سمح للمحامية بإنهاء حديثها، لكنّني استطعت أن أرى من تعبيرات وجهه أنّ اقتراحنا كان على وشك الرفض. كانت إجابته عبارة عن جملتين فقط: "إسرائيل ليست على الخريطة بعد. نحن مشغولون بتعيين ممثّلين في أوروبا، وهذه هي أولويتنا القصوى".

سألت محاميتي متى ستحوّل الشركة أنظارها إلى إسرائيل. ردّ دي مارتينو بسطر أكرهه: "لا تتصل بنا، سنتصل بك".

بينما كنا نبتعد عن مقرّ MCI، كانت الشمس لا تزال مشرقة، وكانت رائحة الخريف المنعشة لا تزال تنبعث بشجو فوق الأراضي المشذّبة تماماـ لكن كل شيء بدا مختلفا. تحطّمت آمالي، وكان مزاجي متعتّما. حاولت كارين أن تبهجني: "انظر، لم يقل لا. إنّها مجرد انتكاسة مؤقّتة". أخبرتها أنّ الوقت لم يكن في صالحي. من المحتمل أن يكون هناك إسرائيليّون آخرون يريدون حيازة امتياز MCI، وإذا لم نتحرّك بسرعة، فمن المحتمل أن أواجه منافسة شديدة. أظهرت لي ابتسامة متعاطفة وقالت، "ومع ذلك، عليك أن تكون متفائلا يا آفي. ليس لديك خيار آخر حقا". كانت على حق بالطبع، لكنّني لم أكن في حالة مزاجية لسماع ذلك.

بعد أسبوع تلقيت ضربة أخرى. أرسل لي بروس الفاتورة القانونية بقيمة 9,000 دولار. لقد كان مبلغا من المال لم يسمع به في تلك الأيام. نظرا لأنه لم يكن لدي 9,000 دولار، فقد عرضت على بروس شراكة بنسبة 50 في المائة من امتياز MCI. ابتسم بتعاطف، وربّت على كتفي، وأجاب: "آفي، بصراحة تامة، لا أعتقد أن هناك أيّ فرصة للحصول على الوظيفة.

"كان بروس لطيفا بما يكفي للسماح لي بسداد الفاتورة القانونية على أقساط. لكن لم يكن أيّ منّا يعلم في ذلك الوقت، أنّ بروس قد كان يقبل للتوّ صفقة بملايين الدولارات.

16

روبوت اسمه جورج

لمدة أسبوعين كأنّني كنت جالسا على دبابيس وإبر، في انتظار أن أسمع من جيري دي مارتينو من MCI. بالطبع، لم يتصل أبدا. ترك لي هذا خيارين: الأوّل، يمكنني الاستمرار في الانتظار وقبول احتمال عدم الاتصال أبدا. ثانيا، يمكنني الاتصال به لمعرفة ما قرّره. ووفقا لطبيعتي، اخترت الخيار الثاني. قضيت أربعة أيام كاملة في محاولة الحصول على جيري دي مارتينو على الهاتف. لا حظ. في كل مرّة، كانت سكرتيرته مزوّدة بعذر: إنّه خارج المكتب، إنّه في اجتماع، إنّه غير متاح. في اليوم الخامس، أدركته أخيرا على الخط. ذكّرته باجتماعنا واقتراحي بأن أصبح ممثّلا لوزارة التجارة والصناعة في إسرائيل.

أجاب: "أوه نعم لقد نسيت تقريبا".

أخبرته أنّ أسبوعين قد مرّا بالفعل، وأردت أن أعرف إذا ما كان لديه إجابة لي حتى الآن.

قال دي مارتينو: "لا، ليس بعد". "أعطني أسبوعين آخرين."

كنت أظن أنه كان يحاول التخلص مني فقط، لكنني انتظرت بفارغ الصبر لمدة أسبوعين آخرين. لم يرن الهاتف. باستوحاء من اقتباس بيل جيتس حول تجربة المستحيل عندما لا ينجح الممكن، حزمت الحقيبة وسافرت إلى نيويورك. كنت أعلم أنّ هناك فرصة قوية لأنّ دي مارتينو لن يوافق على رؤيتي لأنه لم يكن لدي موعد. لكن خوفي من أنّه سيمنح الامتياز الإسرائيلي لشخص آخر تغلّب على كل التفكير العملي. كان عليّ أن آخذ فرصتي.

حلّقت وارتديت أفضل بدلة لي على متن الطائرة، ووصلت إلى وايت بلينز قبل وقت طويل من بدء يوم العمل. جلست على مقعد في الحديقة

على أراضي MCI الشاسعة، وغفوت. أيقظني حارس. قال بنظرة قاسية: "سيدي، يسمح لك بالجلوس على هذه المقاعد فقط خلال ساعات العمل". مشيت إلى مقهى عبر الشارع، وأثناء تناول فنجان من القهوة، شاهدت المئات من موظفي MCI يتدفّقون إلى العمل. في الساعة 9:30 صباحا، دخلت أخيرا المبنى الذي كان مكتبه دي مارتينو فيه. أثناء انتظار المصعد، سمعت حفيفا ناعما خلفي. قال شخص بصوت لطيف، "معذرة، هل يمكنك الضغط على زر الطابق الثاني؟" استدرت وذهلت. كان روبوتا يشبه الإنسان مع زوج من المصابيح الأمامية الملونة للعيون ومجموعة من الأدراج لحمل البريد.

"بالتأكيد"، تمتمت، وكنت محرجا قليلا لأنني كنت أتحدث إلى روبوت. ضغطت على زر الطابق الثاني وتبعت الروبوت من المصعد، على الرغم من أنّ مكتب دي مارتينو كان في الطابق الثالث. كنت مفتونا، وكان عليّ أن أرى هذا الروبوت أثناء العمل. تحرك الروبوت بسرعة في القاعة، ودخل وخرج من المكاتب. في كل مكان ذهب إليه، قال المتواجدون، "صباح الخير يا جورج!" وعاملوه كزميل عمل عادي. ملأ الأمناء أدراجهم بالبريد الصادر، وضغطوا على زر على مِسندها لإرسالها إلى المكتب التالي. إذا أرادت MCI أن يكون الابتكار التكنولوجي أمرا بالغ الأهمية، فقد اعتقدت أنّه لا يمكن أن يعبّرعن الرسالة بشكل أكثر وضوحا من وجود جورج الروبوت كساعي بريد للشركة.

لقد رأيت للتوّ المستحيل، وقد ألهمني ذلك لتحقيق الأمر. أجريت حديثا داخليا سريعا وأنا أعود إلى المصاعد، وتوجهت إلى الطابق الثالث وجناح مكتب دي مارتينو. عندما دخلت، بدت سكرتيرته في حيرة من أمري. "كيف يمكنني مساعدتك يا سيدي؟"

"لقد جئت لرؤية السيد دي مارتينو."

"هل لديك موعد؟"

"لا، لم أفعل."

"أنا آسفه، لكنّك لن تتمكّن من رؤيته. السيد دي مارتينو لا يرى أشخاصا بدون موعد".

قلت: "لا بأس، سأنتظر فقط".

كانت منزعجة. "أنا آسفه يا سيدي، لكنك تضيّع وقتك. لا توجد طريقة لرؤيتك".

ابتسمت بأدب. "ومع ذلك، سأنتظر."

جلست في غرفة الانتظار لفترة طويلة، أحدق في شاشة تم عبرها بث سعر سهم الشركة المثير للإعجاب على الهواء مباشرة من وول

ستريت. مرّ الوقت ببطء. لم تقدّم لي كوبا من الماء، وصرخت بصمتها ولغة جسدها بأنّها تريد التخلص مني قبل وصول رئيسها. وعندما تكلَّمتْ، كانت فظّة في كلامها.

"سيد شاكيد، غرفة الانتظار مخصصة للأشخاص الذين لديهم موعد. أنت تشغل أماكنهم. من فضلك غادر."

عندما أشرت إلى أنّني الشخص الوحيد في الغرفة، رفعت صوتها قليلا. "من فضلك لا تتجادل معي."

خلال الساعتين التاليتين، شاهدتها ترد على الهاتف وتدوّن الملاحظات، بينما كنت أحلم بأحلام اليقظة. تذكّر أنه لم تكن هناك أجهزة كمبيوتر محمولة أو هواتف ذكية في ذلك الوقت. بين الحين والآخر، كانت سكرتيرة دي مارتينو تطلق النار عليّ وها قد جاء ما يكسر الصمت.

"السيد دي مارتينو لن يعجبه هذا."

هززت كتفي ولم أردّ أبدا. في رأيي، كان رئيسها يعاملني بشكل مختلف عمّا كانت تتوقع.

لكن عندما دخل دي مارتينو جناح مكتبه ورآني، لم يعجبه، في الواقع ، قليلا. دخل حوالي الظهيرة ونظر في طريقي. كان بإمكاني رؤيته يحاول أن يتذكّر من أنا. قفزت على قدمي وأعدت تقديم نفسي.

"هل لي أن أحصل على لحظة من وقتك يا سيد دي مارتينو؟"

"هل حدّدت موعدا؟"

"لا، لكنك قلت إنك ستعطي إجابتك في غضون أسبوعين. لقد مرّت أربعة أسابيع، ولم تتصل. جئت لأسمع موقفك".

ذكّرت السكرتيرة رئيسها بالتعيينات المختلفة التي عيّنها. "سيد دي مارتينو، اقترحت على هذا الشّخص تحديد موعد ويأتي مرّة أخرى. لكنه رفض".

ليس هذا فحسب،انما، وبّخني. "تخيّل لو أن كل من أراد التحدث معي قد ظهر هنا دون موعد. ستكون فوضى".

"أنا أفهم، لكنني جئت على طول الطريق من القدس لمقابلتك. لقد اتخذت قراري. يجب أن أحصل على امتياز MCI في إسرائيل. لذا، أنا هنا لأخذ لقطتي".

نظر دي مارتينو إليّ بفضول لثانية طويلة ثم ابتسم لأوّل مرّة.

قال: "مرحبا، أنا أحب ذلك".

دعاني إلى مكتبه، على الرغم من احتجاجات سكرتيرته، وتمدّد في كرسيّه العمليّ طويل المِسند.

"هل جئت حقا من إسرائيل خاصة لرؤيتي؟" سأل.

"نعم. سافرت طوال الليل".

"هل حصلت على قسط من النوم على الأقل؟"

"لم يغمض لي جفن". قرّرت عدم إخباره عن مشهد مقاعد البدلاء في الحديقة.

تصفّح بعض المستندات من كومة من الملفات على مكتبه. "يجب أن تعلم أن لدينا اقتراحين آخرين من إسرائيل، أحدهما من كور للاتصالات، والآخر من بينات للاتصالات. كلاهما شركتان كبيرتان ذواتا سمعة طيبة. لكنك- حسنا، لم يسمع بك أحد من قبل، سيد آفي شاكيد. أعطني سببا وجيها واحدا يجعلني أسمح لك بتمثيل MCI".

لقد كانت لحظة ديفيد وجالوت، وتذكّرت فجأة جملة واردة في فيلم روك هدسون كان يحاول فيه الحصول على وظيفة في شركة كبيرة. في المشهد، يقول الرئيس التنفيذي لهدسون، "أعطني سببين لأنك مناسب للوظيفة".

ويجيب هدسون، "أنا ذكي وواسع الحيلة!"

قلت نفس الكلمات بالضبط لدي مارتينو- وبدأ يضحك.

"قد يطردونني بسببك يا آفي شاكيد. لكن الجراءة والإصرار الخاص بك شيء آخر. سأعطيك فرصة لإثبات نفسك".

لقد وعد بدعوتي إلى مؤتمر ممثّلي MCI القادم في أوروبا، وأنّ مجموعة مهاراتي سيتم اختبارها هناك. أردت القفز فوق مكتبه ومعانقته لكنني سيطرت على نفسي. على الرغم من أنّه لم يكن لدي التثبيت في هذا المنصب بعد، إلّا أنّني شعرت أنّ دي مارتينو كان إلى جانبي. كنت مصمّما على بذل كل جهد ممكن لاجتياز أيّ اختبار قد يطرحه MCI عليّ. ابتسمت ولوّحت وداعا لسكرتيرته في طريقي للخروج.

74

17

بيع في المستقبل

وصلت الدعوة إلى المؤتمر في باريس في الأسبوع التالي. انضمت إليّ داليا في الرحلة. كانت هذه هي المرّة الأولى التي نسافر فيها إلى الخارج معا. قالت إنّه إذا فشلت في اختبار MCI، فيمكننا على الأقل أن نريح أنفسنا بشهر عسل ثان. لكن لم يكن لدينا الوقت لمشاهدة المعالم السياحية. استغرق التحضير للاختبار معظم اليوم. بمساعدة المدرِّبين الذين تم نقلهم جوا من الولايات المتحدة، تعلمنا كل ما يمكن معرفته عن برنامج يسمى Lotus، والذي كان منصّة لنظام البريد الإلكتروني الخاص ب MCI. في الليل، عندما خرج الجميع لتناول عشاء لطيف، بقيت في غرفتي ودرست. لم أكن أبدا متوترا للغاية بشأن الاختبار. كان مستقبلي كله يعتمد على اجتيازه. لذلك كان الأمر مضادا للمناخ إلى حد ما عندما أجريت الاختبار بالفعل لأنه كان أسهل بكثير ممّا توقّعه أي شخص. لم يفشل شخص واحد

بعد نشر النتائج، اقتربت مني ممثّلة عن وزارة التجارة والصناعة بابتسامة على محيّاها، وقدمت لي عقدا من أربعمائة صفحة. أخبرتها أنني سآخذها إلى إسرائيل وأرد في الأسبوع التالي. هزّت رأسها. "يجب التوقيع على الوثيقة بحلول الساعة 8:00 صباحا غدا يا سيد شاكيد".

أصبت بالذهول، وبدأت في الانبطاح على العقد. كانت معظم الأقسام مائلة بشدة لصالح الشركة. احتفظت الشركة بالحق الأحادي الجانب في قطع الاتصال بي في أي لحظة دون سابق إنذار، بينما منعت من نقل الامتياز إلى أي شخص آخر. احتفظت الشركة بالحق في تغيير أسعار العملاء في أيّ وقت، لكن كان علي الحصول على إذن مسبق لأي إعلان وتسويق. كان أسوأ جزء في العقد هو أنّني لن أحصل على راتب، فقط نسبة مئوية من المبيعات.

إذا فشلت في البيع، فلا توجد عمولة مبيعات.

لقد رأيت بعض العقود الصارمة، لكن لم أر عقودا كهذه. كانت المشكلة أنّه لم يكن هناك من أتحدث معه، ولا أحد للتشاور أو المساومة معه- وهو ما بدا أنه استراتيجي من جانب الشركة. كان عليهم أن يعرفوا أنه سيكون من المستحيل فهم عقد من أربعمائة صفحة بدون مستشار قانوني. لكنني كنت بحاجة إلى هذه الوظيفة، لذلك تجاوزت تحفظاتي ووقّعت العقد. إذا واجهت مشاكل لاحقا، فسأتفاوض بعد ذلك.

أعطتني MCI عشر نسخ من برنامجهم لبيعه للعملاء الإسرائيليّين. في عام 1988، لم يسمع سوى عدد قليل من الأشخاص في جميع أنحاء إسرائيل عن البريد الإلكتروني، لذلك كان عليّ أن أنتقّل من عميل إلى آخر لشرح سبب تفضيل البريد الإلكتروني على أجهزة التلفات والفاكسات، وكيف سيخفض تكاليف التشغيل. كما سيخبرك أيّ بائع، من الصعب جعل الناس يغيّرون روتينهم. علاوة على ذلك، كان تثبيت خط البريد الإلكتروني أكثر تعقيدا في ذلك الوقت ممّا هو عليه الآن. كان عليك تثبيت مودم معيّن وتقسيم خطك الأرضي. لتوفير المال، فعلت كل شيء- القيام بجميع العروض التوضيحية، وإجراء مكالمات المبيعات والتركيبات، بالإضافة إلى تسيير العمليات والتدريب ودعم العملاء.

كان أوّل عميل لي هو خدمة البريد السريع الماسي تسمى Malca-Amit. كان للشركة فروع في أوروبا وأمريكا والشرق الأقصى، وكان إنفاقها الشهري على telexes والفاكسات أكثر من 20,000 ألف دولار. لقد وعدتهم بأن خدمة البريد الإلكتروني الخاصة بهم لن تكلف أكثر من 500 دولار شهريا، وقد فوجئوا بسرور عندما رأوْا أنّ هذا هو بالضبط ما حدث. كانت التكلفة الفعلية 600 دولار، لكنني دفعت 100 دولار من جيبي حتى أتمكّن من تحصيل السعر الذي ذكرته في البداية. كما قمت بزيارة جميع عملائي القدامى من شركة المناقصات الخاصة بي وأقنعتهم باستخدام خدمات البريد الإلكتروني الخاصة ب MCI. اتضح أنّ التوقيع عليها أسهل ممّا كنت أعتقد. كنت أبيع ثلاثة برامج على الأقل في اليوم. سافرت في جميع أنحاء إسرائيل، وتنقّلت من عميل إلى آخر، وفي غضون عام كان لدي أكثر من ألف عميل يستخدمون بتحمُّس وشغف نظام البريد الإلكتروني الذي قدّمته إلى إسرائيل. اتصل بي نائب رئيس MCI دي مارتينو شخصيا للتعبير عن تقدير شركته. حتى أنّني حصلت على لوحة "الممثّل المتميّز" التي علقتها بفخر على حائط مكتبي. اتضح أنني كنت أكبر موزّع لبرامج البريد الإلكتروني خارج الولايات المتحدة.

مع عدم وجود موظّفي دعم، أصبحت الفواتير تستغرق وقتا طويلا

ومرهقة. لحسن الحظ، قابلت خبيرا في الكمبيوتر يبلغ من العمر ستة عشر عاما كان قادرا على المساعدة. ذهبت إلى متجر كمبيوتر في بيتح تكفا، ورأيت بعض المراهقين مزدحمين حول أجهزة الكمبيوتر. ذهبت لأرى ما كانوا يفعلونه. كان معظمهم يلعبون الألعاب، لكن كان ولد يرتدي نظّارات وعلى وجهه بثور الشباب كان مشغولا بالكتابة. سألته عمّا كان يفعله، فقال إنّه كان يبرمج لعبة اخترعها للتوّ. لقد تأثرت بمهاراته في الترميز وسألته عمّا إذا كان بإمكانه إنشاء برنامج يصدر فواتير لمستخدمي البريد الإلكتروني.

قال: "بالتأكيد، لكن ليس لدي جهاز كمبيوتر في المنزل".

انتهى بي الأمر بإقراض الصبي، واسمه أوري إتكوفيتز، جهاز الكمبيوتر الخاص بي. كانت العائلة تعيش في شقة سكنية عامة صغيرة في المدينة. كان والد أوري يعمل في مصنع للإطارات، وكانت والدته سكرتيرة في مكتب محاماة. أخبرني أوري أنّ حبه الكبير في الحياة يتمثّل في أجهزة الكمبيوتر، ولأنه لم يكن يمتلك واحدا منها، فقد أمضى الكثير من الوقت في متجر الكمبيوتر، حيث سمح له أصحابه باستخدام جهاز كمبيوتر في المتجر. في غضون أيام قليلة، جعل الولد لي برنامج فوترة رائعا. الحياة لديها طريقة مضحكة لتعريفك بالأشخاص الذي تحتاج إلى معرفتهم، ولن تكون هذه هي المرّة الأخيرة التي أعمل فيها مع الولد والموهوب أوري إتكوفيتز.

خلال هذه الفترة، استفدت من كل فرصة للسفر إلى الولايات المتحدة للتعرف على المزيد من الأشخاص في MCI وتقوية علاقاتي. لم يعد من الضروري بالنسبة لي أن أستقل القطار من نيويورك وأغفو على مقعد في الحديقة. بصفتي ممثلا في MCI، كنت أهبط في مدينة نيويورك وستنقلني سيارة ليموزين إلى فندق White Plains Hilton، وهناك تنتظرني حتى أنتعش قبل أن تقودني إلى المقر الرئيسي لحضور الاجتماعات. كانت كل زيارة تعني مقدمات جديدة لأعضاء فريق الإدارة العليا في MCI. في غضون وقت قصير، كان لدي شبكة MCI كبيرة. المقرّ يعرف بالتأكيد اسم آفي شاكيد.

كان أحد كبار المديرين مهندسا يدعى كريس كيتاس، هاجر من اليونان إلى الولايات المتحدة وترقى إلى رتبة نائب الرئيس في MCI. كان يبلغ من العمر حوالي خمسين عاما، مرتديا نظارة طبية أصلعا، ومتحدثا موهوبا. عندما جاء لزيارتي في إسرائيل، كانت حقائبه مليئة دائما بالهدايا لتمريرها. تمّ توزيع الهدايا وفقا لحالة المستلم. على سبيل المثال، تلقّى الأمناء هدايا متواضعة، بينما كبار الموظفين تسلّموا هدايا

باهظة الثمن.

في زيارة شتوية في عام 1989، عرفت سبب وجود كريس هناك. أخبرني أحد زملائي في MCI في خفية أنّه سيعرض عليّ دوْرا واسعا خلال رحلته التي استمرت أربعة أيام. عندما وصل كريس، بدأنا رحلاتنا عبر إسرائيل، والتقينا بكبار المسؤولين الحكوميّين ورجال الأعمال المهمين. لم يقل كلمة واحدة عن دوْري. كنت أخشى أن يغادر قبل التحدث معي عن موقفي الجديد، لكنني كنت مصمّما على عدم طرحه أوّلا. في صباح يوم آخر له في إسرائيل- قبل ساعتين من رحلة عودته إلى الولايات المتحدة، وبينما كنا نجلس على مقعد في مطار بن غوريون الدولي- ذكرَ كما لو كان عابرا، أنّ الإدارة قرّرت تغيير موقفي من ممثّل قائم على العمولة إلى موظف بأجر. سيكون الراتب بالإضافة إلى عمولاتي 100,000 دولار سنويا بالإضافة إلى المكافآت والنفقات.

لقد كان مبلغا هائلا من المال، وبدأت أتمتم بالشكر- فقط حتى رفع كريس يده ليقول، "أنت تفهم أنه سيتعيّن عليك العمل بجد من أجل هذا المال، أليس كذلك؟"

لقد فوجئت قليلا لكنني نظرت في عينيه. "أنا معتاد على العمل الجاد يا كريس."

ابتسم بطريقة جعلتني متوتّرا. "لم تسمع كل ما يجب أن أقوله بعد."

"حسنا. . ."

وكشف: "نتوقّع منك خفض رسوم بيزك بنسبة 25 في المائة على الأقل سنويا". "هل تعتقد أنه يمكنك التعامل مع ذلك؟"

أومأت برأسي بسرعة.

بصفتها أكبر شركة اتصالات في إسرائيل، كانت بيزك شريكا مهمّا لوزارة التجارة والصناعة، ولكنها كانت أيضا بنفقات كبيرة. فكرت في مفاوضات MCI-Bezeq السابقة التي حضرتها مع Chrys. كل ثلاثة أشهر، كان يصل إلى تل أبيب للمساومة على المبلغ الذي كان على وزارة التجارة والصناعة دفعه لبيزك مقابل مكالمات من الولايات المتحدة إلى إسرائيل. كانت المبالغ التي تمت مناقشتها في نطاق 50 مليون دولار. وفي كل ثلاثة أشهر، بعد تقديم سلسلة من العروض الجذّابة- خدمات حصرية، وتدريب متقدم لمهندسيها، وأكثر من ذلك بكثير- تمكّن Chrys من إقناع Bezeq بتخفيض رسومها قليلا. على الرغم من كل خصوصياته، كان صانعا ومفاوضا رئيسيا. بدا أن التخفيض بنسبة 25 في المائة الذي طلب مني كريس تأمينه مستحيلا- لكنني لن أقول لا.

حتى هذه اللحظة، كنت أمثّل خدمة البريد الإلكتروني الخاصة ب

78

MCI فقط في إسرائيل. الآن، كنت سأمثّل كل ما فعلته MCI هنا-
الاتصال الدولي بين إسرائيل والولايات المتحدة، والخطوط الممدودة من
نقطة إلى نقطة، وخدمه اتصالات البيانات، ومبيعات النقل (نقل المكالمات
إلى وجهات مختلفة حول العالم)، ومائة خدمة ومنتج آخر. لقد كانت خطوة
كبيرة، وكان العقد التالي من حياتي واحدا من العمل الشاق الذي لا هوادة
فيه، وفي ذلك تمثيل للعديد من الخدمات والعملاء في مجموعة واسعة
من المجالات التي احتلت جميع ساعات يومي وساعات عديدة من ليلي.
كان الأمريكيّون يعرفون بالضبط لماذا يحتاجون إلى دفع مثل هذا الراتب
الأمريكي. كنت أرمي بحياتي بعيدا. لكن في تلك اللحظة- الجلوس على
مقعد في مطار بن غوريون الدولي، والاستماع إلى رئيسي يعرض عليّ
ترقية و 100,000 دولار- كنت منتشيا!

18

أمريكا ليست إسرائيل

الطريق إلى العمل يكون من خلال الناس. كلّما زاد عدد الأشخاص الرئيسيّين الذين تعرفهم، زادت بذور النجاح المستقبلي التي تزرعها. لفترة طويلة، سافرت إلى الولايات المتحدة أسبوعيا. كنت أهبط صباح يوم الاثنين، وأعمل حتى الليل .لقد قطعت أميالا متكرّرة أكثر من أيّ إسرائيلي آخر (باستثناء الطيّارين) تم ترقيته من درجة رجال الأعمال إلى الدرجة الأولى. لم أنم أبدا في هذه الرحلات عبر المحيط الأطلسي. لقد استخدمت الوقت للتواصل مع مسافرين آخرين من الدرجة الأولى، والذين يميلون إلى أن يكونوا من أنواع الأعمال الكبيرة مثل كبار المطوِّرين وأصحاب المصانع وما إلى ذلك. كنت أستمع بعناية إلى قصصهم عن النجاح والفشل، وتحديات القيادة، وفرص الاستثمار الجديدة، والمزيد. احتفظت بكتاب أسود صغير لتدوين كل ما تعلمته. لقد وقّعت لعدد من العملاء، وأصبح بعض الأشخاص الذين قابلتهم أصدقاء مقرّبين.

كانت حياتي المهنية في مستوى جديد تماما الآن، لكنني كنت لا أزال أتعلّم الأواصر عندما يتعلق الأمر بثقافة الشركات الأمريكية، والتي كانت مختلفة تماما عن ثقافة إسرائيل. أتذكّر ذات مرّة عندما قام رئيس MCI ومديرها التنفيذي سيث بلومنفيلد برحلة نادرة لرؤيتي. سافر قليلا جدا، وقاد شركته الضخمة بشكل أساسي من مكتبه في الطابق الثالث في حرم وايت بلينز. لذلك، كان من المهم قضاء هذا الوقت الطويل معه شخصيا، وجها لوجه في إسرائيل. كنا نسافر في سيارتي عندما رن هاتفي الخلوي. كان هذا قبل أن تصبح الهواتف المحمولة منتشرة في كل مكان في الولايات المتحدة، على الرغم من أنّها كانت تحظى بالفعل بشعبية كبيرة في إسرائيل. التقطت هاتفي الخلوي ونظر إليّ رئيسي الأكبر باستغراب.

أشرت إلى أنّني سأشرح بعد أن انتهيت من المكالمة.

"آسف، سيث، أحد عملائي واجه مشكلة" ، قلت معتذرا بعد إنهاء المكالمة.

"هل تقصد أنّ الناس يتصلون بخطك الخاص عندما يكون لديهم مشكلة في العمل؟"

"نعم"، قلت فخورا بأسلوبي العملي. "أنا أؤمن بخدمة العملاء المثلى. إنهم يتوقّعون استجابة سريعة، ويسعدني أن أساعد شخصيا. يساعدني ذلك على فهم المشكلات التي يواجهونها ".

استمع بلومنفيلد بهدوء بنظرة جادة على وجهه. قال بنبرة رسمية: "سيد شاكيد، في شركتنا، هذا لا ينتهي. عندما يواجه الناس مشكلة، فإنهم يتصلون بهاتف المكتب، وليس بالخطوط الشخصية لموظفينا. هكذا كان الأمر دائما وهذه هي الطريقة التي ستبقى بها. من الآن فصاعدا، يرجى تقديم الخدمة فقط من المكتب وفقط خلال ساعات العمل".

لقد كانت دعوة للاستيقاظ. أصبح من الواضح لي كل يوم أنّ الأمريكيّين يديرون أعمالهم بشكل مختلف تماما عن الإسرائيليّين- وليس فقط خدمة العملاء. لم يكن هناك حب أو صداقة أو هوادة. الابتسامات القلبية والأخلاق الحميدة لا تعني أنّ شخصا ما يحبك أو يحترمك حقا. آسف كانت كلمة ممنوعة. إذا وعدت أو كان من المتوقّع أن تفعل شيئا ما، فلا يمكن أن تكون هناك أعذار أو مبرّرات أو تفسيرات إذا فاتتك الفرصة. في إسرائيل، إذا لم أكن قد حقّقت التوقعات، فسأضطر فقط إلى شرح سبب تقصري ووعد بالقيام بعمل أفضل في المرّة القادمة. لم يهتم الأمريكيّون إذا انقلب العالم رأسا على عقب وواجهت عقبات مستحيلة أو توقعات غير واقعية- كان عليك متابعة المهمة وإنجازها. كما أنّهم طالبوا بالولاء الذي لا يتزعزع، والتحديثات الصادقة، وقبل كل شيء، الأرباح المتزايدة.

أدركت أنّ الأشخاص في MCI لم يمنحوني الوظيفة لأنني كنت ذكيا ومثابرا. لقد اعتقدوا ببساطة أنّني أستطيع أن أجعلهم أكثر ربحًا. إذا فشلت في القيام بذلك، لوجدت خارج الباب بسرعة كبيرة- بدون إعطاء فرص ثانية أو إبداء عاطفة. على العكس من ذلك، إذا استوفيت التوقّعات، فستتوسّع فرصي في MCI. لقد كانت معادلة واضحة للغاية. كنت أرغب في المزيد من الفرص، لذلك لعبت وفقا لقواعدهم، لكنني كنت لا أزال إسرائيليّا. هذا يعني أنّني فعلت الأشياء بشكل مختلف قليلا في أراضي وطني. على سبيل المثال، في أحد عقود عملي، اكتشفت أنّ موظفا جديدا قد ارتكب خطأ بقيمة 20,000 ألف دولار. لقد كانت خسارة كبيرة، لذلك اتصلت به لعقد اجتماع.

قال لي: "أنا آسف جدا يا سيد شاكيد، لقد ارتكبت خطأ".

كان بإمكاني طرده- لكنّني أقدّر صدقه وافتقاره إلى الأعذار. لقد تحمل مسؤولية خطأه، وأظهر النزاهة.

قلت للشاب: "يمكن لأي شخص أن يرتكب خطأ، لكن ليس الجميع على استعداد للاعتراف بذلك". طلبت منه البقاء في الوظيفة وأن يكون أكثر حرصا في المستقبل. في كثير من الأحيان، رأيت أشخاصا يكذبون للتستُّر على أخطائهم. عندما يكذب عليّ شخص ما، لا أتجاهل ذلك أبدا. أتخلص منهم- حتى لو كانت كذبتهم تافهة. لماذا؟ لأنه ليس الكذبة هي المهمة. إنها حقيقة أنّك تعمل مع شخص يكذب؛ ممّا يعني أنّه لا يمكن الوثوق به. العلاقات الإنسانية الحقيقية والمثمرة تستند دائما إلى الثقة والنزاهة.

واصلت تقديم ما كان متوقّعا مني في MCI. كلّما زاد عدد العملاء الذين جلبتهم، زادت المكافآت التي حصلت عليها. لقد أثنوا عليّ لكوني رجل أعمال عظيم، وهو ما اعتبرته بأنّي أوفي بوعودي ويمكن الوثوق بي للعمل بنزاهة نيابة عن MCI في إسرائيل. بدون النزاهة، كنت أعرف أنّه لا توجد فرصة للمصداقية- وبدون المصداقية، لم تكن هناك فرصة لمزيد من فرص العمل. بالطبع، قام عدد قليل جدا من رجال الأعمال بالتزلُّج خلال حياتهم المهنية دون اختبار نزاهتهم- ولم أكن استثناء.

19

الوزير يتعرّض للإهانة

في عام 1989، كانت شركات الاتصالات الأمريكية في ذروة حروب الاتصال الدولية، وأجبرت المنافسة على تخفيضات كبيرة في الأسعار؛ ممّا أثار رضا عملائها الكبير. في إسرائيل، على الرغم من ذلك، لا يزال بيزك يحتكر المكالمات الدولية ولا يزال يتقاضى ثروة من العملاء. غالبا ما تكلف المكالمة القصيرة إلى الولايات المتحدة عشرين إلى ثلاثين دولارا. حقق بيزك ما لا يقل عن 300 مليون دولار سنويا من خلال المكالمات الهاتفية إلى الولايات المتحدة. بعد أن تم تكليفي بتخفيض رسوم بيزك بنسبة 25 في المائة، كنت أفكر باستمرار في هذه النفقات على MCI. اعتقدت أنّ الشيء الوحيد الذي قد يقلّل من أسعار بيزك هو المنافسة. لكن وزارة الاتصالات الإسرائيلية كانت الكيان الوحيد الذي يمكنه كسر احتكار الشركة؛ لأنّ وزير الاتصالات فقط هو الذي يملك سلطة منح تراخيص لشركات اتصالات أخرى.

اتصلت بوزير الاتصالات جاد يعقوبي بهذه الفكرة، لكنه لم يكن مهتمّا. وقال بلومنفيلد إنّه سيأتي إلى إسرائيل صراحة للقاء الوزير وتعزيز علاقات وزارة التجارة والصناعة هناك. كان سيظل في المدينة لبضعة أيام فقط، لذلك سرعان ما أعددت اجتماعا صباحيا بين بلومنفيلد ويعقوبي في فندق الملك داود في القدس. كان الكثيرون يعلقون على محادثتهم. في صباح يوم الاجتماع، ذهبت لاصطحاب بلومنفيلد ورئيسي كريس، وانطلقنا من تل أبيب قبل ساعتين، ممّا أتاح لنا متسعا من الوقت لرحلة خمسين دقيقة بالسيارة إلى القدس. ولكن في الطريق، بالقرب من بلدة لاترون، أدى حادث إلى زحم حركة المرور في كلا الاتجاهين. تأخّرنا خمس عشرة دقيقة فقط عن الاجتماع، لكن يعقوبي لم يعد موجودًا هناك،

وكان غاضبا لأنه ظل ينتظر.

حاولت بشكل محموم ترتيب اجتماع آخر، لكن يعقوبي لم يردّ على مكالماتي. لم أكن أرغب في عودة أكبر شخص في MCI إلى المنزل بمزاج سيّء، لذلك سارعت إلى ترتيب شيء من رحلته. سألته عمّا يود رؤيته في إسرائيل. أول مكان ذكره هو البحر الميت، البحيرة الشهيرة التي تفصل بلاد الأردن إلى الشرق عن إسرائيل في الغرب. كانت المسافة حوالي ساعة ونصف فقط بالسيارة، لكن في الطريق إلى هناك، حصل ثقب في الإطار. لن أنسى أبدا رؤسائي الجالسين في السيارة، يشاهدونني أغيّر الإطار في الحرارة الحارقة. تذكّر أنّنا كنّا جميعا نرتدي أفضل بدلات العمل لدينا للاجتماع الكبير الذي لم يحدث. لقد غمرت بالعرق وقلت لنفسي: إنه مجرّد يوم واحد من تلك الأيام. لا تنزعج.

كانت المحطة الأولى في جولتنا هي مِسعدة، وهي قلعة قديمة تقع على قمة هضبة صخرية مهيبة في صحراء يهوذا، وتطل على البحر الميت. إنّها واحدة من أشهر مناطق الجذب السياحي في إسرائيل وبقعة ذات أهمية تاريخية كبيرة تخص الديانة اليهودية. عرض Blumenfeld وهو يهودي أيضا، موقع التراث العالمي لليونسكو الّذي جعله مؤثرا للغاية بالنسبة لنا جميعا. مسعدة هي رمز لتدمير مملكة إسرائيل القديمة على يد الجيش الروماني عام 73 بعد الميلاد، ممّا أدى إلى شتات الشعب اليهودي. الوقوف على هذه الأرض المقدسة مع رئيسي هو ذكرى لن أنساها.

ما لا يعرفه الكثير من الناس عن البحر الميت هو أنّه أدنى مكان على وجه الأرض، حيث يبلغ سطح البحر 430 مترا (1،412 قدما)- تحت مستوى سطح البحر. توفر القيادة من مرتفعات مسعدة مناظر بانورامية مذهلة. أتذكّر أنّ بلومنفيلد كان مذهولا من التجربة. عندما وصلنا إلى القاع، استمتعنا ببعض الغذاء والمشروبات المنعشة في مكان بجانب الماء وحاولنا أن نخفف الحر الشديد. كانت درجة الحرارة أعلى من 40 درجة مئوية (104 فهرنهايت)- طقس رائع للتجول في بدلات العمل.

بعد وجبتنا، كان الوقت قد حان للعودة إلى أعلى الجبل باتجاه المنزل. بعد أن تعافيت من فوضى السيارة في الصباح، كنت آمل في رحلة سلسة. لسوء الحظ لم يكن هذا ليحدث. بين الحرارة الشديدة في النهار والمنحدر الحاد للطريق، ارتفعت درجة حرارة سيارتي، واضطررت إلى التوقف للسماح لها بالتبريد. يا له من يوم! لقد خضنا مغامرة مذهلة، لكنني بدأت أشعر باللعنة. عندما وصلنا أخيرا إلى المنزل، سألت بلومنفيلد عما يريد أن يفعله في آخر يوم له في إسرائيل. فاجأني بطلب زيارة وحدة تابعة لجيش الدفاع الإسرائيلي. في وقت لاحق كان من المنطقي. لم يكن يهوديّا

فحسب، بل كان أيضا من قدامى المحاربين في فيتنام. سحبت كل خيط كان لديّ في وزارة الدفاع، وأخبرت الجميع بمدى أهمية وتأثير مديري. أخيرا، سمح لنا بمشاهدة مناورة وحدة قتالية في مرتفعات الجولان على الحدود السورية. أخبرت بلومنفيلد أنّني سأصطحبه من فندقه في الساعة 7:00 صباحا في صباح اليوم التالي، وسألت أخي، آرون، عمّا إذا كان بإمكاني استعارة سيارته لأنّ سيارتي لم تكن في حالة جيدة لرحلة طويلة أخرى.

عندما ظهرت في الفندق في الوقت المحدّد صباح اليوم التالي، كان بلومنفيلد لا يزال نائما. طلبت من سكرتيرته أن توقظه. من الواضح أنّ الرجل ذهل من وقاحتي. "الرئيس والمدير التنفيذي لشركة MCI لا يقطع نومه، سيد شاكيد." استيقظ بلومنفيلد أخيرا في الساعة 8:00 صباحا، وتناول وجبة الإفطار، وركب في سيارة أخي. بفضل اسلوبي المندفع في القيادة، وصلنا إلى مرتفعات الجولان، على بعد حوالي ساعتين ونصف، في الوقت المحدّد. شاهد رئيس وزارة التجارة والصناعة ومديرها التنفيذي التمرين العسكري بحماس كبير، وقام بجولة على طول الحدود، ونظر إلى المواقع السورية من خلال منظار، واستمع بعناية إلى تفسيرات حول حرب الأيام الستة عام 1967 بين إسرائيل وتحالف من الدول العربية وحرب يوم الغفران عام 1973. تحدّث مع الجنود والضباط القادة، وتبادل النكات، والتقط صورا» معهم.

في طريق العودة، أحضرت زائري المهم إلى منزل والدتي لتناول العشاء. كان هذا غير مسبوق في MCI. لم يستضف أيّ ممثّل شركة سمعت عنه من قبل مديرا تنفيذيا في MCI في منزلهم. كانت والدتي دائما قادرة على تحضير وجبات رائعة دون إشعار مسبق- ولم تكن تلك الليلة استثناء. قدّمت لنا طبق سمك محشي لذيذ، وأجرت محادثة حية مع رئيسي حول منزل والديه في أوروبا. غادرنا نتانيا في منتصف الليل، حيث كاد سيث بلومنفيلد أن ينسى سبب مجيئه إلى إسرائيل. قد يكون من الإجراء المعتاد اصطحاب أشخاص مهمين إلى المطاعم الفاخرة والمقاهي الراقية واستضافة الاجتماعات في فنادق بخمسة نجوم. لكنني فضّلت دائما استضافة معظم ضيوفي في منزل طفولتي في نتانيا. لا يوجد شيء مثل الضيافة المنزلية لجمع الناس معا وإقامة علاقات أوثق.

أتذكّر بشكل خاص زيارة نائب رئيس شركة MCI، فينت سيرف إلى إسرائيل، وكان حينها يعمل على تطوير تقنيات المستقبل. كان سيرف يبلغ من العمر حوالي خمسة وستين عاما، ضعيف السمع، وأستاذا سابقا في جامعة ستانفورد- مع شريكه في العمل، بوب كان- طوّر الإنترنت

حرفيا. دعوت سيرف إلى عشاء إسرائيلي في منزلي. قدّمت داليا العديد من السلطات المختلفة بالإضافة إلى الدبال والكبّة، لحم الضأن المفروم المحشو بقشور البرغل المقلية مع الصنوبر. أكّد لنا سيرف أنه لم يستمتع بوجبة كهذه منذ وقت طويل جدا. تحدث مطوّلا مع أطفالي، الذين أعجبوه بلغتهم الإنجليزية بطلاقة. منذ طفولتهم المبكرة، كنت أفكر فيهم من حيث أهمية إجادة اللغة الإنجليزية. حتى أنني اعتدت التستر على الترجمة العبرية على جهاز التلفزيون الخاص بنا عندما كانوا يشاهدون أفلاما باللغة الإنجليزية. كانت ابنتي ميخال في السابعة عشرة من عمرها عندما جاء سيرف إلى منزلنا لتناول العشاء. أخبرته أنّه لا يوجد بديل عن الرسائل الشخصية، وبالتالي لن تستخدم البريد الإلكتروني أبدا.

ابتسم سيرف للتو. قال لها: "هناك إنسان وراء كل جهاز كمبيوتر".

"سترى. سوف تغير رأيك ".

لقد كان على حق بالطبع.

20

من الاحتكار إلى المنافسة

بعد أن غادر سيث بلومنفيلد إسرائيل، عقدت عدة اجتماعات مع وزير الاتصالات يعقوبي، واصلت الضغط من أجل المزيد من المنافسة في قطاع الاتصالات وإنهاء احتكار بيزك، ولكن دون جدوى. في مارس 1990، أدّى تصويت بحجب الثقة بسبب الخلاف حول عملية السلام في الشرق الأوسط إلى إسقاط حكومة رئيس الوزراء إسحاق شامير، ولم يعد يعقوبي وزيرا. وكان من يبدّله رافائيل بينحاسي من حزب "شاس" الأرثوذكسي المتشدّد. بصفته يهوديّا متدينا للغاية، لم يكن لدى بنحاسي أيّ اهتمام خاص بالاتصالات. لم يكن لديه حتى تلفزيون في منزله. بالنسبة لليهود الأرثوذكس المتشدّدين، اعتبرت البرامج التلفزيونية غير مناسبة أخلاقيا وذات تأثير سيّء، خاصة بالنسبة للأطفال. من ناحية أخرى، كانت خلفيّته في صناعة الماس مربحة، وكان لديه حسّ تجاري قوي.

خلال محادثتنا الأولى، أدرك على الفور أنّه يجب كسر احتكار بيزك من خلال خلق منافسة في الدعوة الدولية. كان من المقرّر أن يستمرّ الاجتماع ثلاثين دقيقة، لكن انتهى بنا الأمر بالتحدث لمدة ثماني ساعات متتالية. لقد تم تزويدنا بشرب جالونات من الشاي الحلو بشكل حثيث. في نهاية الاجتماع، سألني بشكل صريح: "هل أنت على استعداد للتنافس مع بيزك بنفسك؟"

أجبته: "بالطبع". لقد كان بالضبط نوع التحدي الجديد والمثير الذي كنت أتوق إليه دائما. كما أنها قدّمت فرصة رائعة للتقدم الاقتصادي والشخصي. لم أكن في إسرائيل عندما تلقّت زوجتي داليا مكالمة هاتفية تفيد بأنّني حصلت على ترخيص لتشغيل عملية اتصال دولية مخفضة. أخبرتني أنّه سيكون هناك احتفال في مكتب الوزير في اليوم التالي في

القدس. كان من المقرّر أن تقبل زوجتي الترخيص نيابة عني، ولكن لأنّ وزير الاتصالات بنحاسي لم يصافح النساء بسبب ممارساته الدينية الصارمة، فقد طلب من بولينا وايزمان، إحدى كبار موظفيه، منح الترخيص لداليا ومصافحتها بدلا من ذلك.

عندما عدت إلى إسرائيل ونظرت إلى الرخصة، قلت لنفسي: "ماذا الآن؟" لم يكن لدي أي فكرة عمّا كنت أفعله. اتصلت بـ MCI واقترحت شراكة اتصال دولي. رفضوني قائلين إنّ مستوى الصوت منخفض جدا في إسرائيل. ومع ذلك، قالوا إنهم لا يعارضون أن أقوم بتفعيل ميزة الاتصال المُخفض بنفسي. شعرت وكأنّني شخص تلقّى للتوّ هدية جميلة ولكنها غير عملية. وممّا يزيد الأمور تعقيدا، بعد أسبوع من حصولي على الترخيص، تم استدعائي لخدمة الاحتياط في الجيش، وهو أمر إلزامي في إسرائيل. في قاعدة التدريب الخاصة بي، التقيت بضابط يدعى عامي هاريل الذي كان الرئيس التنفيذي لشركة Telrad في الولايات المتحدة في وقت ما، وعمل لاحقا مع دان غولدشتاين، خبير الاستثمار الذي أسّس لاحقا Formula Systems. أخبرت عامي أنّني حصلت على ترخيص لتشغيل المكالمات الدولية ولكني لم أتوصل بعد إلى خطة. أصبح متحمّسا للغاية للتنافس مع بيزك. عندما انتهى واجبنا الاحتياطي، اقترح أن أسكّر Adir Ltd. بالشراكة مع دان غولدشتاين. وافقت على الفور.

سمح لنا الترخيص بإجراء مكالمات هاتفية مخفضة إلى الولايات المتحدة. تحقيقا لهذه الغاية، كان علينا أن نقيم اتصالا سريعا بين إسرائيل والولايات المتحدة. اتصلت بقسم التبديل المحلي في بيزك لمعرفة أين يمكن للشركة توفير ما لا يقل عن ألف خط في إسرائيل لنا. قيل لي إنّهم أكملوا للتو توسيع منظومتهم الهاتفية الضخمة في مدينة ريشون لزيون، جنوب تل أبيب، وأنهم يستطيعون أن يقدّموا لنا الخطوط التي نحتاجها، ولكن فقط في دائرة نصف قطرها مائة متر من بورصة بيزك. لذلك استأجرنا منزلا يقع داخل المنطقة وتلقينا على الفور الخطوط التي نحتاجها؛ ممّا مكّننا من الخروج من إسرائيل دون دفع رسوم بيزك. لكننا ما زلنا بحاجة إلى اتصال بالهواتف الأمريكية. بعد عمليات بحث دؤوبة، اكتشفت أنّ هناك تبادلا متطوّرا في قبو MCI في مانهاتن تعامل مع نسبة كبيرة من اتصالات الشركة. مقابل 50,000 دولار شهريا، اشتريت الحق في استخدامه.

في هذه المرحلة، حان الوقت للعثور على بعض العملاء- وهو أمر سهل لأنني كنت أقدم مكالمات بنصف سعر بيزك. كانوا يتقاضون 3 دولارات في الدقيقة، وكنّا نتقاضى 1.50 دولار. شعر العملاء بسعادة

غامرة من التّوفيرات، وسرعان ما أصبح لدينا قائمة طويلة من المستهلكين السعداء الذين يستخدمون خدمتنا. بالإضافة إلى ذلك، ومباشرة من البوابة، كنّا نحقق ربحا جيدا.

كنّا المنافس الوحيد لبيزك طوال الأشهر الثلاثة. في ذلك الوقت، صنعنا حزمة. ولكن بعد ذلك جاءت المنافسة في شكل ديفيد رايخمان، المليونير الأرثوذكسي المتطرّف والابن الأكبر لرجل الأعمال اليهودي الكندي رالف رايشمان، الذي جمع ثروته من العقارات. باع ديفيد نصيبه من أصول العائلة مقابل 100 مليون دولار (يقول البعض 200 مليون دولار)، وأراد القيام بأعمال تجارية في إسرائيل. لذلك هاجر مع زوجته السويسرية راشيل واستقر في فيلا فخمة في مدينة بني براك الدينية، بالقرب من تل أبيب. هناك، تم الترحيب به بأذرع مفتوحة. عندما كان شابا، كان طالبا في المدرسة الدينية في المدينة وصنع لنفسه اسما باعتباره فقيها تلموديّا. وبحسب ما ورد كان رجلا متواضعا يخاف الله، وزوجا مخلصا اتخذ جميع قراراته التجارية بالتّشارك مع زوجته.

بعد النظر في فرص عمل مختلفة، خلص رايشمان البالغ من العمر ثلاثين عاما إلى أنّه يمكن أن يجني ثروة إذا حصل أيضا على ترخيص لمكالمات الخصم. للحصول على المساعدة، لجأ إلى الحاخام شاخ- الزعيم الروحي الموقر لمدرسة بونيفيز الدينية حيث كان ديفيد طالبا. كان شاخ أكثر بكثير من مجرد حاخام محترم. كان مؤسّسا لحزبين أرثوذكسيّين متشدّدين رئيسيّين- شاس السفاردي وحزب العلم الأشكنازي توراة- وعلى هذا النحو كان من بين أقوى الشخصيات السياسية في البلاد. كانت عائلة رايخمان من بين أكبر المؤيّدين الماليّين للحاخام. لذلك، أمر شاخ وزير الاتصالات الجديد، رافائيل بينهاسي، المعيّن من قِبَل شاس، بالحضور لاجتماع منتصف الليل، وأقنعه بمنح رخصة اتصال دولية لرايخمان. تمّ إصداره على الفور، وأسّس رايخمان داركوم، وهي كلمة مركّبة بالمزج من الأحرف الأولى من اسمه وزوجته.

عاش رايخمان كملك. كان سائقا في أوّل سيارة لكزس تم إحضارها إلى إسرائيل، وكان محاطا بسرب من المستشارين. عُيّن تسفي عميد، الرئيس التنفيذي السابق لشركة بيزك، رئيسا تنفيذيا لشركة داركوم وطلب منه نسخ جميع أساليب العمل في شركتي. اتصلت شركة رايخمان الجديدة، التي توظف أربعة أشخاص فقط، بمركز اتصالات في الولايات المتحدة وسجلت عددا كبيرا من العملاء الإسرائيليّين الذين لم نجذبهم. في ذلك الوقت، بالطبع لم يكن هناك ندرة في العملاء. أراد الجميع مكالمات مخفضة في الخارج.

لعدة سنوات، كان أداء شركتي Adir ، و Darcom جيدا للغاية، حيث حققتا أرباحا كبيرة، حتى بعد وفاة Reichmann المفاجىء في عام 1994. الشخص الوحيد الذي لم يكن يتمتّع بالطلب الكبير على أسعار المكالمات المخفضة هو الرئيس التنفيذي الجديد لشركة بيزك إسحاق كول. بغضب متزايد، شاهد عملاءه يغيّرون ولاءهم إلى Adir أو Darcom. لم يستطع فعل أي شيء لرايخمان، الذي حصل على رخصته من خلال القنوات القانونية، لكنه وضع تضاربا في المصالح في منصبي، والذي قرّر استغلاله. اتصل بالمديرين التنفيذيين لوزارة التجارة والصناعة، وطالبهم بالضغط عليّ لتصفية أدير لأنني كنت أتسبب في خسائر فادحة في بيزك. أصيبت إدارة MCI بالذعر. أبرمت الشركة عقودا طويلة الأمد مع بيزك واعتمدت على حسن نية كول عندما نشأت خلافات في الرأي بين الشركتين. احتاجت MCI إلى Kaul و Bezeq، لذلك وعد فريق إدارة الشركة بأنهم سيهتمون بالمشكلة. في اليوم التالي، اتصلت بي MCI وأصدرت إنذارا نهائيا- إما MCI أو Adir. وجدت على مفترق طرق- أرغب بشدة في الاستمرار في تمثيل MCI ولكني أجني المزيد من المال في Adir- ذهبت لرؤية والدي للحصول على المشورة.

أخبرته عن الإنذار. "ماذا عليّ أن أفعل يا آفي ؟"

استمع بعناية، ثم سأل، "هل استنفدت كل إمكانيات العمل مع الأمريكيّين؟"

أجبته: "لا". "لم أفعل."

"في هذه الحالة، أسقِط Adir وابقَ مع MCI."

لم تكن هذه هي الإجابة التي أردت سماعها، لكنني وثقت برأي والدي، وقرّرت بيع الجزء الخاص بي من أدير. لقد قمت بتقييم قيمة نصف شركتي بمبلغ 5 ملايين دولار. شريكي، دان غولدشتاين- الذي كان يمتلك بالفعل شركة Formula Systems، وهي شركة لتكنولوجيا المعلومات- لم يجادل في السعر، لكنه لم يرغب في إبرام صفقة نقدية. بدلا من ذلك، عرض عليّ ما يعادل الأسهم في شركته .Idan Ltd، التي تم تداولها في بورصة ناسداك.

لم أكن متأكدا من العرض وذهبت للتشاور مع محاميّ، يعقوب نئمان، الذي سألني، "هل ربحت بالفعل مليون دولار؟"

أجبته: "لا ، ليس بعد".

"أوّلا ، تأكد من أن لديك مليون دولار نقدا. بعد ذلك، يمكنك الانخراط في الأسهم".

حاولت إقناعه بأن العرض الذي تلقيته بدا سخيّا جدا.

أشار نئمان إلى بابه وقال بصوت منخفض: "صديقي الشاب، إذا لم تعجبك نصيحتي، فابحث عن محام آخر".

لم تكن لديّ رغبة في تبديل مكاتب المحاماة. لقد عملت مع نئمان لسنوات، وعرفت أنه يقدم لي دائما نصيحة ذكية. خطر لي أنّه سيكون من الحكمة الاستماع إليه هذه المرّة أيضا.

التقينا مع دان غولدشتاين، وأخبرته أنني قرّرت رفض عرضه. لم يستطع أن يفهم لماذا أتخلى عن 5 ملايين دولار من الأسهم التي كانت قيمتها، في رأيه، سترتفع فقط، لكننا افترقنا بشروط جيدة.

في النهاية، كنت سعيدا جدا لأنني قاومت عرضه واستمعت إلى محاميّ، لأن عيدان قد تم القضاء عليه في النهاية، ولم تكن أسهمي تساوي شيئا.

بعد ذلك، اتصلت بدوف تدمر، الرئيس التنفيذي لشركة Discount Investments. ما زلت أتذكّر اجتماعنا. كان دوف يأخذ رشفات صغيرة من القهوة التركية- كان مساعده قد صنعها بالطريقة التي يحبها- حيث عرضت عليه الجزء الخاص بي من Adir مقابل 5 ملايين دولار نقدا. يبدو أنّه استعد لاجتماعنا وتعلّم كل ما في وسعه عن أدير من خلال ميشا أنجيل، مدير تطوير أعماله.

"لقد توصلت إلى استنتاج مفاده أن حصتك من العمل تبلغ قيمتها 1.5 مليون دولار، وهذا بالضبط ما أنا مستعد لإعطائك إيّاه نقدا"، قال تدمر بقناعة كبيرة. لقد أجريت حسابا سريعا في دماغي وأدركت أنّني ربما لن أحصل على عرض أفضل. إلى جانب ذلك، لم يكن 1.5 مليون دولار نقدا في ذلك الوقت شيئا يستهان به. لقد قبلت العرض، لكنني غالبا ما أنظر إلى الوراء وأندم على قراري بالبيع. بيع عمل مزدهر يشبه بتر طرف لكائن حي. أنت تبني عملك لتحقيق حلم، وتوفير فرص عمل لنفسك وللآخرين، وإنشاء شيء ذي قيمة ودائم. عندما يغادر مؤسّس الشركة، غالبًا ما تفقد الشركة روحها الحية. في النهاية، يتم استيعاب هذه الشركات من قبل إدارتها الجديدة، والتي لا تعامل الشركة أو الثقافة الأصلية بنفس الاحترام أو احترام المؤسّس. للأسف، كان هذا صحيحا بالنسبة لـ Adir، التي تم استيعابها بثبات من قِبَل الشركات الأخرى حتى فقدت هويتها تماما.

21

أكثر شخص مجنون قابلته في حياتي

لم يعد "أدير" لي أنا، ووجدت أسأل نفسي مرّة أخرى، "ماذا بعد؟" لحسن الحظ، قدّمت MCI فرصة غير متوقّعة. من بين العديد من الخدمات التي تقدّمها الشركة، وكان أداء أحدها على وجه الخصوص جيدا للغاية في الولايات المتحدة ـ بطاقات الاتصال للمسافرين من رجال الأعمال الذين يجرون مكالمات دولية من الفنادق، والتي كانت في ذلك الوقت تتقاضى مبالغ باهظة مقابل هذه المكالمات. على سبيل المثال، يمكن أن تكلّف مكالمة إلى إسرائيل من فندق أمريكي ما يصل إلى 15 دولارا في الدقيقة! قدّمت بطاقة اتصال MCI حلّا غير مكلف. تم تضمين رمز سري في بطاقة MCI، وعندما يستخدم العملاء الرمز، يمكنهم الحصول على خط مباشر إلى أيّ مكان في العالم بسعر مخفض للغاية. في نهاية الشهر سيتلقّى العملاء كشف MCI، يوضّح مقدار ما وفّروه، والذي كان عادة مهمّا.

كان شريك MCI في هذا المشروع هو Visa International. قال المسؤولون التنفيذيّون في فيزا إنترناشيونال إنّهم يتقبلون فكرة بطاقة الاتصال لكنهم يريدون أن يكون صنع القرار في أيدي كل دولة. لذلك، طلبت مني وزارة التجارة والصناعة التوصل إلى ترتيب سريع مع فيزا إسرائيل. حدّدت موعدا لمقابلة يعقوب ديور، الرئيس التنفيذي لشركة فيزا إسرائيل، في مكتب الشركة في جفعتايم، شرق تل أبيب. كان ديور زميلا ساحرا ومديرا جذابا ومسوّقا بامتياز. نقلَ Visa من نجاح إلى آخر. كان لديه بالفعل حوالي مليون عميل. لم يكن هناك مصنع في إسرائيل لم يطرق بابه للترويج لسلع أو خدمات جديدة.

منذ اللحظة التي دخلت فيها مكتب ديور، علمت أنّني في ورطة. لم

يكن يعرف أيّ شيء عن بطاقات الاتصال. كان مهتمّا فقط ببيع بطاقات الائتمان المحلية والدولية لقاعدة عملائه المتنامية. لم يكن من المفترض أن يتم لفت انتباهه إلى أيّة فكرة خارج هذا الإطار. كانت الأفكار الجديدة تمرّ عبر فريق تطوير الأعمال، والذي بدوْره سيعرض عليه النتائج التي توصلوا إليها. كنت في المكان الخطأ وكنت قلقا من أن ديور لن يسمح لي بأخذ المحادثة حيث أردتها. لذلك في منتصف المحادثة، قمت بتبديل التروس وسيطرت عليها. أخبرت ديور أنّني لم أكن هناك لبيعه فكرة جديدة، ولكن لتنفيذ فكرة تمّت مناقشتها بالفعل في اجتماع بين MCI و Visa International. بعد ذلك، قدمت استطلاعا أظهر أنّ ما لا يقل عن خمسين ألف مستخدم لـ Visa يمكن أن يجدوا بطاقة الاتصال مفيدة. شرحت أنّ البطاقة يمكن أن تخفض فواتير الهاتف إلى النصف- ليس فقط على المكالمات من الفنادق في الولايات المتحدة ولكن أيضا من الفنادق في ستين دولة تعمل فيها MCI. شدّدت على حقيقة أنّ بطاقة الاتصال يمكن أن تمنح ديور وفيزا إسرائيل ميزة على شركات بطاقات الائتمان الأخرى. أعطيته كتالوج MCI مع معلومات مفصّلة حول مزايا البطاقة. أوضحت أيضا أنّ Visa يمكن أن تكسب المال ليس فقط من معاملات حاملي البطاقات في الخارج، ولكن أيضا من خلال مكالماتهم الهاتفية. ومع ذلك، بدا ديور غير معجب. تضمّن اقتراحي بعض التغييرات الكبيرة، والعديد من المديرين التنفيذيّين الناجحين لا يحبون التغيير. حاولت خلق انطباع بأنّه مع توصية Visa International على بطاقة اتصال MCI، يحتاج إلى مساعدتي لإجراء التغيير. لكن يعقوب ديور لم يكن مبتدئا. كان يعلم أنّ القرار النهائي يكمن في يديه وحده. انتهى اجتماعنا بعد ساعة، حيث قال ديور بأدب إنّ الفكرة كانت مثيرة للاهتمام ولكنها لن تطير. ومع ذلك، فقط لاتباع البروتوكول، قال إنّه سيقدم الفكرة إلى قسم تطوير الأعمال الخاص به.

غادرت شَاعِرًا بالفشل. في هذه المرحلة من حياتي المهنية، نجحت في بيع العديد من الأفكار والمنتجات والخدمات في العديد من المجالات المختلفة، حتى عندما كانت المبيعات صعبة. لكن هذه المرّة، لم تنجح تكتيكاتي. افترضت أنّ فريق تطوير الأعمال في ديور سيقول أيضا "لا"، وشعرت أنّه لا يوجد شيء يمكنني فعله للتأثير على النتيجة. ولكن إذا كان هناك شيء واحد تعلّمته عن النجاح، فهو هذا: الطريقة الوحيدة للفشل حقا هي الإقلاع عن المحاولة. كل شخص ناجح عرفته على الإطلاق رفض ببساطة الاستقالة، بغض النظر عن انتكاساته. يمكن للفشل في كثير من الأحيان أن يعلّمنا المزيد عن النجاح أكثر من أي شيء آخر. لقد سرت

في الحياة وأنا أجمع إخفاقاتي وانتكاساتي مثل الهدايا الصغيرة. حتى يومنا هذا، كلّما شعرت بالركود أو الضياع، أنبش فيها كتذكير بما تغلبت عليه للوصول إلى ما أنا عليه في العالم.

بعد أسبوعين من لقائي مع ديور، اتصلت بقسم تطوير الأعمال لتسجيل الوصول. لم تكن الأمور واعدة، لكنني كنت مصمّما على تغيير الأمور.

"لدينا مشكلة في بطاقة الاتصال الخاصة بك"، قال أحد قادة الفريق لبدء المحادثة. "المنتج جذّاب بما فيه الكفاية ، لكن لا يمكننا التوصية به."

ما كنت أخشاه كان يحدث. ومع ذلك، أردت أن أعرف لماذا يرفضون ذلك.

"الأمر بسيط للغاية يا سيد شاكيد. من المحتمل أن نخسر المال".

"كيف؟" سألت مندهشا.

"حسنا، ضع في اعتبارك ما يمكن أن يحدث إذا أساء العملاء استخدام بطاقات الاتصال الخاصة بهم."

"حسنا ، أنا أستمع. هل يمكن أن تعطيني مثالا؟ كنت أشعر بالفضول حقا الآن.

"بالتأكيد. على سبيل المثال، قد يستخدم بعض الأشخاص البطاقة، ثم يدعون أنّهم لم يجروا المكالمة. ماذا سنفعل إذا فرضت علينا MCI مئات الآلاف من الدولارات مقابل المكالمات التي يدعي عملاؤنا أنّهم لم يجروها أبدا؟ بالإضافة إلى ذلك، يمكن للناس سرقة الرمز السري وتشغيل فواتير ضخمة. من سيغطّي هذه التكاليف؟

كنت أعلم أنّهم لن يحبوا إجابتي، لكنها كانت الخط الرسمي لشركتي. "وفقا لإرشادات MCI، سيتعيّن على Visa الدفع."

"سيد شاكيد، أنا متأكد من أنّك تدرك أنّ هذا سيكون وضعا مستحيلا بالنسبة لنا".

لم يكن لدي إجابة. لم يخطر ببالي أنّ فيزا إسرائيل سترفض عرضي لأنهم كانوا خائفين من أضرار الاحتيال. عذّبتُ نفسي لأنني لم أنتبه ولم أستعدّ مسبقًا لهذه القضية. علّمني والدي أن أرى الصورة بأكملها، كل التفاصيل. كيف نسيت مثل هذا الدرس المهم؟

قال قائد الفريق بأدب: "شكرا لك على الاقتراح، لكن، كما قلنا، الخطر كبير جدا".

مع انتهاء الاجتماع، أدركت أنّهم قاموا بتقييم مخاطر بطاقة الاتصال ولكن ليس مكافآتها. كنت أعرف ما يجب أن أفعله للتعافي. "اسمحوا لي أن أتشاور مع MCI حول هذا الأمر وأعود إليكم."

اتصلت على الفور بمقرّ وزارة التجارة والصناعة، وأخبرت مديري عن اجتماعاتي مع فيزا إسرائيل. لم يتفاجأ. وقال إنّ هناك تقارير مماثلة من جميع ممثّلي MCI خارج الولايات المتحدة. وأوضح: "لقد فشلنا في كل مكان بسبب القلق من الاحتيال". لم نتمكّن من بيع بطاقة الاتصال إلى أيّ دولة".

قضيت الأسبوعين التاليين في استكشاف طرق عديدة للتعامل مع مشكلة الاحتيال، لكن لم أثبت أيّ منها أنه قابل للتطبيق عن بعد. ثم، بالصدفة المطلقة، قرأت تقريرا سنويا عن الاحتيال المصرفي في إحدى الصحف المالية، والذي قال إنّ الناس يعتقدون أنّ الاحتيال المصرفي منتشر على نطاق واسع، بينما في الواقع، هناك عدد قليل جدا من الحالات. قرأت التقرير مرّتين أو ثلاث مرّات. وكان الاستنتاج: معظم الناس صادقون بالفعل. هناك عدد قليل جدا من المحتالين المخطّطين. اتصلت ب MCI لمعرفة إذا ما كان التقرير صحيحا، ولكن قيل لي إنّ الشركة ليس لديها بيانات احتيال دقيقة. مع استمرار التقرير فقط، قررت أن أقوم بأكبر مقامرة في حياتي. سأغطّي شخصيا الأضرار المالية الناجمة عن إساءة استخدام المستهلكين لإصدار Visa Israel من بطاقة الاتصال الخاصة ب MCI. لم أكن أعتقد أنّ عدد القضايا سيكون صغيرا فحسب، بل تعلمت ما يكفي عن الاتصالات الإلكترونية والتبادلات خلال فترة عملي في سلاح الاتصالات في الجيش الإسرائيلي حتى أتمكّن من تطوير نظام للحد من النشاط الاحتيالي عند حدوثه.

طلبت من وزارة التجارة والصناعة إرسال مسوّدة اتفاقية لفيزا إسرائيل تنص على أنّني سأكون مسؤولا عن أيّة أضرار مالية ناجمة عن الاحتيال في بطاقات الاتصال. بعبارة ملطّفة، أصيبوا بالذهول.

"سيد شاكيد، أنت تدرك أنّك ستدفع مئات الآلاف من الدولارات شهريا، أليس كذلك؟"

"نعم ، هذا ممكن. أنا مستعد."

"من أين ستحصل على هذا الكمّ من المال؟"

"من مدّخراتي."

"هل ترغب في إعادة التفكير في هذا؟"

لطالما كرهت هذا السؤال. "شكرا لك، لكنني فعلت ذلك بالفعل."

"حسنا"، أجاب الشخص المصدوم على الجانب الآخر من الهاتف. "سنرسل لك عقدًا منقّحًا".

لقد عقدت اجتماعا عاجلا مع ديور من فيزا إسرائيل لإخباره بقراري بدفع تعويضات من جيبي. لقد ذهل مثل الناس في MCI.

"أنت تعرف ما سيحدث"، قال والشفقة في عينيه.

"ماذا؟"

"ستفلس قبل انتهاء العام."

"لست متأكدا من ذلك"، قلت، وأجبرت على الابتسامة.

قال: "آفي شاكيد، "أنتَ أكثر شخص مجنون قابلتُه في حياتي."

ربّما، اعتقدت، لكنني حصلت على الصفقة!

22

مخاوف الاحتيال عبر الهاتف

أسهم الوعد بهواتف ارخص في زيادة سحر الصفقة MCI-Visa Israel، وسرعان ما أصبح كل إسرائيلي تقريبا يمارس أعمالا تجارية خارج البلاد عميلا. كنت منفتحا على تغطية بعض عمليات الاحتيال عندما حدثت، وسمعت عن بعض المخطّطات المعقدة للغاية التي ارتكبت في الولايات المتحدة. على سبيل المثال، كان المجرمون الصينيّون في نيويورك المجهّزون بمناظير يخرجون من المقاهي والمطاعم ويصوّرون الأشخاص الذين يدخلون رمزهم السري في هواتف المؤسسات المدفوعة. بمجرد حصولهم على الرمز، كانوا ينتجون بطاقات اتصال مزيفة ويبيعونها مقابل 5 دولارات في الحي الصيني. قيل لي إنّ الأشخاص الذين اشتروا البطاقات المزيّفة سيتصلون بالصين ويبقون على الهاتف لساعات- وسيتعيّن على شركة بطاقات الاتصال تغطية الأضرار المالية.

لقد حصلت على تأمين لتغطية خسائري المتوقعة، ولكن سرعان ما ألغيته لأنه لم يكن ضروريا. كما توقّعت، كان هناك عدد قليل جدا من حالات الاحتيال- وكانت حالات الاحتيال التي حدثت مباشرة. كان معظم العملاء الذين يزعمون أنّ شخصا غريبا قد استخدم بطاقة الاتصال الخاصة بهم كانوا مخطئين ببساطة. كنت أعرف هذا لأنني قمت شخصيا بالتحقيق في كل شكوى من هذا القبيل. عندما يقول الناس إنهم لم يجروا مكالمة معيّنة، كنت أتصل بالرقم، وأتأكد من اسم الشخص الذي تم الاتصال به، وأسأل عن علاقتهم بعميل بطاقة الاتصال. بعد ذلك، سأعود إلى عميل بطاقة الاتصال وأضع الحقائق. في كل حالة- وأنا لا أبالغ- سحب العميل شكواه واعترف بأنّه نسي ببساطة أنه أجرى المكالمة بنفسه. كان نظامي يعمل مثل الحلم.

كان برنامج بطاقة الاتصال ينمو بسرعة، وأصبح الحجم هائلا. تساءلتُ عمّا إذا كان أوري أتكوفيتش، عبقري الحاسوب البالغ من العمر ستة عشر عامًا، الذي التقيتُ به في بيتاح تيكفا قبل بضع سنوات، قادِرًا على تطوير حلّ آليّ. التقينا وناقشنا المشكلة والحلول. لقد قمت بتجميع قائمة بعلامات التحذير لمراقبتها، مثل المكالمات المتزامنة باستخدام نفس رمز بطاقة الاتصال السري أو المكالمات الطويلة بشكل غير عادي، بالإضافة إلى قائمة بالعملاء الذين رفضوا الرسوم في الماضي أو تأخّروا عن سداد مدفوعاتهم. كتب أوري برنامج كمبيوتر مصمّما للكشف عن الانحرافات في المكالمات الهاتفية لبطاقات الاتصال، وتحديد الاحتيال المحتمل والبطاقات المسروقة. كان برنامجه شيئا من الجمال، وأصبحنا صديقَين مقرَّبَين. عندما تم تجنيده في جيش الدفاع الإسرائيلي كعضو في المسار الأكاديمي للجيش لهندسة الكمبيوتر، بقينا على اتصال. بمجرد تسريحه من الخدمة، عاد للعمل معي.

أثبتت أعمال بطاقات الاتصال أنّها أكثر مسعاي ربحا حتى الآن. في النهاية، كنت أجني نصف مليون دولار شهريا خلال فصل الصيف، الذي كان موسم الذروة. ولكن كما هو الحال مع جميع الشركات الناجحة، تأتي المنافسة في النهاية- ونعم، ربما كانت المنافسة تستخدم بطاقات الاتصال الخاصة بي لمناقشة خططهم في البداية! في عام 1996، أسّست بيزك شركة بيزك الدولية وبدأت ببيع بطاقات الاتصال الخاصة بها. بدأ العملاء في التبديل. ثم قطعت فيزا إسرائيل فجأة علاقاتها التجارية معي لأن بيزك كانت شركة إسرائيلية، وكانت شركة إم سي آي أمريكية. لم يكن هناك شيء يمكنني فعله لتغيير هذا الواقع، لذلك تلقيت الضربة. واصلت تمثيل MCI لكنني سحقت بسبب خسارتي أمام المنافسة.

23

مفاجأة والدي الأخيرة

خلال عشاء عائلي ليلة الجمعة في منزل والدي، تطور النقاش إلى مشاكلي مع فيزا إسرائيل. نظر والدي وهو يتناول حساءه وسأل: "لماذا لا يمكنك امتلاك شركة مثل فيزا إسرائيل؟"

ابتسمت. "سيتطلب ذلك مشاركة مستثمرين كبار ، آفي ."

"من يملك فيزا إسرائيل؟" سأل.

"بنك لئومي- كما تعلمون، أكبر بنك في إسرائيل".

"فلماذا لا يكون لديك بنك خاص بك؟"

كان هذا النوع من التفكير الجريء غير معهود على والدي، وربما يكون السبب في أنّني أتذكر هذه المحادثة جيدا. الرجل الذي رفض باستمرار خططي التوسعية أصبح يشجّعني الآن على السعي وراء مرتقَيات لم يجرؤ على ارتقائها بنفسه. لو كنت طبيبا نفسيّا، فربما كنت سأستنتج أنّ هذه كانت محاولة غير مباشرة لإدراك شيء ظلّ مكبوتا طوال حياته.

عند عودتنا إلى المنزل، قلت لداليا: "لقد أعطاني والدي مادة للتفكير. لماذا لا آخذ بنصيحته؟ ألم يحن الوقت بالنسبة لي للعب في البطولات الكبرى؟

ابتسمت وقالت: "نعم، أعتقد أنّ الوقت قد حان".

بدأت أبحث عن فرصتي الكبيرة التالية. ومن المفارقات أنّ بيزك، التي كانت خصمي المتكرّر في مسابقات الاتصالات السابقة، ستكون بمثابة حافز لفرصتي التالية. كانت بيزك لا تزال احتكارا يمكنه أن يتقاضى أسعارا غريبة، وكانت تخضع للتدقيق. وكثيرا ما اشتكى رجال الأعمال والصناعيون والمصدّرون إلى وزيرة الاتصالات الإسرائيلية

شولاميت ألوني من التكاليف الباهظة التي أجبروا على دفعها مقابل المكالمات الهاتفية الدولية عبر بيزك. لقد اقتنعت بأنّه كان أكثر من اللازم

من أجل دراسة القضية بشكل أكثر شمولا، أنشأت الحكومة لجنة برئاسة ديفيد بوعز، الذي أشرف على دائرة الموازنة في وزارة المالية الإسرائيلية. وبعد بذل العناية الواجبة بشأن هذا الموضوع، أوصت اللجنة بأنّ من مصلحة المستخدمين الأفراد والشركات على حد سواء الحصول على خدمات هاتفية عالية الجودة بسعر معقول. وأشارت اللجنة إلى أنّ هذا مهم بشكل خاص لفروع الاقتصاد التي تحتاج إلى خدمات هاتفية عالية الجودة بسعر معقول لضمان النموّ السريع.

وقعت توصيات لجنة بوعز مباشرة في أيدي ألوني في الوقت المناسب بالضبط. في النهاية، أوصت اللجنة رسميا بإلغاء القيود وكسر احتكار بيزك. ليس من المستغرب أن تكون القيادة في بيزك متفاجئة. واستأنفت. ومثّلت المكالمات الدولية ثلث إيراداتها وحوالي 40 في المائة من أرباحها. تم تشكيل لجنة أخرى، هذه اللجنة كانت برئاسة الخبير الاقتصادي الدكتور إيلان ماعوز، للنظر في اعتراضات بيزك، لكنها رفضت أيضا. ثم استأنف بيزك أمام المحكمة العليا ولكن تم إسقاطها هناك أيضا. بعد ذلك بوقت قصير، أصدرت وزيرة الاتصالات ألوني دعوة لاثنين من مزوّدي الاتصال الدوليين الآخرين للحصول على تراخيص للتنافس مع شركة بيزك العالمية. كانت هذه فرصتي للعب في البطولات الكبرى. لن يكون هناك المزيد من بطاقات الاتصال أو الرموز السرية. ستسمح شركات مثل شركتي للعملاء بتجاوز الرسوم المرتفعة لشركة بيزك باستخدام تقنيات معاودة الاتصال. وهذا يعني مكالمات دولية مباشرة وبأسعار معقولة يمكن إجراؤها بسهولة من هاتف العميل نفسه.

حاولت وزارة الاتصالات تبسيط عملية تقديم العطاءات من خلال توضيح أنّ الشركات الفائزة ستكون تلك التي تقدّم أقل أسعار المكالمات الدولية. كان التنافس على ترخيص مشغَل دولي صعبا ومعقدا ومكلفا. تطلب الأمر مجموعة استثمارية ليس فقط لتجنيد رأس المال اللازم ولكن أيضا لإبراز العرض بشكل مثير للإعجاب من حيث القوة والمهارة والخبرة. أوّلا، بالطبع، اتصلت بشبكتي في MCI. كان لديهم المال والخبرة والعلاقات الدولية. تخيلت أنّ MCI ستكون مركز ثقل لأي مجموعة تحاول صياغة عرض. عرضت كشريك بنسبة 10 في المائة ووعدت بالتوصل إلى مستثمرين آخرين يشكلون المجموعة الفائزة. لدهشتي، تم رفضي. كانت MCI على وشك أن تشتريها شركة الاتصالات البريطانية العملاقة، والتي قرّرت بالفعل تقديم عطاء على مناقصة الاتصال الدولية

الإسرائيلية. لم يكن لدى MCI أيّة نية للتنافس مع الشركة البريطانية، وبالتالي لن تنضم إلى المجموعة الاستثمارية التي كنت أحاول تجميعها. ومن المفارقات أن الصفقة بين الشركتين فشلت في النهاية- ولكن ليس في الوقت المناسب الّذي يسعف خطتي.

بعد ذلك، قدمت عرضي إلى بنك لئومي الذي أحالني إلى شركته الفرعية "لئومي وشركاوه». كان مناحيم عنبار الرئيس التنفيذي للشّركة مهتمّا. أخبرته لماذا لم تتمكّن MCI من الانضمام إلى المجموعة الاستثمارية، وتحدثت كثيرا عن خبرتي الواسعة في الاتصالات الدولية. سألني عنبار عن المبلغ الذي سأستثمره. أخبرته أنّ الجزء الخاص بي سيكون 10 في المائة من الإجمالي. قام ببعض الحسابات وخلص إلى أنني سأحتاج إلى 10 ملايين دولار.

"هل لديك هذا القدر؟" سأل.

قلت بثقة: "يمكنني الحصول عليه"، على الرغم من أنّه لم يكن لدي أي فكرة عن كيفية الحصول على مثل هذا المبلغ الكبير.

رمقني عنبار بنظرة ملؤها الشك . "وماذا لو لم تستطع؟"

لم أجب.

ابتسم. "إذا لم تتمكّن من جمع الأموال، فسنمنحك قرضا مقابل الضمانات."

لم يكن لدي أيّ فكرة عن كيفية الحصول على ضمانات لمثل هذا المبلغ الضخم.

في نفس الوقت تقريبا، أصيب والدي بمرض شديد. كان يتردّد على المستشفى، حيث قال الأطباء إنّه لم يتبق لديه الكثير من الوقت. حاولت زيارته كل يوم. أجرينا محادثات طويلة خاصة حول الأعمال. لقد أصبح مستمعا كبيرا في شيخوخته، بعد أن طوّر الصبر والحكمة. لقد كان دائما يقدم نصيحة جيدة، لكنه كان أكثر هدوءا الآن ولم يقاطعني إلا بأسئلة ذات صلة. لقد اعتدت على محادثاتنا المطمئنة لدرجة أنّني غالبا ما كنت أقوم بجدولة اجتماعات مهمة حولها. لم أرغب أبدا في تفويت وقتي في المستشفى، والتشاور معه. في الواقع، ذهبت لرؤية والدي مباشرة بعد لقائي مع مناحيم عنبار من "لئومي وشركاوه». تصادف أن والدي كان في المنزل وقت هذه الزيارة، وأتذكّر أنّه كان جالسا على كرسيّه المفضل، بدا شاحبا ومرهقا.

"ما الجديد يا بني؟ هل اشتريت بنكا حتى الآن؟ حاول أن يبتسم.

"ليس بعد يا آفي، لكنني سأصل إلى هناك."

أخبرته بمشاكلي. كانت جبهته تتجعّد على النحو الذي عهدته فيه كلما

استغرق في التفكير. "سوف ينجح الأمر، سترى"، وقد وعد. ثم طلب من والدتي أن تجمع أفراد العائلة معا لعقد اجتماع. في تلك الليلة، جلسنا جميعا حول والدي- والدتي وأخي وآرون الذي كان طبيب أسنان ناجحا، وأنا. طلب مني والدي أن أتحدّث عن جهودي لتنظيم مجموعة للتنافس ضد بيزك، ففعلت. ثم قال بهدوء: "ستضمن العائلة ما تحتاجه بكل ما نملكه".

لم أصدق أذني. تذكرت كيف حذّرني من أنني سأقع على وجهي وأنهار إذا خاطرت بمخاطر كبيرة جدا. الآن، ها هو على استعداد لمساعدتي في أكبر مغامرة لي حتى الآن. امتلأت عيناي بالدموع عندما بدأت في الغمغمة بشكر. احتضنني والدي وأمي وأخي وتمنوا لي التوفيق. كنت آمل أن يبقى والدي على قيد الحياة لفترة كافية لإبرام الصفقة. صليت إلى الله أن يبقيه معنا في احتفاليّة النّجاح.

24

السّباق مع الزمن

كان بنك لئومي شريكا نشطا في توظيف آخرين للمجموعة الاستثمارية التي أطلقنا عليها اسم إيكاروس. جلب لنا البنك شركة Kardan Investment Ltd.، والتي جلبت بدوْرها شركة Frontier- رابع أكبر شركة اتصالات دولية في الولايات المتحدة. أعلنت Telrad أيضا عن نيتها في الانضمام، وجلبت شركة Nortel الكندية، الشركة المصنّعة لأكبر البدّالات الهاتفية وأكثرها تقدما في العالم (بالمناسبة، أفلست في عام 2008). في النهاية، كانت مجموعة Icarus الاستثمارية مثيرة للإعجاب إلى حد ما، لكنني أردت المزيد. كان جميع مقدمي العطاءات الآخرين قد استقطبوا على الأقل عملاقًا واحدًا في مجال الاتصالات الدولية ضمن مجموعاتهم الاستثمارية، واعتقدت أننا بحاجة إلى واحد أيضًا. ولكن على عكس مقدمي العطاءات الآخرين، فضّلت الاتصال بمجموعات في منطقة آسيا والمحيط الهادئ، حيث كان مجال الاتصالات يخطو خطوات هائلة. كانت لدى العديد من الشركات في منطقة آسيا والمحيط الهادئ قدرات تفوق تلك التي لدى الشركات المماثلة في الولايات المتحدة وأوروبا. اعتقدت أنّ وجود شركة اتصالات من تلك المنطقة سيكون حكيما- وملفتا للانتباه. بدأت في جمع التوصيات حول شركات الاتصالات العملاقة في الصين واليابان وأستراليا وتايوان وكوريا الجنوبية.

كان نطاق أيّ من شركات الاتصالات الخاصة بهم أكبر بكثير من نطاق الحدود الأمريكية. بدا لي أنّ الجمع بين بنك معروف وبيت استثمار إلى جانب شركتي اتصالات- واحدة من منطقة آسيا والمحيط الهادئ والأخرى من أمريكا الشمالية- سيكون مزيجا مثمرا. في تلك اللحظة، كان لدي ثلاثة فقط من أصل أربعة. فكرت في سحب مناورة

MCI الخاصة بي مرّة أخرى والطيران دون موعد لطرق أبواب رؤساء شركات الاتصالات العملاقة في جميع أنحاء منطقة آسيا والمحيط الهادئ، لكن الأصدقاء الذين قاموا بأعمال تجارية هناك أكدوا لي أنّ هذا لم يكن مناسبا. لم يحب أي رجل أعمال صيني أو ياباني أو كوري أو تايواني مفاجآت من هذا النوع، لذلك قررت تجربة نهج أكثر تقليدية- على الرغم من أنّه لم يكن لديّ الكثير من الوقت بسبب مرض والدي واقتراب الموعد النهائي لتقديم العطاءات.

كل صباح عند الساعة 3:00، كنت أستيقظ على صوت جرس المنبّه، وأذهب إلى الطابق السفلي، وأبدأ ماراثونا من المكالمات الهاتفية لشركات الاتصالات في الصين واليابان وكوريا وتايوان وأستراليا. بسبب فارق التوقيت، كان هذا عندما بدأت الشركات في تلك البلدان أيام عملها. سأنتقل حتما من موظف استقبال إلى آخر حتى يلتقط الهاتف شخص كبير إلى حدّ ما. ثم بدأت بسرعة في شرح كل شيء وأقول إنّني كنت أتصل لمنحهم فرصة للانضمام إلى إيكاروس. لا بدّ أن تكون فاتورة الهاتف بالمكالمات وصلت إلى 15,000 دولار في الشهر الأوّل. لكن الجميع استمعوا بأدب ثم قالوا، "آسف ، لسنا مهتمّين".

مع استمرار عدم الاهتمام في الخارج، وصلت المنافسة على الجبهة الداخلية إلى آفاق جديدة. على ما يبدو، اقتحم موظّفو بيزك مكتب الرئيس التنفيذي شلومو واكس وهدّدوا بإيذائه وتعطيل عمل الشركة إذا لم يبدِ المزيد من المقاومة للمناقصات. بعد ذلك، انسحبت شركة Telrad، التي كانت ستكون جزءا من مجموعتنا الاستثمارية، فجأة بعد أن هدّد الرئيس التنفيذي لشركة بيزك بالتوقف عن شراء بورصاتها إذا شاركت هي. بعد بضعة أيام، انسحب نورتل أيضا لسبب مماثل.

إنّ تفكك مجموعتي الاستثمارية سيتركنا في وضع غير مريح إذا لم أقلب الأمور بسرعة. كانت ست مجموعات تتنافس على نفس الشريحة من الكعكة: Kavei Zahav، التي تضمنت Aurec، وهي شركة برمجيات إسرائيلية، و Telecom Italy. باراك، التي تضمنت قسما من تكتل "كلال" بالإضافة إلى تليكوم فرنسا وتليكوم ألمانيا؛ دولفين، مع مجموعة صفر المصرفية. Eurocol، التي تضمّنت شركات الاتصالات السويدية ونيوزيلندية؛ مجموعة نيوتن؛ بما في ذلك Adir و British Telecom. ومجموعتي، إيكاروس. شعرت أنّ الشركاء المتبقين في مجموعتي أصبحوا قلقين. بقيت هادئا، حتى عندما بدا أننا في وضع أدنى مقارنة بمنافسينا. حتى في أصعب الأوقات في حياتي، لا أفقد ذكائي أبدا. سأبقى على المسار وأبحث عن شريكنا الكبير، بغض النظر عن التكلفة- وآمل

104

أن أجد شريكا في الوقت المناسب.

25

ما هو الكيمتشي؟

راجعت قائمتي لعمالقة الاتصالات في آسيا والمحيط الهادئ مرّة أخرى، وأدركت أنّني تخطّيت شركة واحدة- كوريا تيليكوم. كانت شركة حكومية، مثل بيزك، تقدّم الاتصال المحلي والدولي. بلغ حجم المبيعات السنوي للشركة حوالي 20 مليار دولار، ووظّفت أكثر من أربعة وأربعين ألف شخص. مع مكاتب في أوروبا والولايات المتحدة واليابان والصين، كانت تعرف بأنّها واحدة من أكثر شركات الاتصالات تقدّما في العالم. كان رئيسها الجنرال لي، شخصية رفيعة وكريمة للغاية ذات خلفية عسكرية متنوّعة. سيطر على إمبراطورية الاتصالات الخاصة به من مكتبه في الطوابق العليا من ناطحة سحاب في سيول.

لم أتمكّن من الاتصال به على الهاتف- كان أقرب ما أتيت إليه هو أحد نواب رئيس الشركة. قدمت الاقتراح وعرضت على الشركة شراكة. استمع بهدوء شديد. عندما انتهيت، لم يرد في كلتا الحالتين، فقط سألني عمّا إذا كان بإمكاني المجيء إلى سيول لمناقشة الاقتراح. كنت آمل أن أكون على وشك تحقيق شقّ الطّريق. من المؤكّد أنّ الكوريّين لن يكونوا مهتمّين بمقابلتي في سيول ما لم يكونوا على استعداد للنظر في إمكانية مواجهة بيزك. وافقت الإدارة في بنك لئومي على ذلك. لقد اعتقدوا أيضا أن الكوريّين مهتمّون حقا.

قبل السفر إلى سيول، قرأت كل ما بوسعي عن كوريا الجنوبية وتحدثت مع رجال أعمال إسرائيليّين كانوا يمارسون أعمالا تجارية هناك. علمت أنّه بلد يبلغ عدد سكانه حوالي اثنين وأربعين مليون نسمة، ولديه واحد من أفضل الاقتصادات في العالم. اكتشفت أنّ سيول وحدها كانت موطنا لما لا يقل عن خمسين جامعة، وأنّ الحكومة تدعم الصناعات

المحلية لتطويرها في مجالات واعدة. قرأت أنّ واحدة من أكبر مشاكل الصناعة الكورية كانت تتمثّل في أنّ الصين دائما تنسخ منتجاتها وتصنّعها مقابل أموال أقل. كان متوسّط راتب العامل الصيني في تلك الأيام حوالي 200 دولار في الشهر. في كوريا، حقّق العمال خمسة أضعاف ذلك.

للتحضير للرحلة، دعوت داليا لتناول العشاء في مطعم كوري في تل أبيب حتى أتمكّن من التعرف على الأطعمة التي سأواجهها في سيول. كان معظم الطعام حارًا جدا ومفلفلا. اقترح النادل، وهو كوري مولود في البلاد، أن أتذوّق أيضا الكيمتشي، وهو طبق جانبي مخمّر مصنوع من الملفوف الصيني ومتبل بالمحلول الملحي والثوم والبصل والفلفل الأحمر الحار وصلصة السمك. أخبرنا أنّ الطبق كان شائعا في كوريا مثل الحمص في إسرائيل، وأنّه إذا دعيت لتناول العشاء، فسأترك انطباعا جيدا بتناول الكيمتشي. تم تخمير الطعام الكوري الشهي وحمل رائحة خافتة من الخل. كانت حادة ومنعشة للغاية، وسبّب ذرف الدموع من عيني. قال النادل إنّ الكوريين كانوا مدمنين عليها. كنت أواجه مشكلة في رؤية مدمن مخدّرات على الكيمتشي، لكنّني كنت أتأكّد من تناول القليل منها أثناء رحلتي.

حاولت أيضا معرفة أكبر قدر ممكن عن كيفية إدارة الكوريّين الأعمال. قيل لي إنّه ببطء شديد. نصحت أيضا بعدم التحمُس عندما يقولون، "نعم". كل ما يعنيه ذلك هو أنّهم قد سمعوك، وليس بالضرورة أنهم اتفقوا معك. لقد كانت مجرّد آداب عمل. قال أحد شركاء العمل: "لن تجد أيّا من الارتجال الإسرائيلي الذي اعتدت عليه هنا. يأتون إلى الاجتماعات بعد أن تلقوا تعليمات صارمة من رؤسائهم حول كيفية العمل". كان هناك الكثير لاستيعابه، لكنني كنت مصمّما على الأمر.

عند الهبوط في مطار سيول في عام 1992، تم الترحيب بحزبي المكوّن من أربعة أشخاص- أنا وممثلين اثنين من بنك لئومي، وممثل واحد من فرونتير- بجوار درج الطائرة من قِبَل سيارة ليموزين سوداء مع اثنين من مرافقي الدراجات النارية ليرافقونا إلى المدينة. حرص المشرفون على نزولنا قبل أيّ شخص آخر، كما لو كنّا نوعا من اللاعبين الرئيسيّين. غادرنا المطار عبر بوابة خاصة لكبار الشخصيات؛ ممّا سمح لنا بتجنب مراقبة الجوازات. أحضرنا سائق الليموزين الذي يرتدي قفّازا أبيض إلى فندقنا، وأخبرنا أنّه سيعود في المساء ليقلّنا لتناول العشاء مع ممثّلي شركة كوريا تيليكوم بعد أن كان لدينا بعض الوقت للاستقرار والراحة.

كنت أظنّ أنّ مفاوضات العمل ستسبقه العشاء. لقد كان معيارا ثقافيا يتعرف الجميع على بعضهم البعض بطريقة أكثر حيادية واسترخاء قبل مناقشة الأعمال. في ذلك المساء، ارتديت بدلة داكنة كنت قد صنعتها

خصيصا لهذه المناسبة. عقدت ربطة عنق باهظة الثمن ولمّعت حذائي بعناية. قيل لي أنّه في كوريا، حيث يعكس مظهر المرء مكانته الاجتماعيّة، لذلك ارتديت ملابس تثير الإعجاب. دخل حزبنا المطعم حيث كان ينتظر حوالي عشرة من كبار المديرين التنفيذيّين في Korea Telecom. كما هو معتاد، انحنى الجميع وتبادلنا بطاقات العمل. كنت قد حرصت على طباعة بعض بطاقات العمل باللغة الكورية، والتي كان عليّ طلبها من الولايات المتحدة، لأنني لم أتمكّن من العثور على أي شخص في إسرائيل لصنعها. لقد درست بجدّ الآداب الكورية، لذلك عندما تم إحضار النبيذ إلى المائدة، كنت حريصا على صب كوب للجميع. في كوريا، من المفترض أن يملأ الضيف أكواب المضيفين. أعتقد أنّ كوريا قد تكون المكان الوحيد في العالم الذي يستخدمون فيه عيدان تناول الطعام المعدنية. أكلنا بولجوجي، وشرائح من اللحم المشويّ المدهون بصلصة الصويا والثوم، والأرز الحارّ مع الخضار والبيض، وبالطبع حصة كبيرة من الكيمتشي. أخبرت مضيفي أنّني أكلت الكيمتشي في إسرائيل وحصلت على ابتسامات عريضة من الموافقة عندما طلبت وجبة ثانية. تحدثنا عن كل شيء- وليس فقط العمل- وحاولنا تكوين صداقة مع مضيّفينا. قدمنا لهم هدايا تذكارية إسرائيلية واستمعنا باهتمام إلى أوصافهم للحياة والعمل. اكتشفنا، على سبيل المثال، أنّه في كوريا، يكاد يكون من المستحيل فصل موظّف. وفقا للأخلاق الكورية، كان مضيّفونا يحترمون بشكل خاص كبار السن في المجموعة. بعد الوجبة، غنّينا جميعا الأغاني الكورية بشاشة كاريوكي.

أصبحت قريبا من السيد كيم، مدير تطوير الأعمال في الشركة. كان رجلا طويل القامة وودودا ومبتهجا، يبلغ من العمر حوالي أربعين سنة. كان لديه ثلاثة أولاد، تماما كما أنا. أخبرني أنّه في كوريا، لا يحلم الموظفون بالضرورة بشركات ناشئة ذات مخارج سريعة وملايين الدولارات. بدلا من ذلك، كانت أعز رغبات الموظفين هي أن يصبحوا الرئيس التنفيذي لشركة كبيرة. أراد أولاده أن يصبحوا رؤساء تنفيذيّين، لأنّه في كوريا، الرؤساء التنفيذيّون هم أكثر أعضاء المجتمع احتراما. كنت أعلم أنّ تطوير علاقة مع مضيّفيّ أمر بالغ الأهمية. لذلك كنت سعيدا لأنني تمكّنت من تحقيق ذلك بشكل جيد مع السيد كيم. لطالما كنت أقدّر الصداقات التجارية، ويبدو أنّ هذا كان مكوّنا رئيسيّا في العلاقات التجارية الكورية المثمرة أيضا.

بالعودة إلى الفندق، لم أتمكّن من النوم. مع كل الأطعمة غير المألوفة والتوابل، كانت حرقة المعدة تقتلني. قضيت الليلة في التدرب على عرض مجموعتنا أثناء ظهور Tums®. في الصباح، اصطحبنا سائق

الليموزين إلى غرفة المؤتمرات الكبيرة في كوريا تيليكوم في الطابق الثاني والعشرين من مقرّ الشركة. كان نائب رئيس التسويق والسيد كيم، بالإضافة إلى العديد من المساعدين، هناك للترحيب بنا. بادر مضيفونا الى مصافحتنا بأدب ، ودعونا للجلوس على طاولة زجاجية كبيرة. ما تبع ذلك كان سرياليا. لقد قدمت عرضنا. قدم مضيّفونا عرضا خاصا بهم لا علاقة له على الإطلاق بأي شيء قلته. كرّرت اقتراحنا، وأومأوا جميعا برأسهم كما لو كانوا موافقين- لكنهم عادوا بعد ذلك إلى اقتراحهم الخاص. بحثا عن طوق نجاة، بحثت بشكل محموم عن القواسم المشتركة في الاقتراحين، لكن مضيّفينا بدوا غير راغبين في الانحراف على الإطلاق. لم يتفاوض أيّ من الإسرائيليّين مع أي شخص في كوريا الجنوبية، لكن قيل لنا إنّهم سيلتزمون برواياتهم حتى ننهار من الإرهاق.

أصبح صديقي الجديد السيد كيم الوسيط غير الرسمي، محاولا مساعدتي في حل العديد من القضايا التي كان هناك خلاف حولها. من انتزاع المحادثات والتلميحات المبطّنة، أدركت أنّ رئيس شركة كوريا تيليكوم كان مهتمّا جدا بمواجهة بيزك. اكتشفنا أنّه في الماضي القريب، قدمت كوريا تليكوم عرضا على مناقصة مماثلة في إفريقيا وخسرت؛ ممّا جعل الجنرال لي حريصا جدا على تحقيق نصر سريع. لقد جاء اقتراحنا في الوقت المناسب تماما. بعد بضعة أيام من المحادثات، تقرّر أن يأتي وفد من الاتصالات الكورية إلى إسرائيل لمواصلة المناقشات.

26

لقد حصلت عليه!

كنّا منتشين لأن الكوريّين الجنوبيّين كانوا يأتون إلى إسرائيل، وكنّا أكثر
نشوة عندما قيل لنا إنّ الجنرال لي سينضم إلى الوفد المكوّن من حوالي
أربعين خبيرا في مجالات مختلفة تتعلق بالمناقصة- من الألياف الضوئية
والإنترنت إلى التسعير والبنية التحتية للأقمار الصناعية. ترأّس هذه
المبادرة كبار المديرين التنفيذيّين الذين كانوا من المفترض أن يقودوا
المفاوضات. استضفناهم في فندق الأقواس في نتانيا الذي بناه والدي.
حافظ الجنرال على ابقائي على مسافة عنه، بحضور ثلاثة من اتباعه.
بحضور ثلاثة أتباع، استقرّ في جناح البنتهاوس الفاخر في فندق هيلتون
القدس على بعد ما يقارب السّاعة.

في الفندق في نتانيا، قمنا بتجميع شبكة كمبيوتر متطوّرة لمساعدة
ضيوفنا على التواصل مع كوريا الجنوبية وتقديم المعلومات الحالية من
هناك إلى الوفد. كان الفندق مليئا بالكوريّين والمديرين التنفيذيّين لشركة
فرونتير وممثّلي بنك لئومي وكاردان. أشرف على كل شيء نائب قائد
سلاح الجو الإسرائيلي السابق جيورا روم، الذي كان من المقرّر أن يصبح
الرئيس التنفيذي لشركة الاتصالات المشتركة لدينا. ليس لديّ أيّة فكرة
كيف أو لمن كان الجنرال لي ينقل توجيهاته من القدس، لكن كان من
الواضح أنّ أيّا كان من شعبه لم يتخذ خطوة دون إذنه. في الليلة الأخيرة
قبل الموعد النهائي للمناقصة، قمنا بحل جميع المشكلات الفنية التي ربما
تكون قد تتعارض مع تعاوننا. الشيء الوحيد المتبقّي هو الاتفاق على سعر
المكالمات الدولية. أراد الأمريكيّون تسعيرا من شأنه أن يُبقي لنا أرباحا،
بينما حثّنا الكوريّون على إبقاء الأسعار منخفضة وقبول الخسائر الأولية.
لقد جادلوا بأنّه يمكننا تحقيق أرباح من العروض المستقبلية التي سنكون

قادرين على الحصول عليها في ترخيصنا في مرحلة لاحقة، مثل خدمة الإنترنت.

كنت متأكدا من أنّ قاعات فندق Arches لم تسمع قط هذا النوع من الضّجيج القادم من الأمريكيّين. في وقت من الأوقات، أخذ رئيس مجموعة فرونتير- رجل مضطرب، حتى في أفضل الظروف- جميع وثائق المناقصات أمامه، وألقاها في الهواء، وصرخ عاليا من أعماقه ، "لقد حصلت عليها!" في الخارج، وقف الناس في المباني المجاورة على شرفاتهم، يشاهدون الصراعات الصاخبة والغريبة التي تجري في غرفة المؤتمرات بالفندق. الكوريّون، الذين لم يفقدوا هدوءهم أبدا، تمسّكوا بسلاحهم حتى اللحظة الأخيرة. كانت شركة فرونتير، وهي شركة هاتف لمسافات طويلة، تقدّم عطاءات على المناقصة لجني أرباح في أسرع وقت ممكن، وليس للعب اللعبة الطويلة. صرّحت فرونتير أنّها ستقبل على طرح أربعين سنتا في الدقيقة، وليس فلسا واحدا. في ذلك الوقت، كانت تكلفة المكالمة حوالي 2 دولار في الدقيقة، لذلك كانت Frontier تدعم تخفيضا كبيرا في التكلفة للمستهلكين.

وسط كل الجدل، طلب الكوريّون مهلة. اتصلوا بالجنرال لي، وتحدثوا معه لفترة وجيزة، ثم عادوا إلينا. "حسنا ، لقد فزت"، قال أحدهم أخيرا. ظل الفريق الإسرائيلي محايدا طوال المفاوضات. لم نكن في وضع يسمح لنا بإخبار هذين العملاقين من الشركات ما هو أفضل سعرا، لذلك بقينا متفرّجين.

قمنا بملء نماذج المناقصات، والتي استحوذت على عدة علب كرتون كبيرة، وشملت الحسابات المقدّرة للمكالمات الدولية. أرسلنا اقتراح المناقصة إلى وزارة الاتصالات، وتصافحنا وتمنينا لأنفسنا التوفيق. للاحتفال، ذهبنا جميعا لتناول العشاء في مطعم حصري في القدس، حيث التقيت الجنرال لي لأوّل مرّة. لقد كان رجلا قصيرا ومتحفّظا يبلغ من العمر حوالي ستين عاما، ولديه هالة من الكرامة ملموسة تقريبا. أنحنى شعبه برؤوسهم جميعا» في حضرته. كان الجميع في مزاج رائع- باستثنائي. كنت مضطربا، غير قادر على انتظار نشر نتائج المناقصة. كنت أعرف أنّ الأمر قد يستغرق عاما أو أكثر، لكنني كنت أظن أيضا أنّ وزارة الاتصالات لن تكون قادرة على كبح جماح نفسها، وستفتح المظاريف في اللحظة التي تصل فيها لمعرفة المجموعة التي تقدم أقل تكلفة. كنت متأكدا من أنهم قرّروا بالفعل من لديه أفضل فرصة للفوز.

تذكّرت أنّ مسؤولا كبيرا في وزارة الاتصالات، كان يعيش في شمال إسرائيل ويعمل في القدس، يقضي أربع ليال في الأسبوع في فندق

111

في العاصمة. كنت أعرفه جيدا من خلال العمل معا في مختلف قضايا الاتصالات الدولية. كنت آمل أن يكون لا يزال في المدينة. كانت الساعة 11:00 ليلا عندما اتصلت بموظف استقبال الفندق. كنت محظوظا- كان معارفي موجودا. اتصلت بغرفته. التقط الهاتف في حالة من الذعر. اعتذرت عن دخولي في ساعة متأخرة وما سببته له من ذعر . سألت عمّا إذا كان بإمكاننا الالتقاء في غضون بضع دقائق. لقد تفاجأ لكنه وافق. التقينا في زاوية من الردهة، وتناولنا القهوة، وتحدثنا لبضع دقائق بينما كنت أتحلّى بالشجاعة لأسأله عن رأيه في فرص مجموعتي للفوز بالمناقصة. نظر إليّ بشكل لا يصدق.

"آفي، أنت تعلم أنّني لا أستطيع التحدث عن ذلك" قال جالسا بشكل أكثر اعتدالا.

كنت أعرف هذا، لكنني كنت آمل أن يرمي لي عظمة بسبب علاقتنا المهنية الطويلة.

تابعت: "انظروا، لقد علقت العديد من المشاريع الكبيرة، وانتظار إعلان الوزارة عن الفائز قد يستغرق وقتا طويلا. إذا لم نكن سنفوز، فسأكره إضاعة الوقت عندما يمكنني متابعة مشاريع تجارية أخرى. هل يمكنك على الأقل أن تعطيني تلميحا؟

"آفي"، كرّر: "لا أستطيع التحدث عن ذلك على الإطلاق." لا شيء قلته استدرجه إلى تغيير رأيه. شكرته على ذلك الوقت، وتمنيت له ليلة سعيدة، وصافحته. عندما بدأ في صعود الدرج، عاد إليّ ونظر إليّ مباشرة في عيني. قال بشكل قاطع: "أتمنى لك التوفيق في مشاريعك الجديدة".

أومأت برأسي بحزن، وأدركت على الفور أنّنا سنخسر.

أنا لست رجلا مؤمنا بالخرافات، لكن في تلك اللحظة، خطرت ببالي فكرة حول الاسم الذي اخترناه لمجموعتنا. في الأساطير اليونانية، كان لدى إيكاروس أجنحة مثبتة بالشمع. عندما طار بالقرب من الشمس- متجاهلا تحذيرات والده لصالح الانغماس في رغبته في الطيران أعلى وأبعد- ذاب الشمع، وسقط إيكاروس حتى وفاته. في ذلك المساء، أمكنني الارتباط بهذا. عدت إلى المطعم، حيث كان المزاج لا يزال احتفاليا للغاية. كان الجنرال لي يمزح مع موظفي بنك لئومي، وهو يشرب نخب مع العديد من أكواب النبيذ. كنت الوحيد الذي يعرف ما سيحدث- لكنني لم أستطع قول أي شيء. كان الجميع متفائلين، لأنهم اعتقدوا أنّنا وضعنا الخطة المثالية. لم يدرك أحد أن سعر المكالمات الدولية البالغ أربعين سنتا في الدقيقة كان أعلى من جميع مقدمي العطاءات الآخرين، وهذا من شأنه أن يقضي على عرضنا. كان الكوريّون الجنوبيّون على حق، لكن

الأمريكيّين كانوا أعلى صوتا.

حاولت حساب مقدار هذا الفشل الملحمي الذي سيكلّفني، وقدّرت أنّني شخصيا سأخسر حوالي 200,000 دولار. لكن هذا لم يكن أسوأ ما في الأمر. كنت قلقا للغاية من أنّ والدي لن يكون قادرا على التعامل مع خيبة الأمل. في صباح اليوم التالي، ذهبت لرؤيته وأخبرته أنّ لدي شعورا بأنّنا سنخسر. قام بضرب رأسي، بالطريقة التي يضرب بها المرء رأس صبي صغير فشل في الاختبار. قال لي: "لا تبكِ على الحليب المسكوب". "سترى- حتى المشاريع الأكبر ستأتي في طريقك."

على الرغم من كلماته التشجيعية ومعرفته مسبقا بأنّنا سنخسر، إلّا أنّني ما زلت محطما عندما نشرت نتائج المناقصة بعد عام ، في عام 1995. حصلت مجموعتنا على أعلى الدرجات للتنظيم والخدمات والتكنولوجيا- ولكن أقل الدرجات في السعر. هذه هي الطريقة التي يسير بها العمل. أنت تستثمر كل طاقتك وأموالك ووقتك في المشاريع التي تؤمن بها. تقضي أيّاما وليالي في إحكام كل التفاصيل، وعبور القارات، والمثابرة المنهكة حتى العظم لعدة أشهر لتجنيد أفضل الشركاء. بعد ذلك، عندما تشعر عمليّا بتاج أوراق الغار يوضع فوق رأسك، تنهار المملكة التي تتخيّلها أمامك. تضرر فروري بشدة عندما قرأت عن خسارة مجموعتي في الصحف. لقد عصفت ببعض الأفكار من جاك ويلش، الرئيس التنفيذي الشهير لشركة جنرال إلكتريك، الذي قال ذات مرّة: "بعد الأزمة، يجب أن تصدق أنّ مؤسّستك ستبقى على قيد الحياة وتخرج أقوى من أيّ وقت مضى". علّمتني كل أزمة في حياتي المهنية شيئا قيّما وكانت بمثابة نقطة انطلاق على طريق النجاح. بقدر ما كرهت الانتكاسة، فقد كانت درسا» ممتازا. ماذا تعلمت من الخليّة المعطاء؟ قيمة لعب اللعبة الطويلة وتأجيل الأرباح الأولية باسم إيرادات وأرباح أكبر في المستقبل. كنت أسير أيضا في علاقات جديدة قوية في الولايات المتحدة وأوروبا وآسيا والمحيط الهادئ. كان ذلك أيضا ربحا. الأهم من ذلك كله، أكّدت هذه المغامرة أنني كنت مستعدا للعب في الدوري الإنجليزي الممتاز. لقد شكلت مجموعة استثمارية دولية قوية وتعلمت الكثير من خلال هذه العملية. كنت ألعق جروحي وأمضي قدما.

وممّا زاد الطين بلّة، أن صحة والدي أخذت تتدهور الآن. قبل أيام قليلة من وفاته، سحبني نحو سريره في المستشفى وقال: "آفي، حاولت دائما التأكد من أنّ عائلتنا تقف معا، وأن كلّ فرد سيكون على استعداد لفعل كل شيء من أجل الآخر. لهذا السبب أريد أن أقدم إليك طلبا أخيرا"

استمعت، على الرغم من أنّه كان من المؤلم سماعه يتحدث بهذه

الطريقة.

قال: "أعتقد أنّك على الطريق الصحيح، وأنك ستفعل المزيد في مجال الأعمال. أريد أن أضمن مستقبل أخيك. من فضلك، خذ آرون كشريك".

لم يظهر أخي، الذي كان طبيب أسنان، أدنى اهتمام بأعمالي. ومع ذلك، تذكّرت كيف بدا قرار استخدام أصول عائلتنا كضمان، عندما كنت أتقدم بعطاءات على المناقصة.

قلت لوالدي: "عن طيب خاطر"، وقصدت ذلك. أصبح آرون شريكي في نفس الأسبوع.

عاش والدنا طويلا بما يكفي ليمنحنا مباركته. بعد بضعة أيام، توفي عن عمر يناهز الحادية والثمانين.

27

قبل العصر

بعد عودة ضيوفنا الكوريّين الجنوبيين إلى ديارهم، قام المقاول الذي أعدّ مركز الكمبيوتر في فندق آرتشيس في نتانيا بتفكيكه بعناية. قام فريقه بتعبئة أجهزة الكمبيوتر وتحميلها في الشاحنات. ونظّف طاقم الفندق غرفة الاجتماعات أخلوها من الأوراق والأقلام وزبانات السجائر. تجولت في المساحة الفارغة، وشعرت بالضيق تُجاه ما يلقى مكّبات النفايات. بينما كان لا يزال لدي الكثير لأفعله كممثل إسرائيلي لـ MCI، كان حماسي للحياة في أدنى مستوياته على الإطلاق. كنت بحاجة إلى إثارة جديدة، لكنني كنت في حيرة من أمري للأفكار الإبداعية. التقيت بأصدقاء وعملاء، على أمل العثور على اتجاه جديد. دعوت مقاول الكمبيوتر لتناول القهوة لأشكره على عمله. سألني عمّا إذا كنت بحاجة إلى أي أشخاص موهوبين. لم آبه في الوقت الحالي.

كما لو أنّه لم يسمع إجابتي، قال: "حسنا، مساعدي لديه أخ- مبرمج خبير. أعتقد أنه يجب عليك مقابلته".

أجبته: "أنا آسف، إنها مضيعة للوقت الآن".

"على الأقل خذ معلومات الاتصال الخاصة به، سيد شاكيد." كتب اسما ورقم هاتف على قصاصة ورق، وصافحني ثمّ غادر. نظرت إلى الملاحظة. شاي (ينطق "شيخ") بن إسحاق كان الاسم الموجود على الورقة. وضعته في جيبي ونسيت كل شيء عنه. لكن في بعض الأحيان يبدو أنّ منعطفات الحياة تأتي من حيث لا تحتسب. ليس لدي أي فكرة لماذا قرّرت الاتصال بشاي بن إسحاق، لكن في وقت لاحق، يبدو الأمر وكأنّه قدر مسوق. كان ذلك في صيف عام 1994، ودعوت شاي لمقابلتي في مكتبي. أحضر جهاز كمبيوتر محمول. هذا وحده أكسبه نقاطا. لم يكن

أي من معارفي يمتلك أجهزة كمبيوتر محمولة حتى الآن، ولا أنا كذلك. لذلك أعجبت على الفور بهذا الشاب البالغ من العمر ثمانية وعشرين عاما. كان متوسط القامة، بشعرٍ قصير، ويبدو كمدرّب شخصي. بعد محادثة قصيرة، علمت أنّه من النوع الذي يسارع أي مدير إلى توظيفه. بدا جديرا بالثقة للغاية، وتحدث بصراحة عن إخفاقاته مثل نجاحاته، وكان فضوليّا وناضجا للغاية، وقبل كل شيء، بدا وكأنّه شخص قادر على تنفيذ أيّة مهمّة موكلة إليه بفعالية. كانت واحدة من أقوى المهارات التي اكتسبتها في طريقي إلى النجاح هي القدرة على إحاطة بأشخاص موهوبين ومخلصين ومنتجين- ومن المؤكّد أن شاي يناسب الفاتورة. أخبرني أنّه أكمل مؤخرا دراساته في هندسة الكمبيوتر في التخنيون ويعمل حاليا في شركة برمجة كمبيوتر.

"ماذا تفعل هناك؟" سألت.

"أنا أتعامل مع مشروع صيدلية." ابتسم، كما لو كان يعتذر. كان المشروع لصيدلية شور تباخنيك في تل أبيب. كنت على دراية كبيرة بالشركة الراسخة في زاوية Dizengoff و King George. أسس اثنان من الصيادلة- شور وتاباتشنيك - موزّع B2B بالجملة قبل أكثر من ستين عاما. كانا خبيرَين في تحديد موقع الأدوية ومستحضرات التجميل التي لم تكن متوفّرة بعد في إسرائيل، وصنعا لأنفسهما اسما كبيرا. قال شاي إنّ المالك الحالي- الذي كان وريثا للمؤسّسين- أراد السماح للمشترين بالاتصال بقاعدة بيانات الصيدلية، والتمرير عبر المنتجات وشرائها، ثم تسليم تلك المشتريات إلى مستودعاتهم. كان شاي هو المبرمج المسؤول عن هذا المشروع الطموح. شعرت بالرعب من هذه الرؤية. كانت صيدلية تل أبيب هذه، ربما دون أن تكون على دراية بذلك، تبني سوقا عبر الإنترنت من شأنه أن يغير الطريقة التي يتسوّق بها العالم- وأردت الدخول إليها.

درست البدائل الحالية للتسوق الشخصي. في الولايات المتحدة، كان التسوّق باعتماد الكتالوج شائعا، حيث زُوِّدت جميع المتاجر الكبرى للمتسوّقين بكتالوجات مفصلة لبضائعهم. كانت هذه عبارة عن مجلّدات سميكة مع صور فوتوغرافية أو رسومات دقيقة لكل منتج وأوصاف مفصلة للمكوّنات والميزات والألوان والأحجام والأسعار. كلّ كتالوج كان مقرونا بنموذج طلب يتم إعادته إلى الشركة مع رقم شيك أو بطاقة ائتمان، وفي غضون أسبوع أو أسبوعين، سيصل المنتج إلى عتبة باب العميل. كان التسوّق عبر البريد معقدا ومرهقا. لم تكن بحاجة إلى قدر كبير من الخيال لتصور مستقبل يمكن أن تتم فيه كل هذه المبيعات على الإنترنت.

سيكون الاتصال بين البائع والمشتري بلا شك أسرع وأكثر كفاءة وأقل تكلفة. لقد أجريت بعض الأبحاث لمعرفة إذا ما كان التسوق عبر الإنترنت يحدث في أيّ مكان آخر في العالم، واكتشفت أنه لم يكن كذلك. حلمت بأن أكون الأوّل. كان الأمر أشبه بالبحث عن كنز مخفي.

لقد تعلمت أيضا شيئا أو شيئين عن الإنترنت، واعتقدت أنه سيصبح أداة ذات أهمية كبيرة. في نهاية عام 1994، ربطت سبع مؤسّسات أكاديمية في إسرائيل– جامعة تل أبيب، والجامعة العبرية في القدس، وجامعة حيفا، وجامعة بن غوريون في النقب، وجامعة بار إيلان، ومعهد وايزمان، والتخنيون، بخدمة الإنترنت التابعة لوزارة التجارة والصناعة– ممّا مكّنها من تبادل المعلومات مع مختلف الهيئات في جميع أنحاء العالم، ومناقشة المشاكل، والإبلاغ عن الإنجازات البحثية والأكاديمية. أدركت أنّ هناك طلبا حقيقيا على هذا النوع من الاتصالات، الطلب الذي كان من المؤكّد أنّه سينمو بسرعة. كما نعلم جميعا، كانت هناك عقبات لا تصدق يجب التغلب عليها، لكن الباقي هو تاريخ التّنفيذ.

لقد حدّدت موعدا آخر مع شاي وشاركته فكرتي عن توسيع فكرة التسوق B2B عبر الإنترنت للصيدلية لتشمل البيع بالتجزئة العام. سألته عمّا إذا كان بإمكانه كتابة مثل هذا البرنامج لي. قال إنه يستطيع تعلم أحدث البروتوكولات بسرعة. كان يتحدث عن بروتوكول التحكم في الإرسال/ بروتوكول الإنترنت (TCP / IP) الذي مكّن أجهزة الكمبيوتر من الاتصال بأجهزة الكمبيوتر الأخرى في وضع الطلب الهاتفي. انتهى هذا البروتوكول إلى أن يكون أساس الإنترنت. عرضت عليه على الفور شراكة وأخبرته أنّني سأستخدم مدّخراتي البالغة مليون دولار للاستثمار في المشروع.

"هل أنت جاد؟" بدا مصدوما.

"جاد جدا يا شاي."

شرحت أنّه سيعدّ هو البرنامج، وسأموّل أنا المشروع، وسيتعامل أخي مع جوانب أخرى من العمل. استقال شاي من وظيفته في البرمجة، وبناء على طلبي، حصل على إصدار موقع لضمان عدم وجود تعارض في إصدار البرنامج الذي كان على وشك تصميمه لي.

سرعان ما قمت ببناء عدة غرف في الطابق السفلي من فندق Arches، والذي تم استغلاله في وقت ما كمرآب للسيارات. مع بعض الإنشاءات الإبداعية والألواح الجصية، قمنا بتحويل المساحة إلى مقرّنا الرئيسي. لقد انتقلت إلى مكتبي الخاص هناك أيضا. شرع شاي في توظيف مبرمجين لمساعدته. لقد عملوا على مدار الساعة، وحقّقوا تقدما أسرع

بكثير من الجدول الزمني الذي حدّدناه. بدأنا في التّفكير باسم للشركة، في نفس الوقت تقريبا الذي كان فيه ابن عمي ستيفن هاكماير يقيم في الفندق مع ابنه كوري البالغ من العمر عشر سنوات. كنّا نجلس في اجتماع تخطيط عندما دخل الصبي بصينية إفطار، وسكب العصير على جميع أنحاء الطاولة، وترك فوضى من فتات الحبوب.

قال أخي آرون: "لديّ اسم لشركتنا". "دعنا نسمّيها كوري."

كوري كان. كنا جميعا مليئين بالتفاؤل.

كما قام شاي وفريقه باتّخاذ رمز، وقمت بإنشاء خطة عمل تسويقية مفصلة. تم إنتاج الأقراص المضغوطة للتعرف على العملاء المحتملين ببرنامج التسوق الثوري عبر الإنترنت. قدم القرص المضغوط آلاف العناصر، من السيارات إلى العباءات والجوارب- أي شيء من المحتمل أن يشتريه العميل العادي. خطّطنا لاستهداف المتاجر والسلاسل المهتمة ببيع منتجاتها عبر الإنترنت. باستخدام الإنترنت، قمت بتجنيد مئات العملاء- من ألاسكا إلى تشيلي ومن إسرائيل إلى أستراليا. حتى أنّه كان لدي وكيل في دبي. لقد قمت بتسعير برنامج التسوق عبر الإنترنت الخاص بنا بمبلغ 250,000 ألف دولار لكل عميل. لكل عملية بيع، سيكسب الوكيل 50,000 ألف دولار. كنا في طريقنا.

آمن عملاؤنا أيضا بفرص كوري. ما كنّا نقدّمه كان بلا شك سيحدث ثورة في العلاقة بين تجار التجزئة وعملائهم. اندفع الوكلاء المتحمّسون من سلسلة إلى أخرى، وقدّموا اختراعنا، وشدّدوا على المدّخرات الهائلة في عدم الاضطرار إلى طباعة كتالوجات التسوق وتوزيعها بعد الآن. بعد شهر، لم نبع نسخة واحدة من كوري.

اعتقدت أن تكلفة البرنامج ربما كانت مرتفعة للغاية، لذلك أصدرت تعليمات لوكلائنا بمحاولة بيعه بسعر مخفض. ولمّا لم ينجح ذلك، قرّرت توزيعه مجانا. كان تفكيري هو أنّ هذا من شأنه أن يولد تسويقا وشهادات. مقابل كل نسخة مجانية، سيكسب الوكيل 10,000 دولار. ومع ذلك، حتى عندما كنا نتخلى عنها، لم نتمكّن من العثور على متجر واحد على استعداد لتجربة برنامج التسوق الثوري عبر الإنترنت. لم أفهم ذلك. كان لدينا منتج ممتاز لا يريده أحد. واحدا تلو الآخر، أخبرني الموزّعون بأنّهم كانوا يستقيلون. قالوا إنهم سئموا من إضاعة الوقت وخسارة المال في الاجتماعات التي لم توصل إلى أي مكان. في غضون شهر، انصرف عميل أخير.

عندها فقط، عاد آرون من مؤتمر أطباء الأسنان في مونت كارلو. كان يستمتع بالمقامرة وكان مأخوذا بثقافة الكازينو هناك. جنبا إلى جنب

مع برنامج التسوق عبر الإنترنت، اقترح أن نبني برنامجا للمقامرة عبر الإنترنت. لم تكن هذه فكرة جديدة. كان الإنترنت يستضيف بالفعل مثل هذه المواقع. لكن آرون أصرّ على أن نحاول. لذلك سألنا شاي عمّا إذا كان بإمكانه إنشاء برنامج لنوع واحد من الألعاب، وفي أوقات فراغه، صمّم برنامج روليت استمتع به آرون. في ذلك الوقت، كانت مجرد تجربة جانبية لم تثر اهتمامي كثيرا. على الرغم من أنّني كنت دائما من المخاطرين بشكل كبير في الأعمال التجارية، إلّا أنني لم أقم أبدا بالمقامرة يوما واحدا في حياتي. ما زلت لم أفعل. لم أشترِ حتى تذكرة يانصيب.

على الرغم من أنّنا شعرنا بالإحباط بسبب افتقارنا إلى زخم المبيعات لبرنامج التسوق عبر الإنترنت الخاص بنا، فقد اشتركنا في العرض في المعرض السنوي لكتالوجات المنتجات في سان فرانسيسكو، والذي حضره سلاسل البيع بالتجزئة وفنّانو الجرافيك والمطابع. عشية رحلتنا، أعطتني زوجتي نسخة من السيرة الذاتية لي إياكوكا. على متن الرحلة، قرأت عن النجاحات الهائلة للرئيس التنفيذي الأسطوري لشركة فورد وكرايسلر وقدرته على التنبؤ بالاتجاهات وتحديد رغبات الآلاف من مشتري السيارات. لقد ذهلت بمهاراته الإدارية، والحكمة التي أظهرها في علاقاته مع موظفيه والحكومة، والخطط التي ابتكرها، والنجاحات التي عايشها. ألهمني الكتاب.

وصلت أنا وشاي وآرون إلى سان فرانسيسكو، واستقررنا في فندق ريتز كارلتون الفخم، حيث كان يقيم معظم المشاركين في المعرض. كان من المهم بالنسبة لنا أن نكون هناك، وأن نفرك أكتافنا مع العارضين الآخرين، ونظهر أننا سليمون ماديا». كلّفت الغرفة 500 دولار في الليلة، لذلك ولتوفير التكاليف، نمنا جميعا في نفس السرير. أنشأنا كشك المعرض الخاص بنا لتقديم اختراعنا، على أمل بيع ما لا يقل عن ست أو سبع نسخ من برنامج التسوق عبر الإنترنت. دعوت ممثّلين من جميع سلاسل البيع بالتجزئة الكبيرة لتناول العشاء في مطعم الفندق الفاخر، وجلست معهم على الكراسي الجلدية في البار، وأسقطت كميات صناعية من جوني ووكر بلاك باهظة الثمن. حضر مدير التسويق في سيرز وقال لي: "ستكون الكتالوجات معنا إلى الأبد يا سيد شاكيد. تحب جميع أفراد الأسرة النظر إليها. لم تكن مبيعات الكتالوج لدينا أفضل من أي وقت مضى. المفهوم هو الفائز. لماذا نريد العبث بذلك؟

لقد سحقت. كنت أتوقع أن يظهر الأمريكيّون انفتاحا أكبر على التطورات التكنولوجية المبتكرة.

وتابع: "ما تقدّمه قد يحدث في وقت ما في المستقبل، عندما لا نعد أنا

وأنت هنا. في غضون ذلك، نعرف النسبة المئوية الدقيقة لمتلقي الكتالوج الذين يشترون منّا ومقدارها. لدينا تنبؤات دقيقة تسمح لنا بإدارة مخزوننا على النحو الأمثل. لن نقوم نحن ولا عملاؤنا باستبدال كتالوجاتنا الورقية بالإنترنت. الإنترنت سيعقّد الأمور فقط". أنهى المحادثة بالقول إنّه تأخر عن اجتماع آخر واختفى. ربما كان هناك جزء من الحقيقة فيما قاله، لكن سيرز سيتقدم بطلب للإفلاس بحلول عام 2018، وهو غير قادر على التكيف مع عالم متغيّر جاء بسرعة أكبر بكثير مما تخيلته العديد من الشركات.

لم يستقبل جناحنا الكثير من الزوّار، بينما كانت الأخرى مكتظّة. بعضها يحتوي على كتالوجات ملونة يبلغ عددها مئات الصفحات، والبعض الآخر يعرض مطابع ضخمة قادرة على إصدار ألف كتالوج في الساعة. حتى أنّه كانت هناك شركة توصيل تعد بإحضار الكتالوج لكل عميل في اليوم التالي لطباعته. كان الجميع يتحدثون عن الورق والكتالوجات. لم يكن أحد يتحدث عن التسوّق عبر الإنترنت. كان هذا قبل عامين من إطلاق أمازون، لذلك كنا متقدّمين قليلا على عصرنا.

مع وجود كشك فارغ ولا شيء يفضل القيام به، قام شاي بسحب برنامج الروليت الذي صنعه لآرون وتحميله على أحد أجهزة التلفزيون الخاصة بنا. امتلأ جناحنا بسرعة بالأشخاص الذين أرادوا فقط لعب الروليت! حاولنا تحقيق أقصى استفادة منه ولكننا عدنا إلى إسرائيل مكتئبين. في رحلة العودة، انتهيت من كتاب Lee Iacocca وتوقفت عند سطر بدا وكأنّه مكتوب خصيصا لي ولكوري: "الخروج بمنتج في وقت مبكر جدا ليس جيدا أبدا، تماما كما أنّ الخروج بمنتج بعد فوات الأوان أمر سيء بنفس القدر." في الواقع، ربما كانت فكرتنا عن برنامج التسوق عبر الإنترنت مبكّرة جدا. سلاسل البيع بالتجزئة لم تكن جاهزة بعد. بعد خمس سنوات، بدأت الكتالوجات الورقية في الاختفاء. كانت شركة تدعى أمازون تغيّر الطريقة التي يتسوق بها الناس. بحلول عام 2000، كانت أكبر بائع تجزئة عبر الإنترنت في العالم.

28

السّجلات الجنائية والسمعة

بعد نجاحنا المفاجئ مع برنامج الروليت في معرض الكتالوج في سان فرانسيسكو، أراد آرون التركيز على المقامرة عبر الإنترنت. أصرّ على أنّنا إذا فعلنا ذلك، فلن نخسر المال مرّة أخرى. بينما شعرت أنا أنّ هذه الصناعة الناشئة يمكن أن تحقق بالفعل عوائد جيدة جدا، بعد أن عارضت بشدة الفكرة في البداية. على الرغم من أنّنا لم نكن نجني أيّ أموال، إلّا أنّني أردت التمسك بمتجر الكتالوج. لا يبدو أنّ المقامرة عبر الإنترنت هي نوع العمل الذي من شأنه أن ينعكس بشكل جيد على اسم عائلتنا. لطالما نظر الإسرائيليّون إلى الكازينوهات بشكل سيء.

لقد جابهناها، كما فعلنا دائما، وقلت: "آرون ، توقف عن الضغط من أجل المقامرة عبر الإنترنت وإلّا سأحرق المكتب!"

"حسنا، آفي ، حسنا. اجعلها على طريقتك. انطلق واستمر في حلمك في الكتالوج حتى ينفد المال".

منذ أن كنّا صبيّين، كنا دائما صريحَين مع بعضنا البعض. كانت لدينا طريقة فريدة وقوية للشّجار من خلال خلافاتنا المهنية- وعادة ما تنطوي على عدد غير قليل من كلمات اللعنة. لكن المال كان شحيحا للغاية، وكنا جميعا متوتّرين ، لذلك استمر آرون.

"ما أقوله لك هو أنه سيكون لديك دخل جيد على الفور تقريبا، إذا ذهبنا إلى المقامرة عبر الإنترنت."

لا أستطيع إنكار أنني أحببت صوت ذلك حقا. لذلك، عرضت حلا وسطا.

"دعونا نعمل على كلتا الفكرتين جنبا إلى جنب، وأوّل فكرة تكسب المال، سنغلق في المقابل الشركة الخاسرة". على الرغم من أنني لم

أكن مقامرا، إلّا أنّني كنت دائما على استعداد للمراهنة بشكل كبير على أفكاري. كنت متأكدا من أنّ آرون سيخسر. ولكن عندما جاء أوّل 100 دولار من كازينو الإنترنت، أوفيت بوعدي، وأغلقنا متجر الكتالوج. لمعالجة مخاوفي بشأن كيف يمكن لفتح كازينو على الإنترنت أن يضر باسم عائلة شاكيد، قرّرنا أن يكون لدينا حد أقصى للمبلغ الذي يمكن أن ينفقه المقامرون على موقعنا. هذا من شأنه أن يبقي اللاعبين الكبار بعيدا عن موقعنا؛ ممّا يعني أنّنا سنتخلى عن بعض فرص الإيرادات. لكن هذا يعنيايضا» اننا لن نعتبر شركة تسعى لاستغلال الاخرين. كنا نتخذ نهجا أخلاقيا وشفّافا للغاية تجاه المقامرة لأسباب عديدة، ولكن في البداية، كان ذلك جزئيا لحماية سمعة الأسرة.

كانت المقامرة عبر الإنترنت من بنات أفكار أندرو ومارك ريفكين، الأخوين الكنديين في العشرينات من العمر، اللذين لم يشرعا في البداية في إنشاء نظام قمار. لقد وظّفا أناتولي بلوتكين، وهو مهاجر روسي طوّر نظام تشفير قائم على الإنترنت للجيش الروسي، وأسس CryptoLogic بهدف منع الاستخدام غير المشروع للإنترنت. في عام 1994، كانت لدى الأخوين فكرة استخدام مهارات بلوتكين لتطوير برامج المقامرة، ممّا عطل نموذج المقامرة الأصلي الذي حدث حصريا في العديد من الكازينوهات الفاخرة الموجودة في أماكن مثل لاس فيغاس ومونت كارلو. مع كوري، كنت آمل في تحويل نشاط شخصي (التسوّق) وجعله متاحا عبر الإنترنت وأنت مرتاح في المنزل. هذه هي بالضبط الطريقة التي غيّرت بها المقامرة عبر الإنترنت سير المقامرة. أصبح من الممكن المقامرة في وقت فراغ المرء، بدلا من الاضطرار إلى أخذ إجازة وإنفاق المال للسفر إلى لاس فيغاس أو أيّ مكان آخر.

اجتذبت عائلة ريفكينز مستثمرا خاصا- شركة مراهنات من ولاية أوهايو تدعى بيلي سكوت، لم يكن لديه رأس مال كبير فحسب، بل كان لديه أيضا سجل جنائي. استثمر سكوت نصف مليون دولار من أمواله الخاصة في تطوير البرنامج وتقديم ضمانات للمقامرين بأنّ أموالهم وجوائز كبرى لن تقع في الأيدي الخطأ. بعد إطلاق InterCasino في عام 1996 بواسطة CryptoLogic، حقّق المؤسّسون الثلاثة 10 ملايين دولار في السنة الأولى. لسوء الحظ، لم يتمكّنوا من مواكبة جميع التطورات التكنولوجية في الصناعة، وأصبحوا في النهاية مزوّدا للبرامج لمواقع المقامرة الأخرى. حوكم بيلي سكوت بتهمة التهرب الضريبي- لا علاقة له باستثماره في المقامرة- وهرب إلى منطقة البحر الكاريبي.

في الواقع، لعبت جزيرة أنتيغوا الكاريبية دوْرا هائلا في فتح

صناعة المقامرة عبر الإنترنت. لماذا؟ لأنه في عام 1994، أصدرت أنتيغوا قانونا يجعل المقامرة عبر الإنترنت قانونية. وكان أوّل مكان على وجه الأرض يفعل ذلك، وبالتالي لفت انتباه العديد من رجال الأعمال المتحمّسين لتقليد نجاح InterCasino -بمن فيهم أنا. لتشجيع هؤلاء المستثمرين على التدفق إلى الجزيرة، أعلنت أنتيغوا أنّ أرباح المقامرة معفاة من الضرائب وأنشأت مدرّجا طويلا جدا في مطارها للسماح للطائرات الكبيرة بالهبوط والإقلاع مرة أخرى. جزيرة صغيرة محاطة بالبحار الزرقاء الهادئة ويبلغ عدد سكّانها أقل من خمسة وستين ألفا، أنتيغوا لديها أكثر من مائة وثلاثين شاطئا رائعا. الناس هناك يأخذون الحياة على محمل السّهولة، لكن معظمهم يكتفون بالقليل، ويعيشون في أكواخ خشبية أو منازل حجرية بسيطة على مستوى من الحجر الجيري والمرجان. في ذلك الوقت، لم تكن هناك مقاهي أو أماكن ترفيهية، وكانت الطرق قليلة، وكان نظام الصرف الصحي يتعطل بشكل متكرّر، وكان الطعام في الجزيرة يقتصر على الأرز والخضروات وقطعة من اللحم في بعض الأحيان. تم جلب جميع السلع الاستهلاكية، من كوكا كولا إلى ليفيز، بواسطة السفن وطائرة الشحن الكبيرة التي تهبط كل يوم اثنين. بسبب ارتفاع تكاليف الشحن، كانت الأسعار في الجزيرة مرتفعة للغاية. يكلف زوج من الأحذية في أنتيغوا حوالي ضعف تكلفة الولايات المتحدة. ومع ذلك، فإنّ إمكانية بناء مركز قمار في أنتيغوا أثارت اهتمامي. أحببت حقيقة أنّ الجزيرة، التي حصلت على استقلالها عن المملكة المتحدة في عام 1981، كانت تظهر قدرة مدهشة في اتخاذ وجهة نظر بعيدة. كانت أوّل دولة في شرق البحر الكاريبي تعترف بالصين، وبالتالي كسبت لنفسها سنوات عديدة من المساعدة الصينية السخية. أظهرت سياسات البلاد المتطوّرة بشأن المقامرة أنّ الحكومة كانت مبتكرة أيضا. بالطبع، اجتذبت أنتيغوا والمقامرة عبر الإنترنت أكثر من نصيبها العادل من الأنواع المشبوهة التي أعطت المقامرة عبر الإنترنت سمعة سيئة. كان من السهل الاختباء وراء سرية الإنترنت وتسليم الملايين دون الحاجة إلى الكشف عن هوية المرء. انتشرت شائعات تقول إنّ صناعة المافيا والإباحية تسيطر على بعض مواقع المقامرة على الإنترنت على الأقل، إن لم يكن كلها. لاقت بعض الحوادث الكثير من التغطية الإعلامية، مثل قصة ستيف أدكنز ـ أو لاستخدام اسمه الحقيقي سام ألفين آشلي جونيور، وكيل مراهنات في ولاية أوهايو. تم القبض عليه مرارا وتكرارا لتمرير النقود المزيفة والشيكات السيئة وأخذ رهانات رياضية بشكل غير قانوني عبر الهاتف. هرب إلى أنتيغوا، حيث أنشأ شبكة مقامرة عبر الإنترنت.

تم القبض عليه في عام 2001 من قِبَل سلطات أوهايو بعد سبعة عشر عاما، وحوكم بتهمة التهرب الضريبي والاحتيال على مؤسسة خيرية كان يديرها ذات مرّة. كان رئيس شبكة مقامرة أخرى في أنتيغوا هو جاك سترول- المعروف أيضا باسم جاك سترولوفيتش- وهو خبير تسويق من مونتريال كان يدير غرفة مرجل وعدت المشاركين بجوائز رائعة وقد تبيّن أنها في الأساس خردة لا قيمة لها، وفقا للسلطات الكندية. في عام 1999، أقرّ بأنه مذنب في التسويق عبر الهاتف المخادع، وحكم عليه بدفع غرامة قدرها 300,000 ألف دولار.

كانت هذه هي الدوامة التي قرّرت أنا وأخي القفز إليها. كنا مقتنعين تماما بأننا سنكون قادرين على تقليد المواقع الحالية والتوصل إلى ميزات إضافية كافية لجذب العملاء. ربما لم نبدأ صناعة جديدة، لكن رجال الأعمال الجيّدين لا يقاسون بالضرورة بالأصالة. على العكس من ذلك، فإنهم عادة ما يقلّدون ويحسّنون نماذج الأعمال الحالية. لقد كان هذا صحيحا بالتأكيد بالنسبة لي. لذلك، شرعت أنا وأخي في تحسين المقامرة عبر الإنترنت.

عقد الاجتماع الأوّل المخصص لمشروعنا في فندق Arches في نتانيا. حضرته أنا وآرون وشاي ومساعديه- شقيق شاي رون، وهو رجل أجهزة رائع، ومبرمج آخر. ركّزت الأجندة على صياغة سياسات المقامرة لدينا. شجّعت النقاش، وسرعان ما احتدمت المشاعر. كل شخص لديه أفكاره الخاصة. سمعت الجميع، ثم طرحت مبدأ عملي الخاص.

"بادئ ذي بدء، علينا أن نضمن أنّ كل عمل نقوم به قانوني تماما"، قلت لمجموعتنا الصغيرة. "لا أريد أدنى نفحة من عدم الشرعية. سنعمل مع أفضل المحامين ونتحقّق من كل خطوة مرّتين قبل أن نقوم بها".

أومأ الجميع، باستثناء المساعد، بالموافقة.

قال إنّه لا يستطيع الاستمرار في العمل معنا من حيث المبدأ. كان يعارض المقامرة. حاولت إقناعه بأنّ موقعنا سيكون مختلفا، ووعدته بأننا سنجد طريقة لإبعاد الجريمة المنظّمة.

"هل أنت حقا على استعداد لتقبُّل فرصة أن تصبح ثريا وادعا ، تماما مثل هذا؟" سألته.

أومأ برأسه، وسلّم استقالته، وغادر الاجتماع. لو بقي، لكانت حصته قد وصلت إلى 20 مليون دولار على الأقل.

قرّر بقيتنا بالإجماع أن آرون سيكون المدير المالي للشركة، وسأشرف على التسويق. شاي، بالطبع، سيتعامل مع تطوير التكنولوجيا.

"حسنا"، تابعت. "لقد قرّرنا أنّنا نلاحق المقامرة عبر الإنترنت.

السؤال هو: لماذا يجب أن يأتي العملاء إلينا؟ ماذا سيكون سلاحنا التسويقي الابرز؟

تكهنّا بهذه الإجابة لساعات. كان لدينا الكثير من الأفكار، ولكن انتهى بنا الأمر إلى رفض كلٍّ منها، حتى وقف شاي وقال، "لقد حصلت عليه!"

سرعان ما وصف بيئة المقامرة الحالية عبر الإنترنت، والتي تتكوّن من مقامر بشري، العميل، يلعب ضد آلة شركة المقامرة حتى يفوز أحدهما ويخسر الآخر.

"لكن هذا هو الشيء"، قال شاي بحماس. "يريد الناس أن يشعروا كما لو كانوا يقامرون في كازينو في لاس فيغاس. إنّهم لا يريدون اللعب بمفردهم ضد آلة- فهم يريدون اللعب جنبا إلى جنب مع أشخاص آخرين وتتبُّع رهاناتهم. سنقوم بإنشاء برنامج يسمح للاعبين برؤية الآخرين يلعبون نفس اللعبة".

حظي شاي باهتمامنا الكامل.

وتابع شاي: "هذا سيسمح للناس بمتابعة رهانات بعضهم البعض وحتى الدردشة مع بعضهم البعض، إذا أرادوا ذلك. هذا سيميّزنا عن كل موقع آخر للمقامرة عبر الإنترنت".

لقد كانت عبقرية خالصة! أعطيت أنا وآرون الضوء الأخضر على الفور لبدء العمل في المشروع. كان آرون قد ذهب إلى الكازينوهات في مونت كارلو، لكن لم تطأ قدمنا أنا ولا شاي كازينو. لم نكن نعرف القواعد أو الثقافة. أردنا الذهاب إلى لاس فيغاس للتعلّم، لكن لم يكن لدينا ما يكفي من المال لتغطية نفقاتنا. نظرا لأنّ المقامرة كانت غير قانونية في إسرائيل، فقد اكتفينا برحلة إلى طابا، في مصر، في صحراء سيناء، حيث كان هناك العديد من الكازينوهات. سافرنا، ووقفنا على الطاولات، ونظرنا إلى المقامرين الذين يضعون رهاناتهم، ودونّا ملاحظات على كل نوع من الألعاب. في نفس الليلة، استقللنا آخر رحلة عائدة إلى تل أبيب. وجد شاي كل ما نحتاج إلى معرفته في اليوم التالي على الإنترنت.

بعد أن انتهى شاي من إنشاء البرنامج بعد بضعة أسابيع، حان الوقت لبدء الاختبار. كانت قيود الميزانية تعني أنّه لن يكون هناك اختبار احترافي، لذلك انتهى بنا الأمر بتجنيد أولادي الثلاثة، ثم بين سن الحادية عشرة والسابعة عشرة. لم يروا عجلة الروليت أو طاولة البوكر من قبلُ، لذلك شرحنا لهم الألعاب وطلبنا منهم اللعب بضع ساعات في اليوم. كان من المفترض أن يبلّغوا شاي عن أي أخطاء وجدوها. كان تفانيهم مثاليا. كانوا يلعبون كل يوم وليلة ويقدّمون قوائم العيوب الّتي يستشفّونها. كانت سرعة ثورة عجلة الروليت غير متسقة. قام الموزّع بتوزيع ست بطاقات

بدلا من خمس بطاقات في لعبة البوكر. لم يدفع اللصوص ذوو الذراع الواحدة ولو مرّة واحدة في ساعة كاملة من اللعب. استمرت قوائمهم التفصيلية وهي تطول. تم الإبلاغ عن كل خطأ، وقام شاي بإصلاحها على الفور. بمجرّد تصحيح أخطاء الموقع، قمنا بوضع بعض الميزات التي من شأنها أن تميّزه عن مواقع المقامرة الأخرى عبر الإنترنت. قرّرنا بالإجماع أنّ نسبة حالات الفوز عبر ماكينات القمار، الأكثر شعبية في الألعاب، ستكون أعلى من تلك التي يحقّقها منافسونا.

لم ينظر الكثيرون بلطف إلى مشروعنا الجديد. كان لديّ معارفي قالوا إنّ الموقع سيضر بسمعة عائلة شاكيد. حذّر الأصدقاء من أنّ المقامرين سيحاولون خداعنا، وسنفلس. لكنني واجهت بالفعل تحدي الاحتيال مع Visa Israel. اعترفت أنّه يبدو من الأسهل بكثير خداع موقع المقامرة من شركة بطاقات الائتمان. لذلك، مكثت في المنزل لمدة يومين وفكّرت في طرق لتقليل المخاطر، وقرّرت أن أجعل كل عميل يملأ استبيانا بعنوانه، بما في ذلك الرمز البريدي وأرقام الهواتف، بالإضافة إلى صورة جواز السفر ورخصة القيادة. اعتقدت أنّ الناس سيترددون في تقديم ادعاءات زائفة مع العلم أنّ لدينا معلوماتهم الشخصية. بالإضافة إلى ذلك، قرّرنا تحديد المبلغ بـ 25 دولارا في اليوم. في وقت لاحق، رفعنا المبلغ اليومي إلى 100 دولار. حتى على المستوى الأعلى، كانت هذه المبالغ لا تزال صغيرة نسبيا، لذلك إذا اضطررنا إلى إعادة بعض الأموال إلى العملاء، فلن يؤدي ذلك إلى إفلاسنا. لحسن الحظ، عندما بدأنا في إنشاء موقع المقامرة الخاص بنا، كان هناك بالفعل حوالي عشرة مواقع نشطة. كان لدينا أخطائهم لنتعلم منها، ولكن من أجل التغلب عليها في لعبتها الخاصة، كان علينا أن نفعل المزيد- وأن نفعل ذلك بشكل أفضل.

لقد حصلنا أيضا على الجانب التجاري من مسعانا المنظَّم. قسّمنا الشراكة بالتساوي بيني وبين آرون وشاي وشقيق شاي رون. كان كل واحد منا يمتلك حصة 25 في المائة. في هذا الوقت تقريبا، في أوائل عام 1996، التقى أخي بعاموس إيال، وهو ضابط قتالي سابق كان يزور إسرائيل ويعمل كضابط أمن في كازينو كبير في أمستردام. كانت وظيفته هناك هي تحديد المحتالين الذين يحاولون خداع الكازينو، وكان لديه طريقة مجرّبة وحقيقية للكشف عنهم قبل أن يتسبّبوا في أي ضرر. جاء عاموس للعمل معنا بعد بضعة أسابيع، وأصبح أوّل رئيس تنفيذيّ لنا، على الرغم من أنّه كان مؤهّلا أكثر من اللازم. اقترح أن نوظّف محاميه، وهو من سكّان حيفا يدعى يسرائيل روزنبرغ. أرسلناهما إلى أنتيغوا للحصول على ترخيص موقع المقامرة عبر الإنترنت. بدا روزنبرغ، الذي

كان يرتدي بدلة حريرية من ثلاث قطع، وكأنّه عقيد متقاعد في الجيش البريطاني. أقاما في فندق على شاطئ البحر، وفي اليوم التالي، استقبلهما ممثلو الحكومة المحلية استقبالا مهيبًا، وشرحوا لهم ثلاثة شروط للحصول على الترخيص. أوّلا، كان لا بد من تشغيل خادم الكمبيوتر المركزي من أنتيغوا. ثانيا، كان لا بد من توفير دعم العملاء في أنتيغوا. ثالثا، كان لابد من إيداع جميع الإيرادات الناتجة عن تشغيل كازينو الإنترنت في بنوك أنتيغوا. كانت الشروط الثلاثة مقبولة تماما بالنسبة لنا، وفي غضون أربع وعشرين ساعة، كان لدى عاموس ويسرائيل الترخيص القيِّم. لقد كلّفنا 100,000 دولار. لقد سجّلنا شركة المقامرة الخاصة بنا تحت الاسم المؤقت للكسافا، وهو جذر يشبه البطاطس وهو طعام شائع جدا في جزيرة أنتيغوا، ولكن سرعان ما قمنا بتغيير اسم موقع الويب إلى شيء أكثر عمليّة، Casino On Net.

29

معهد وايزمان

كان من المهم بالنسبة لي التأكد من أنّ برنامجنا قوي وأنّ نسب الكسب والربح التي توقعناها كانت أكثر من مجرد تفكير بالتمنّي. أدخل شاي إلى جهاز الكمبيوتر الخاص به توجيها بوضع مليارات الرهانات ومعرفة إذا ما كان من الممكن على الإطلاق التوصل إلى معدل فوز بنسبة 97 بالمائة. بعد أسبوع، عاد إلي مبتهجا. "إنّه يعمل!" صرخ. "يمكننا بسهولة ضمان معدل كسب بنسبة 97 بالمائة."

كان هناك الآلاف من المتسلّلين، لذا كانت الخطوة المنطقية التالية هي العثور على شخص يمكنه اختبار أمان نظامنا. على سبيل المثال، أردت معرفة إذا ما كان بإمكان المتسلّل معرفة الرقم الفائز التالي في لعبة الروليت. سألت من حولي لمعرفة من يمكنه مساعدتي في هذا التحدي وأوصى الجميع بنفس الشخص: البروفيسور عدي شامير، الحائز على جائزة إسرائيل لعلوم الكمبيوتر لعام 2008، في معهد وايزمان للعلوم المرموق في رحوفوت. ولد شامير الأصلع والملتحي وذو النظارة الطبية في عام 1952، وكان أحد الخبراء الرائدين في العالم في مجال أمن الشبكات اللّاسلكية. أحضرت أنا وشاي نظامنا إليه لإجراء فحص شامل.

قال بجدية: "نظامك جيد جدا، لكنه لا يزال ضعيفا".

لقد ذهلنا. لقد استثمرنا الكثير من الوقت والمال لبناء شبكة لاسلكية ذات أقصى قدر من الأمان.

"لكن ليس لديك سبب للقلق"، تابع بسرعة، وهو يرى وجوهنا المنكوبة. ابتسم ابتسامة عريضة وأضاف: "خمّن ما يجب على المتسلّل فعله لمعرفة الرقم الفائز التالي في لعبة الروليت."

"ماذا؟" سألنا في انسجام تام، حيث لم يكن لدينا أيّة فكرة عن كيفية

الإجابة.

"سيتعيّن عليهم تشغيل جميع أجهزة الكمبيوتر في العالم لمدة مائتي عام!"

شعرنا بالارتياح، غادرنا معهد وايزمان وذهبنا إلى وسط مدينة رحوفوت للاحتفال من خلال تناول الحمص في مطعم شرق أوسطي. كان شاي منتشيا.

"إنه مثالي!" صرخ. "لدينا كل ما نحتاجه."

قلت: "ليس بالضبط". "ما زلنا نفتقد شيئا واحدا."

أردت شهادة رسمية لموقع المقامرة الخاص بنا. سيكلف الكثير من المال ولكنه يستحق كل قرش إذا كان ذلك يعني أنّ العملاء يمكنهم الوثوق بشبكتنا. في ذلك الوقت، كان لدى AT&T في أمريكا قسم لاختبار أنظمة التشغيل واعتمادها. كان ختم موافقة الشركة يحظى باحترام كبير، لذلك كنت آمل أن تكون الشركة على استعداد لاختبار نظام التشغيل الخاص بنا واعتماده. عندما اتصلت بهم، قيل لي إنّ AT&T لم يطلب منها أبدا اختبار أنظمة موقع المقامرة. شرحت أنّه لم يكن هناك فرق كبير بين عملائهم وعملائنا. كنا نتحدث عن أنظمة الاتصالات التي تعمل على أساس متطابق تقريبا. احتاج الأمريكيّون إلى بعض الوقت للتفكير في الأمر، لكنهم قالوا أخيرا إنّه لا يوجد سبب لعدم تمكنهم من اختبار أنظمتنا. متحمسا وسعيدا، سافرت إلى أنتيغوا لانتظار وفد خبراء AT&T الذي كان من المفترض أن يصل عبر رحلة مباشرة من نيويورك. لم يكن لديّ شك في أنّنا سنحصل على ختم الموافقة المرغوب فيه- ولم يكن لدى أيّ من منافسينا هذا النوع من الشهادات من الدرجة الأولى.

ولكن قبل ساعات قليلة من انتهاء رحلتهم، اتصل رئيس وفد AT&T ليقول إنّهم آسفون ولن يأتوا في نهاية الامر. إثر مزيد من الدراسة، قرّرت AT&T عدم التعامل مع أي مواقع قمار. سخر مني آرون وشاي ورون.

قال لي أخي: "أنت وأفكارك". "كان يجب أن تعرف أنه لا أحد سيشهد لنا."

تجاهلت انتقاداتهم. لن أستسلم بهذه السهولة. في الواقع، كلّما فكّرت في الأمر، كنت أكثر اقتناعا بأنّ الشهادة مهمّة. اتصلت بإرنست ويونغ- إحدى شركات المحاسبة الأمريكية الخمس الرائدة- وسألتهم عمّا إذا كانوا سيراجعون ويراجعون بيانات شركتنا للتصديق على أنّ موقعنا على الإنترنت كان يفي بوعدنا بمعدل ربح بنسبة 97 بالمائة. تولّى إرنست ويونغ الوظيفة بكل سرور، وبدأ بإرسال مدقّقي الحسابات إلى أنتيغوا كل شهر لاختبار النظام. كنّا أوّل كازينو على الإنترنت في العالم يقوم

بمراجعة أنظمته، وإظهار أي تغييرات في كود البرنامج لمستخدمينا، والتحقق من النتيجة التي تمكّن نظامنا من إنتاجها للمستخدمين. كان هناك ختم على الموقع الإلكتروني بأن كل شيء يراقبه إرنست ويونغ، وكان شيئا مهمّا آخر يميزنا.

30

"رابوتا!"

بحلول أوائل عام 1996، كان نظامنا يعمل في أنتيغوا. كان يقع ضمن
ثلاثة أجهزة كمبيوتر اجتازت كل اختبار وتجربة بألوان زاهية. كل ما
نحتاجه الآن هو العملاء. كنت أخطّط لحملة إعلانية واسعة النطاق؛ لذلك
قمنا بإعداد قائمة بمئات الشركات، بالإضافة إلى الرياضة والألعاب
والترفيه ومواقع الويب الأخرى. ومع ذلك، كانت ميزانيتنا الإعلانية
متناهية الصغر، لذلك اخترنا فقط المواقع الواعدة وقدّمنا إعلانا بارزا
جدا لتشغيله على الصفحة الرئيسية للموقع. أخبرني مناحيم عميهود، نائب
رئيس فيزا إسرائيل، ذات مرّة أنّ الحملة الإعلانية المتوسطة تجتذب 2
بالمائة من الجمهور المستهدف. قدّرت أنّ إعلاناتنا ستعمل بالمثل، وأنّ
حوالي 2 بالمائة من الأشخاص الذين شاهدوا الإعلان سينتهي بهم الأمر
بتجربة موقع المقامرة الخاص بنا.

لكن تذكّر، في الماضي، لم تقم فقط بتسجيل الدخول إلى موقع ويب.
كانت هناك خطوات متعدّدة، وكان من السهل أن تفقد عميلا في الرحلة
الطويلة جدا من مشاهدة إعلان إلى أن تكون لاعب كازينو نشط عبر
الإنترنت. الإنترنت اليوم أسرع بعشرة آلاف مرّة ممّا كان عليه في ذلك
الوقت- هذا صحيح، أسرع بعشرة آلاف مرّة! تحدث عن التحدّي. إذن،
إليك كيفية عملها في البداية: كان على شركتنا إرسال قرص مضغوط إلى
كل لاعب بالبريد، وهو قرص مضغوط يحتوي على جميع الرسومات
الملوّنة لألعاب الروليت والبلاك جاك، لأنّ هذه الرسومات استغرقت وقتا
طويلا للتحميل في اليوم. كنا نشحن هذه الأقراص المضغوطة إلى جميع
أنحاء العالم، لذلك استغرق ذلك وقتا. بعد ذلك، كان على لاعبي الكازينو
المستقبليّين لدينا تحميل القرص في أجهزة الكمبيوتر الخاصة بهم والنقر

آفي شاكيد

فوق أزرار "إجراء" محدّدة للاتصال بموقعنا وبدء المراهنة. بالنسبة لأولئك منهم المهووسون بالتكنولوجيا مثلي، هذا يعني أنّه عندما ينقر اللاعب على زر إجراء على الرسومات المحمّلة بالقرص المضغوط، فإنه يؤدي إلى إجراء مكالمة واحدة، أو ping، مع عميل الإنترنت الخاص بنا، حتى يتمكّن اللاعب من تقديم عرض في اللعبة. لقد كانت هناك الكثير من الخطوات، لكن لم يكن لدينا خيار.

في البداية، كان هناك القليل من الاهتمام. طلبَ لاعب واحد في اليوم، وبالتأكيد أقل من عشرة في الأسبوع، قرصا مضغوطا. لقد أنشأنا برنامجا لإخبارنا بموقع الويب الذي جاء منه كل لاعب، وتوقّفنا عن الإعلان على المواقع التي لم تجذب أيّ اهتمام مع زيادة ميزانياتنا الإعلانية على المواقع التي حقّقت زيارات. كان الهدف النهائي هو جعل الناس يبدأون بالفعل في المراهنة. لتشجيع هذه الخطوات النهائية والحاسمة، سمحنا للّاعبين الجدد باستخدام الأموال الافتراضية في البداية، ومنح كل 1,000 دولار افتراضي لتجربة موقع المقامرة الخاص بنا بدون مخاطر. كنا نأمل أيضا أن تنجح سقوف المقامرة المنخفضة لدينا. كانت نظريتنا تتمثّل في أنّ الناس يمكن أن يختبروا اندفاع المقامرة دون خوف من خسارة الكثير من المال. اعتقدنا أنّ هذا سيجبر الزوّار على بدء المقامرة في وقت أقرب ممّا قد يفعلونه بخلاف ذلك.

يوما بعد يوم، من الصباح الباكر حتى وقت متأخر من الليل، وقفنا جميعا في الطابق السفلي من فندق rches ، نشاهد شاشة عملاقة أظهرت لنا بالضبط ما كان يحدث مع الموقع الذي يتم تشغيله في أنتيغوا. قام ديما، وهو مهاجر من روسيا وأحد المبرمجين الجدد لدينا، بتثبيت برنامج خاص يسمى Robota، والذي يعني العمل باللغة الروسية، لتنبيهنا عندما يدخل لاعب إلى الموقع. لعدة أيام، لم نسمع زقزقة. ثم إنّه في إحدى الأمسيات، سمعنا فجأة النداء: "ربوتا !" وركضوا جميعا إلى الشاشة الكبيرة، يصفّقون بالإثارة. كان أوّل مقامر لنا امرأة من نيويورك. كانت قد أودعت 30 دولارا، ولعبت الروليت أربع مرّات، وفازت بمبلغ كبير. لدهشتنا، بلغ إجمالي فوزها 3,200 دولار. بينما كنا نشاهد الشاشة، تحولت حماستنا إلى قلق. هل سنخسر المال بعد كل اختباراتنا الدقيقة وتوقعاتنا الصارمة؟ كما حدث، لم يكن لدينا ما يدعو للقلق. وضع الناس عموما رهانات صغيرة وفازوا بمبالغ صغيرة. ممّا أراحنا أنّه لم يفز أحد بمبلغ يمكن أن يفلسنا. خلال الأيام القليلة التالية، سمعنا "Robota!" مرارا وتكرارا بدأ المزيد والمزيد من المقامرين في المراهنة. كنا في طريقنا إلى السباقات.

كما هو الحال مع أي أعمال جديدة، كانت هناك تحديات جديدة أمام المكسب للتغلب عليها. في أنتيغوا، وجدنا منزلا غير مكلف مكوّن من ثلاث غرف بالقرب من الشاطئ لاستئجاره لمركز الكمبيوتر الخاص بنا. كانت إحدى الغرف تضم أجهزة الكمبيوتر، والثانية مخصصة لتطوير البرمجيات، والغرفة الثالثة مخصّصة للنوم. كانت غرفة النوم تحتوي على سريرين للإسرائيليّين الأربعة الذين عملوا هناك. كان اثنان ينامان بينما كان الاثنان الآخران في الخدمة. عندما قفز آرون ليرى كيف تسير الأمور، كان عليه أن ينام على كرسي بذراعين لأنه لم يكن لدينا المال للفنادق بعد. في حرارة البحر الكاريبي الشديدة، كان المنزل يبدو مثل الفرن، ليلا ونهارا. لم يكن هناك تكييف، وكان الإسرائيليّون العاملون هناك يرتدون عادة ملابس السباحة. عندما أصبحت الحرارة لا تطاق، كانوا يركضون إلى الشاطئ ويلقون بأنفسهم في الأمواج ليتبرّدوا. كان هذا هو سبب العديد من الجدل بين رئيسنا التنفيذي والموظفين. "أنت لست هنا في إجازة!" كان عاموس يصرخ عليهم. كان الطقس عاملا بطرق أخرى أيضا. عدة مرّات، تسببت العواصف العاتية والأعاصير في إحداث فوضى في الجزيرة. تم تمزيق سقف منزلنا مرّة واحدة. لحسن الحظ، لم يصب أحد، لكن كان على الموظفين فصل جميع أجهزة الكمبيوتر، ولفّها بالنايلون، ووضعها على أعلى الرفوف حتى لا تغمرها المياه. انقطعت جميع خطوط الهاتف، وأصبح الموقع مظلما. كنّا قلقين من أن تتضرّر صورتنا. كان من المحتمل أن ينزعج المقامرون من الانقطاع، لذلك كان من المهم تشغيل خطوط الهاتف وأجهزة الكمبيوتر وتشغيلها بأسرع ما يمكن. لم تستجب شركة الهاتف في أنتيغوا. لم يكن لدى الموظفين خيار، خرجوا في غِمار العاصفة، وخاضوا في الماء حتى الركبة لربط خطوط الهاتف الممزّقة. بالعودة إلى الداخل، قاموا بتشغيل أجهزة الكمبيوتر، وربطوا العملاء بالنظام، واتصلوا بكل من كان متصلا بالإنترنت، واعتذروا شخصيا عن الانقطاع المفاجئ للخدمة، ووعدوا المقامرين باستعادة أموالهم كبادرة حسن نية.

في البداية، كان موقعنا باللغة الإنجليزية فقط، والتي عملت بشكل جيد في أمريكا الشمالية وأجزاء من أوروبا، ولكن ليس أبعد من ذلك. انضم عوديد ميرهاف لمساعدتنا في تعديل الموقع مع لغات ومناطق جديدة، مثل دول آسيا والمحيط الهادئ. قال إنّ اسمنا هو: Casino On Net، كان من الصعب فهمه ونطقه بالنسبة للعديد من الآسيويّين واقترح أن نختار اسما مختلفا، ويفضّل أن يكون اسما يحمل الرقم ثمانية، والذي كان يعتبر محظوظا في العديد من الثقافات الآسيوية. على وجه التحديد،

اقترح 888.com.

تم بالفعل الحصول على حقوق هذا الإطار المساحيّ، لذلك تعقّب المالك، وهو شاب ياباني يعيش في تايوان. لقد جاء لمقابلتنا في إسرائيل، لكنه أراد مبلغا غير معقول للإطار 888.com. لقد ذُهلنا ورفضنا عرضه. بعد أن غادر الرجل الياباني إسرائيل، أخذ أحد طلابنا العاملين، أساف زميرلي، على عاتقه أن يتخفّى ويقترب من الرجل الياباني مرّة أخرى. أخبر آساف الرجل الياباني أنّه يريد شراء الإطار لشركة ناشئة ليس لديها ميزانية كبيرة. بعد بعض المفاوضات، باع الرجل الياباني الإطار له (نحن حقا) مقابل 30,000 دولار، والتي كانت لا تزال رسوما مرتفعة بشكل مثير للضحك بالنسبة لإطار في تلك الأيّام، لكنّنا دفعناها على الفور. كلنا أحببنا اسم 888.com لدرجة أنّنا قرّرنا استخدامه في جميع أنحاء العالم.

أصبحت المقامرة عبر الإنترنت ممكنة من خلال معاملات بطاقات الائتمان. ولكن في التسعينات، رفضت شركات بطاقات الائتمان احترام معاملات المقامرة. غالبا ما عالجت مواقع المقامرة الشرعية عبر الإنترنت هذه المشكلة من خلال إنشاء شركات بطاقات الائتمان الخاصة بها، وهو بالضبط ما كان علينا القيام به في الأيام الأولى لشركتنا. أطلقنا عليها اسم InterSafe Global. بينما كان لدينا حساب مصرفي في أنتيغوا، كما هو مطلوب، لم يتمكّن هذا البنك من تصفية جميع معاملاتنا. لن أخوض في جميع التفاصيل المعقّدة، ولكن للعثور على بنك، قرّرنا إنشاء عنوان لـ InterSafe Global لا يشك فيه أحد كشركة قمار. عليه، أصبح فندق Arches في نتانيا هو InterSafe Global Arches، وقمنا بتحويل الأموال من هناك. نجح هذا بشكل جيد في البداية، حتى أخبرنا بعض المقامرين أنّ زوجاتهم اطلعن على كشوف حسابات بطاقات الائتمان الخاصة بهم وأردن معرفة سبب ومع من يرتادون فندقا إسرائيليا. لحسن الحظ، كان هذا الموقف المحرج مؤقّتا فقط، حيث وجدنا أخيرا شركة أمريكية مستعدة لتصفية الحجم الكبير من معاملات المقامرة. تنفسنا الصُّعداء.

كان التحدّي الآخر هو الوصول بالعالي إلى موقعنا. كنّا لا نزال نرسل كل عميل محتمل قرصا مضغوطا للتثبيت. تم تصنيع مئات الأقراص، وأصبح الطابق السفلي من فندق Arches غرفة بريد عملاقة لشحن الأقراص حول العالم. كل مساء، كانت خادمات الفندق والموظّفون الآخرون ينزلون إلى الطابق السفلي للمساعدة في لفّ الأقراص ومعالجتها. كما تم تجنيد أولاد العائلة للمساعدة- وعندما كانت المدرسة خارج الفصل، انضم أصدقاء الحي أيضا. لقد تحمّلنا التّكاليف وقمنا بتجهيز الغرفة

بالمشروبات الغازية والوجبات الخفيفة. غالبا ما استمر التغليف حتى وقت متأخر من الليل.

في هذه المرحلة، كنّا ننمو، لكننا بالكاد كنا نسبح في المال. حتى يومنا هذا، لا أصدق أنّنا تجرأنا على الشروع في مثل هذا المشروع الطموح برأس مال ضئيل جدا. لم يكن لديّ خيار، فعلت شيئا كان من الممكن أن يكلّفني علاقتي الوثيقة مع MCI. شرحت للأمريكيّين أنّني بحاجة إلى الاحتفاظ بالأموال التي كنت أجمعها من العملاء نيابة عنهم من أجل تمويل موقع المقامرة الخاص بي. اتفقوا بشرط أن أعيد المال بفائدة. أعطانا هذا بعض المساحة للتنفس لكنه لم يحل مشاكلنا المالية. على الرغم من أنّنا كنّا مقتصدين للغاية في جانب الإنفاق، إلّا أنّنا كنّا بحاجة إلى الوصول إلى المزيد من رأس المال.

31

السّيولة والرّشوة

بعد عام من إطلاق الشركة، في عام 1997، كان علينا أن نواجه الحقيقة المؤلمة المتمثّلة في أنّه إذا لم نحصل على عدد كاف من العملاء الذين يدفعون قريبا، فسوف ينفد المال. كنّا ننمو، لكن النفقات الكبيرة المطلوبة لإعداد البنية التحتية للموقع، ودفع ثمن الترخيص، ومواكبة كشوف المرتّبات قد أفرغت حساباتنا. حدث وأن كنت في مآزق شديد بالنّسبة للسيولة النّقديّة من قبلُ، وكنت أخشى أن يحدث ذلك مرّة أخرى. قد تدقّ مشكلة السيولة الحادّة ناقوس الموت. إذا تسرّب من هذه القضية إلى الصحف، فسيكون ذلك كافيا لردع أيّ شخص عن المقامرة على موقعنا. بشكل محموم، بحثت عن مستثمر لشراء سهم من الشركة. لقد سمعنا عن رجل صيني ثري يعيش في إندونيسيا وجنى أمواله من مصانع السجائر وأجسام السيارات، وكان مهتمّا بشراء جزيرة حيث يمكنه بناء الكازينوهات.

وبما أنّ عاموس إيال كان رئيسنا التنفيذي، أرسلناه إلى إندونيسيا، حيث تمّت دعوته إلى منزل الرجل في جزيرة بالي. ووصف لاحقا منزل الرجل الرائع، كان فيه حمام سباحة على شاطئ البحر. رافق زوجان من الخدم عاموس إلى مكتب الرجل، الذي كان مكتظّا بأعمال فنية باهظة الثمن. أخبره عاموس عن الشركة التي أنشأناها وعرض بيع نصفها. تحدّث بإسهاب عن إمكانية أن يتمكّن رجل الأعمال من توسيع حصتنا في السوق في منطقة آسيا والمحيط الهادئ.

"كم تريد؟" سأل.

"عشرة ملايين دولار."

قطّب رجل الأعمال وجهه. "سيكون لديك إجابة غدا"، ووعد، ثم

شرع في دعوة عاموس لتناول العشاء في أفخم مطعم في بالي، جنبا إلى جنب مع ضيوف آخرين، بما في ذلك العديد من وزراء الحكومة ورئيس شرطة سنغافورة. بدا أنّ العشاء سار على ما يرام، ولكن في اليوم التالي، تلقّى عاموس مكالمة من سكرتير رجل الأعمال.

قال الوزير: "نحن آسفون جدا، لكنّنا توصلنا إلى استنتاج مفاده أنّ الاستثمار لا يستحق وقتنا". لم يكن هناك مزيد من التفسير. كان قطب الأعمال الصيني هو أملنا الأخير. لقد سحقنا.

حتى عندما كنّا نعاني من ضائقة مالية مروّعة، كانت بيروقراطية أنتيغوا تعرقل نموّنا. اقترح الوسطاء المحليّون أن ندفع لتسريع الأمور. تحدثت إلى رجال أعمال آخرين في الجزيرة ممّن مرّوا بتجارب مماثلة. يبدو أنّ الرشوة كانت شائعة جدا في الجزيرة، ولم يكلف أحد عناء تمرير الأموال من تحت الطاولة. حصل بعض كبار الكتبة وصغار الكتبة على "منح" من الأشخاص الذين يحتاجون إلى مساعدتهم. حاولنا تجنُّب دفع مثل هذه "المنح"، ولكن لم يكن لدينا خيار في كثير من الأحيان. حتى أنّنا وظّفنا شخصين كانا على اتصال وثيق بعائلات الجزيرة المؤثّرة. في البداية، كانت لا غنى عنها لمساعدتنا على التغلب على الصعوبات البيروقراطية. لكن بمرور الوقت، تضاعفت العقبات مثل الفيروس، خاصة فيما يتعلق بالضرائب. في كل أسبوع، نجد أنفسنا نبحث في اللوائح الجمركية الجديدة أو الإلغاء المفاجئ للإعفاءات التي تلقيناها. نتيجة لذلك، بدأ عدد شبكات المقامرة العاملة في أنتيغوا في الانكماش. علمنا أنّ بعض الدول التي لديها قوانين تحظر المقامرة عبر الإنترنت كانت تغض الطرف وتسمح للمنظمات المرخّصة في أنتيغوا بالعمل في بلدانها. هربت العديد من الشركات التي دفعت رسوم الترخيص البالغة 100,000 دولار، تاركة وراءها عمليات هُلاميّة ولم تفِ أبدا بالمتطلبات الأخرى للجزيرة. بدأنا نفهم السبب. أصبحت الأمور لا تطاق من الناحية المالية، لذلك سافرت لمقابلة مسؤول حكومي كبير. استقبلني بابتسامة قلبية وسألني عن رأيي في أنتيغوا.

"حسنا، أنا أحب الشواطئ والناس" استهللتُ، "لكن الفساد المتزايد الذي واجهناه في الأشهر الأخيرة أصبح إشكاليا للغاية". شرعت في شرح الأشياء بمزيد من التفصيل. على الرغم من انتقاداتي، لم يتوقّف الرجل عن الابتسام.

"أعتقد أنّ الأمر ليس سيّئا كما تقول يا سيد شاكيد."

"حسنا " أصررت، "يجب أن تكون قد لاحظت أن العديد من شركات المقامرة عبر الإنترنت قد غادرت أنتيغوا، وعلى وجه التحديد

بسبب المشاكل التي واجهتها. أنا متأكّد من أنّك تفهم الأهمية الاقتصادية لمغادرتهم. كل شركة غادرت ذات مرّة وظّفت العديد من العمّال المحليّين الذين حصلوا على رواتب لائقة، واستخدموا هذه الرواتب لتغذية اقتصاد أنتيغوا. كل شركة غادرت ذات مرّة كان لديها موظّفون من الخارج جاءوا أيضا إلى الجزيرة وأنفقوا أموالا جيدة على المشتريات المحلية. ألا يزعجك أن تخسر كل هذه الإيرادات؟

لا يبدو أنه يرى المشكلة.

"تأتي الشركات وتذهب الشركات"، أجاب بشكل واقعي. "نحن لسنا قلقين."

لاحظت، بتواضع بقدر ما أستطيع إدارته، أنّه على حد علمي، لم تنشئ أيّة شركة قمار جديدة متجرا في أنتيغوا لبعض الوقت. هزّ كتفيه. أضفت أنه إذا لم يتحسّن الوضع، فستضطر شركتنا أيضا إلى التفكير في مواقع بديلة.

وقع تهديدي الضمني على الزميل الذي لا يرفرف كنسيم لطيف يمرّ في الغرفة.

"هل لي أن أقترح عليك أخذ إجازة لبضعة أيام يا سيد شاكيد؟ اسبح قليلا، واذهب للمشي لمسافات طويلة، وفكّر في كل شيء مرّة أخرى". بدت كلماته وديّة، لكن سلوكه بدا رافضا.

لم أكن بحاجة إلى مزيد من الوقت للتفكير. وقفت، وصافحت المسؤول، وعدت إلى المنزل حتى يتمكّن فريق 888 من البدء في النظر في خياراته ومعالجة بعض المشكلات الرئيسية الأخرى التي كنّا نواجهها.

32

رهونات

نظرا لأنّنا كنا نبدّد الأموال لتمويل بنيتنا التحتية ونموّنا ولم نتمكّن من العثور على مستثمر، كان علينا أن نكون مبدعين. لقد كنت مدينا بالفعل لبنكي بعدة ملايين من الدولارات ولم أستطع أن أتوقع قرضا آخر بشكل معقول. حاولنا رهن الشركة لبنوك أخرى مقابل قرض. قال أحد مديري البنوك إنه إذا فشلت أعمالنا، فسيكون من الصعب بيعها بسعر يغطّي القرض. لم يعد والدي على قيد الحياة ليقرضني المال أيضا. بعض ممتلكاته، مثل فندق Arches، كانت مرهونة بالفعل. اشتقت إلى والدي بشدّة. لقد كان دائما يقدم كتفا للاعتماد عليه وعمل كمستشار حكيم كلّما أصبحت الأمور صعبة. تساءلت كيف كان سينصحني بخصوص الوضع الحالي 888.com. لقد اصطدمنا بجدار من الطوب.

دعونا إلى اجتماع طارئ واقترحنا أن يأتي كل عضو في مجلس الإدارة بمبلغ 150,000 ألف دولار. عرضت على شاي، الذي كان لا يزال صغيرا، حصة أكبر في الشركة إذا كان بإمكانه أيضا تقديم بعض المال. اقترب شاي من الأقارب والأصدقاء والمعارف لكنه لم يحصل على الكثير من النيكل المسدود. بعد سنوات، عندما حقّقت الشركة نجاحا كبيرا، قرّرت بيع سيارتي. كان المشتري مقاول بناء، وقال إنّ شاي طلب منه قرضا مقابل أسهم الشركة. قال: "حتى يومنا هذا، وقعت بالندم بشكل واضح، أفقد النوم عندما أعتقد أنه كان بإمكاني أن أصبح مليونيرا لو أقرضته بعض المال".

في الوقت الحالي، كان الشيء الوحيد في جيوبنا هو النسالة. لم يكن لدينا أي فكرة عن كيفية دفع رواتب موظفينا أو صيانة معدّاتنا أو تشغيل موقعنا الإلكتروني العالمي. كان خوفي الأكبر هو أن تبدأ شيكاتي بأن تُردّ

. شعرت بالضّنك بسبب العيش في هذا الإذلال مرّة أخرى. بالطبع، لم أستطع إخفاء مزاجي عن داليا. سألتني ما الذي يزعجني، وبحت لها بكل التفاصيل القبيحة.

قالت: "مشكلتك هي أنّك تحب القفز فوق العقبات المرتفعة قليلا. انزلها عنها قليلا. قلّل من عدد العمّال، وقم بالحدّ من الموقع ، وأبطئ التقدّم".

"لكن الصغير لا يثير اهتمامي"، احتججت.

"إذن، ماذا تريد بالضبط؟ أن تكون الأكبر؟

"نعم بالضبط!"

أخبرتها أنّني قرأت مذكّرات دونالد ترامب، التي روى فيها قصة كل الحواجز التي واجهها في جهوده المبذولة لبناء أطول ناطحة سحاب في فينيكس، أريزونا. لم يكن سكّان فينيكس يعارضون مبنى ترامب في المدينة، لقد أرادوا فقط أن يكون أقل بكثير ممّا اقترحه. بعد معترَك طويل مع العديد من المعارضين، أعلن ترامب أنه سيسحب خطته. قال إنّه إذا لم يستطع بناء أطول مبنى في المدينة، فلن يكون مهتمّا. كان يترك تشييد المباني المنخفضة للأشخاص الذين ليس لديهم رؤية.

"فهمت"، تنهّدت داليا.

ضربت يدها. "أعلم أنّني لم أكن زوجا مثاليا في السنوات الأخيرة. لقد كنت أبذل معظم جهودي في العمل وأسعى جاهدا لتحقيق النجاح. أنا في منتصف أكبر مشروع في حياتي. بعد ذلك، سأعود إلى المنزل مرّة أخرى. أعدك بأنّني سأتقاعد بحلول الوقت الذي أبلغ فيه الخمسين من عمري".

ابتسمت لي بشك واضح.

كما لو أنّ مشاكلنا المالية لم تجعل العمل صعبا بما فيه الكفاية، استقال رئيسنا التنفيذي، عاموس إيال. كان هذا صعبا عليه لأنّه كان مخلصا جدا للشركة ولنا. لكنّه لم يتكيّف أبدا مع ثقافة الجزيرة. كان عاموس قائدا عسكريا من الرأس إلى أخمص القدمين، ومتحمّسا للنظام والانضباط. لم تكن هذه هي الأجواء في أنتيغوا. كما تقاعد يسرائيل روزنبرغ، المحامي الذي انضم إلى فريقنا مع عاموس، تاركا ابنه مسؤولا عن مزاولة المحاماة. وهكذا أصبح ياردن نجل روزنبرغ- وهو محام شاب من حيفا يبحث عن أوّل استراحة كبيرة له- رئيسنا التنفيذي الجديد.

واصلنا البحث عن المال لتشحيم عجلات com.888. واحدة تلو الأخرى، رفضت البنوك طلبات اعطائنا القروض. أتذكّر اجتماعا مع باروخ ليدرمان، الذي كان آنذاك مديرا إقليميا في بنك لئومي. شاركت

معه توقعاتي لأرباح 888 المستقبلية، وتحدّثت عن مئات الملايين من الدولارات، وطلبت قرضا ببضع مئات من الآلاف.

قال، "يبدو الأمر رائعا، لكنّه يعلم أنك لا تفي دائما بتوقعات عملك". كما ذكّرني بالفشل الذريع فيما يتعلّق بكتالوج الكمبيوتر Cory. "لقد خسرت المال على ذلك، أليس كذلك يا آفي؟"

اضطررت إلى الإيماء. بالطبع. لم يأت أي قرض من بنك لئومي.

في ذلك الوقت كنت أنا وأخي نعيش في منازل صغيرة في حي رمات بوليغ في الجانب الجنوبي من نتانيا. لم يكن لدينا خيار بأن ذهبنا إلى البنك وحصلنا على رهون عقارية على منازلنا مقابل 150,000 ألف دولار لكل منهما. الآن كان بحوزتنا ما مجموع 300,000 دولار من رأس المال الفاعل، وصلّينا أن يكون كافيا للوصول بنا إلى الربحية مع 888.com. قلنا لأنفسنا إنّنا لن نحتاج إلى قرض آخر. كان علينا أن نصدق هذا، لأنه لم يتبق أيّ شيء للرهن العقاري.

33

فريقان لكرة القدم

لقد استثمرنا بعض الأموال التي جمعناها من الرهون العقارية على منازلنا في تطوير برامج يمكن أن تزوّدنا بمعلومات شاملة عن عملائنا. باستخدام هذه التكنولوجيا المتطوّرة، سنعرف بالضبط أعدادهم، وأين يعيشون، وحالتهم الاجتماعية، ومقدار الأموال التي قامروا بها، وما هي الألعاب التي يفضّلونها. سنعرف أيضا كل فوزهم وخسائرهم، وكذلك إذا ما كانوا قد اشتكوا إلى فريق الدعم لدينا، وإذا كان الأمر كذلك، فما هي ردود فعل فريقنا. سمحت لنا هذه المعلومات بصياغة ملف تعريف عام لعملائنا العاديّين وبالتالي تقديم خدمة أفضل والإعلان بشكل أكثر فعالية للسوق المُعنى به. اكتشفنا أنّ العميل العادي كان ذكرا، أقلّ من أربعين عاما، متعلّما جامعيّا، ويكسب أكثر من 60,000 ألف دولار في السنة. كما إنّه استخدم الإنترنت للعديد من الأغراض الأخرى، مثل التسوّق وإدارة حساباته المصرفية والبقاء على اتصال مع العائلة والأصدقاء.

بالإضافة إلى فهم عملائنا المرجَوْن، كان كسب ثقتهم أمرا بالغ الأهمية. كانوا يراهنون على أموالهم التي حصلوا عليها بشق الأنفس على موقعنا على الإنترنت، وكانوا بحاجة إلى معرفة دون أدنى شك أنّ أموالهم آمنة وأننا سنفي بالتزاماتنا المالية تجاههم. لقد أصدرت تعليمات لفريقنا بالذهاب إلى أبعد الحدود لدعم عملائنا، وأن يكونوا استباقيّين عندما تسوء الأمور. بين الحين والآخر، حصل وأن كان النظام غير متصل بالإنترنت بسبب انقطاع التيار الكهربائي أو مشكلات فنيّة أخرى. عندما كان يحدث أي شيء من هذا القبيل، أبلغنا عملاءنا بسرعة أنه سيتم إلغاء رهاناتهم أثناء الاضطراب واسترداد أموالهم. لقد أردنا أيضا المبالغ المستردّة في العديد من الحالات الأخرى. ذات مرّة ادعى أحد العملاء

أن ابنه سرق بطاقته الائتمانية وراهن بآلاف الدولارات. لقد أعدنا إليه أمواله. ادّعى أحد الزوجين أنّ إدمان زوجته على القمار قد قضى على مدّخرات الأسرة، وأنّه سمح لها بالالتحاق بإعادة التأهيل. أعدنا بعض المال إلى العائلة. حظيت كل حالة باهتمام فرديّ. منذ تأسيس 888.com، قمنا بإرجاع ملايين الدولارات لعملائنا. لا أكون مبتذلا، لكنها أتت ثمارها في المردود!

في عام 1999، بعد ثلاث سنوات من بدء 888.com، بدأنا أخيرا» نجني الثمار، مع مئات الآلاف من المستخدمين في مائة وثمانين دولة. لقد جعلنا القرض البالغ 300,000 دولار من الرهون العقارية على منازلنا نتجاوز أزمتنا النقدية، وأصبحنا أكبر شركة مقامرة عبر الإنترنت في العالم. مع وضع النموّ والوصول إلى أسواق جديدة بالاعتبار، بدأنا برعاية الفرق الرياضية في أوروبا. افترضنا أنّنا سنكون قادرين على معرفة عدد العملاء الجدد الذين اشتركوا بعد أيّة مباراة واحدة، لذلك حدّد وكلاء الإعلانات لدينا فريقين من كرة القدم متوسّطي المستوى لديهما فرصة جيدة للتحسُّن. أحدهما كان ميدلسبره إف سي، المصنّف السابع في الدوري الإنجليزي الممتاز. والآخر كان إشبيلية إف سي، الذي احتل المرتبة الخامسة في الدوري الإسباني الأوّل في ذلك الوقت. أراد كلا مديري الفريق الحصول على ثروة من أجل الرعاية. بعد مفاوضات مكثّفة، وافق كلا الفريقين أخيرا على ما قدّمناه في الأصل - 1.5 مليون يورو وشرط طباعة قمصان اللاعبين عليها "888". أصررنا أيضا على أن تكون الملاعب ملصقة بإعلانات لموقعنا على الإنترنت. نشأت مشكلة عندما رفض أحد أفضل اللاعبين في الفريق الإسباني ارتداء قميصه لأنّه كان يعارض المقامرة. نجح مدير فريقه في إقناعه بالتراجع، وتم إنقاذ الرعاية. من وجهة نظرنا، تجاوزت استثمارات رعاية الفريق كل التوقّعات. أدت كل لعبة لعبها كل فريق من هذه الفرق إلى ولوج الآلاف من الاشتراكات الجديدة من العملاء. بحلول عام 2001، كانت ميزانيتنا الإعلانيّة عبر الإنترنت وحدها تقدَّر بـ 50 مليون دولار؛ ممّا يجعلنا أكبر معلن على الإنترنت في العالم.

مع وجود ملايين العملاء حول العالم، كان هناك إغراء لإنشاء مواقع إداريّة في كل بلد. في البداية، تخيّلت عددا كبيرا من المكاتب التي ستعمل بشكل مستقل. لكنّني أعدت النظر في هذه الفكرة بعد أن أمضيت عدة أشهر في العمل على وثيقة أطلقت عليها اسم "ميثاق 108"، والتي احتوت على 108 قواعد إداريّة لبدء موقع جديد لانطلاق عمله. كان هناك الكثير ممّا يجب مراعاته: تقديم الدعم الفني لعملائنا باللغة المحلية، وتحويلات

العملات، والقوانين الخاصة بكل بلد، وقضايا الضرائب، والاستقرار السياسي، والتكنولوجيا والاتّصال بالإنترنت، وما إلى ذلك (حتى المنافسة مع اليانصيب الوطنية ظهرت في بعض الأحيان). في النهاية، تمكنّا من إنشاء قواعد قانونية في كل بلد وضعناه نصب أعيننا. واخترنا فقط البلدان التي تعترف بها الأمم المتحدة. وبعد أشهر من الدراسة المتعمقة والمتأنية، قرّرنا أنّه لن يعيش أي موظف لـ 888.com في البلدان التي نعمل فيها، ولن يكون أيّ من العاملين على خدمتنا موجودا في تلك البلدان أيضا. سنجعل عمليّاتنا مركزية. والسّؤال الكبير الّذي كان مطروحا هو أين يكون المركز؟.

34

صنع الأعداء

بصفتنا أكبر موقع كازينو على الإنترنت، كنّا نسترعي الكثير من الاهتمام. بالطبع، الشعبية تخلق أعداء أيضا. بالتأكيد لم نكن موضع ترحيب في لاس فيغاس. كان أصحاب الملايين هناك قلقين من أنّ عدد الأشخاص الذين يأتون إلى عاصمة المقامرة الأمريكية سينخفض بمرور الوقت، وبالتالي يؤثّر هذا على الدخل. بدأ المطوّرون الذين أقاموا مبان فاخرة لإيجار المقامرين القادمين من جميع أنحاء العالم في وقت العطلات بالخوف من انخفاض المتقدّمين للمشاركة في الوقت المحدّد. بالنسبة لهم، كان 888.com ضاغطا على الرقبة. على الأقل كنّا لا نزال محميّين بموجب قانون الولايات المتحدة- حيث أكّد لنا محامونا ذلك عندما أطلقنا في عام 1996. فقط المراهنات الرياضية عبر الإنترنت كانت غير قانونية في أمريكا، ولم نقدّم أيّ شيء من هذا القبيل على موقعنا. لكن الأمور كانت تتغيّر في واشنطن العاصمة، ومع رهان أكثر من مليون أمريكي على 888.com في عام 2002، والّذين ساهموا بمبلغ 200 مليون دولار سنويّا في صافي أرباح شركتنا، كان هناك الكثير ما هو على المحكّ.

كان لوبي DC القوي يعمل على حظر جميع المقامرة عبر الإنترنت. كان أحد الشخصيات البارزة المناهضة للمقامرة وزير يدعى توم جراي، المدير التنفيذي للتحالف الوطني ضد المقامرة القانونية ومستشار أوّل لمنظمة تسمى Stop Predatory Gambling. وحذّر من أنّ الناس عرضة لخسارة مبالغ هائلة من المال بتسجيل الدخول إلى مواقع المقامرة في المنزل كل ليلة. دعمت المنظمات المسيحية القوية، التي تخشى أن تفسد المقامرة القيَم الأمريكية، اللوبي الجديد. بدأت الصحف المتداولة في المجتمعات المسيحية في نشر مقالات ضد المقامرة عبر الإنترنت. كتب

وزير من سانت لويس أنّ القيم العائلية يتم تقويضها. كذلك تمّ تكريس العديد من خطب كنيسة الأحد لشرور المقامرة عبر الإنترنت. مع نموّ إلصاق وصمة العار، فكّرت في التحديات التي نواجهها 888.com في إسرائيل. كان الدين والجماعات الدينية ولا تزال تشكّل قوى رائجة بشكل لا يصدق في كلا البلدين، وليس شيئا يمكن للمرء أن يجادل ضده بسهولة. لقد أدركت هذا التهديد الجديد في الولايات المتحدة على حقيقته. سرعان ما بدأنا نشعر بالضغط.

في عام 1999، بينما كانت 888.com تتمتّع بأول عام مربح لها، تمّ تقديم قانون حظر المقامرة عبر الإنترنت (IGPA) في الكونجرس الأمريكي؛ ممّا يهدد بحظر المقامرة عبر الإنترنت وإغلاق عملياتنا في أمريكا. كان الأمر مرعبا. عند الهجوم، كانت خطوتنا الأولى هي توظيف عضو جماعات الضغط القوية جاك أبراموف، وهو يهودي أرثوذكسي أكبر متمرّس في الحياة من واشنطن، والذي ترأس لوبي قبائل الأمريكيّين الأصليّين للسماح بالمقامرة على الأراضي القبلية لتعزيز اقتصاداتهم المحلية. كان أبراموف رائدهم، لذلك اعتقدنا فيه الرجل المناسب لحماية مصالحنا أيضا. سرعان ما كثّف الدفاع عن مصالحنا في وجعلها حالة تأهب قصوى، والتقى بالعشرات من أعضاء مجلس الشيوخ والممثّلين، وحارب بلا هوادة ضد IGPA. لكنّ هذه ستثبت أنّها واحدة من أطول وأصعب المعارك وأكثرها تكلفة في 888.com.

35

مرحبا جبل طارق

عندما تم تقديم قانون IGPA، كانت شركتنا تكسب ما يقارب 5 ملايين دولار من الإيرادات شهريا. كان هذا في ذروة ما أصبح يعرف باسم "فقّاعة الدوت كوم"، حيث تصدّر الشركات الجديدة أسهما في وول ستريت كل يوم. كان هناك عدد لا يحصى من الشركات الجديدة التي ظهرت عبر الإنترنت، لكن القليل جدا منها كان يحقّق أرباحا. عندما توجّهت أنا وشاي إلى مكاتب ميريل لينش في نيويورك في البرجين التوأمين لاستكشاف فكرة الاكتتاب العام الأولي (IPO)، كنّا سعيدَين بعدم الانجرار في هذه المشكلة. وصل شاي إلى الاجتماع مرتديا قميصا. كنت أنا أرتدي بدلة. قدّمنا عرضا يصف هيكل الشركة ويعرض أرباحنا عامّة وما هو عليه حتى الآن. اندهش الناس في ميريل لينش. سأل أحد الأشخاص الحاضرون، جيري ماندل، الذي سيتم تعيينه قريبا لرئاسة فريق ميريل في تل أبيب، "ما تعرضه هنا، هل هذا ربحك السنويّ؟"

قلت: "لا، هذا هو ربحنا الشهريّ".

بشغف واضح، حاولوا تسعير الشركة، ووصلوا إلى مبلغ بالمليارات. تجرّدنا من الشعور بالتربُّع على قمة العالم. كنا واثقين تماما من أنّ ميريل لينش ستدير الاكتتاب العام وتصدّر أسهمنا للجمهور، تماما كما كنّا نأمل. بقينا في نيويورك في انتظار قرار الشركة المالية. بعد يومين، اتصلوا ليقولوا إنّ الإدارة للأسف رفضت المشروع بسبب تضارب المصالح. اتّضح أنّ ميريل لينش كانت تمثّل بعض مالكي الكازينوهات في لاس فيغاس، وبالتالي لم تستطع استيعابنا كعميل.

عدنا إلى الوطن في إسرائيل بخيبة أمل، ولكنّنا ما زلنا فخورين بما أنجزناه حتى الآن. ومع ذلك، كلّفتني الرحلة بطريقة مختلفة. عدت

بحالة سيئة من الأنفلونزا. سقطت في سريري، هذيان من الحمى. أخبرني الطبيب أن أرتاح لمدة أسبوع على الأقل. ولكن بعد ذلك رنّ الهاتف. كان آرون يتّصل بي من لندن، وقال إنّه يجب أن يصل إلى هناك على الفور لأنه عقد اجتماعا مع الرئيس التنفيذي لشركة نومورا ، المجموعة المالية التي تتخذ طوكيو مقرّا لها، والذي تصادف وجوده في لندن لإقامة قصيرة وكان مهتمّا بإصدار أسهمنا.

وأضاف: "أحضر العرض التقديمي الذي قدمته لميريل لينش معك". لم يكن عليه أن يشرح. كانت نومورا واحدة من أكبر البنوك وأكثرها شهرة في العالم. إذا أراد رئيسها التنفيذي مقابلتنا، فسيكون من الحماقة تفويت الفرصة. ققزت مسرعا»

وسافرت إلى لندن، مريضا موعوكا وخرجت منه لدرجة أنّني نسيت إحضار معطفي. قبل الاجتماع مع الرئيس التنفيذي لشركة نومورا، اشتريت معطفا شتويا ثقيلا من أحد المتاجر، وجررت نفسي للحضور إلى الاجتماع. كنت ضعيفا ومرتجفا، على الرغم من الحرارة في الغرفة ، قدمت شركتنا. أعجب الرئيس التنفيذي لشركة نومورا بشكل مناسب. في نهاية الاجتماع، سال إذا ما كانت بياناتنا دقيقة، فسيكون من دواعي سرور البنك الذي يتعامل معه إصدار أسهمنا في بورصة لندن. وأضاف أنّه سيرسل محلّلا إلى إسرائيل للتحقق من البيانات التي عرضتها عليه.

عدت إلى المنزل وعدت إلى السرير. كان المحلّل هناك في اليوم التالي. جلسنا قبالة البيانات. لقد ذهل من أرباحنا، وأجرى محادثات هاتفية طويلة مع اليابان، وجعلنا جميعا نشعر بالأمل الشديد. ولمّا كنّا مستعدين ذهنيّا وعاطفيا، للاكتتاب العام من خلال اليابانيّين، أعلنت نومورا أنّنا، في رأيها، لم نكن مستعدين تماما للاكتتاب العام، على الرغم من أرباحنا الضخمة. للتحضير للاكتتاب العام الآيل إلى النّجاح، قال فريق نومورا، سنحتاج إلى نقل قاعدة عملياتنا من أنتيغوا إلى مكان أقرب إلى لندن وتعيين رئيس تنفيذي أكثر خبرة. كانت مغادرة أنتيغوا أولوية لفترة من الوقت. أمّا بالنسبة لاستبدال Yarden Rosenberg كرئيس تنفيذي بمموّل أكثر مهارة لديه سجل قويّ في إدارة الأعمال التجارية في لندن، فقد بدا هذا الطلب معقولا أيضا. أخبرناهم أنّنا سنبدأ في البحث عن موقع جديد ورئيس تنفيذي على الفور.

في البداية، فكّرنا في نقل قاعدة عملياتنا إلى جنيف. أرسلت ابني إيال، الذي أكمل مؤخرا دراسته في إدارة الأعمال، لتشغيل مكتب هناك. استأجر مساحة مكتبية وبدأ في إجراء مقابلات مع الموظفين المحتمَلين. وفي أنتيغوا، كانت الاستعدادات لنقل جميع المعدات إلى سويسرا تجري

على قدم وساق. ولكن بعد أقلّ من أسبوعين من وصول إيال إلى جنيف، طرق رجلان رفضا الكشف عن هويتهما باب المكتب. قالا أنّهما يمثّلان السلطات، وأمرا إيال بمغادرة المدينة فورا. قالا بشكل صارم: "لن نسمح تحت أي ظرف من الظروف بفتح شركة مقامرة هنا". أدرك إيال أنّه لا جدوى من الجدال وبدأ في حزم حقائبه.

عدنا إلى المربّع الأول.

ذهبت للتشاور مع محاميّ، الذي التقيت بالصدفة في مكتبه بمحام يهودي من جبل طارق. اقترح عليّ نقل عمليات شركتنا إلى هناك وأكّد لي أنّه في جبل طارق، سنحصل بسهولة على ترخيص لتشغيل قاعدة المقامرة الخاصة بنا. ومن المثير للاهتمام، أنّ ميثاق 108 الخاص بي سيعود إلى اللعب أثناء تقييمنا للمواقع. لقد استخدمت قواعدي الـ 108 لبدء قاعدة جديدة من العمليات لتقييم جبل طارق- وقد استوفت المعايير. لذلك، في عام 2002، نقلنا مقرّ 888.com إلى جبل طارق، على طرف شبه الجزيرة الأيبيرية، عند مدخل البحر الأبيض المتوسط. ستعمل جميع الفرق التي حافظت على الاتصالات مع عملائنا في جميع أنحاء العالم من هناك- بغض النظر عمّا إذا كانوا متحدّثين باللغة اليابانية يعملون مع عملائنا في اليابان أو متحدثين باللغة الهندية يعملون مع عملائنا في الهند. بالإضافة إلى ذلك، سيتم تسجيل العملاء وجميع أنشطة المراهنة عبر خوادم الكمبيوتر في جبل طارق.

تركنا بضع عشرات من الموظفين الناطقين باللغة الإنجليزية في أنتيغوا، ولكن تم نقل الجميع وكل شيء آخر إلى "الصخرة"، كما كان يطلق عليها. جبل طارق، إقليم بريطاني فيما وراء البحار يتمتّع بحكم ذاتي كامل في كل شيء باستثناء الدفاع والسياسة الخارجية، ولا يشغل أكثر من ستة كيلومترات مربّعة، ويبلغ عدد سكّانه أقل من أربعين ألف نسمة. إنّ الحفاظ على مكاتب ومركز كمبيوتر في جبل طارق سيكلّفنا أكثر بكثير ممّا دفعناه في أنتيغوا، لكنّنا واصلنا التمسُّك بأكبر ميزة لـ Rock: كانت أرضا بريطانية، وأيّة شركة تعمل هناك يمكنها إصدار أسهم في بورصة لندن، وهو ما يناسبنا تماما.

36

الكعك السّاخن

بعد قرارنا الكبير بشأن مقرها الجديد، بدأنا في البحث عن نوع الرئيس التنفيذي الذي كان يفكّر فيه البنك المصدّر لنا. ظهر جون أندرسون، الاسكتلندي المثير للاهتمام للغاية، على رادارنا. ولد جون من أجل العمل. عندما كان في الثانية عشرة من عمره فقط، بدأ في بيع الكعك الساخن كل صباح عند الفجر للعمّال في المصنع الواقع بالقرب من منزله في قرية نائية. بدلا من الذهاب إلى الكليّة، غنّى وعزف على الجيتار في فرقة موسيقى الروك. لكن بلا شك، تكمن أكبر موهبته في الأرقام. كان قادرا على إجراء حسابات معقّدة بسرعة ودقّة في ذهنه، وحصل على وظيفة محاسب جيد الأجر في شركة كبيرة. أصبح في النهاية نائب رئيس مجموعة هيلتون الدولية، وبنى فنادق في جميع أنحاء العالم، وأدار شركة هيلتون التابعة التي تركّز على المقامرة. بعد ذلك، أدار الشركة العقارية التي قامت ببناء فندق لندن تروكاديرو وفندقين آخرين معروفين. كان معروفا في دوائر الأعمال في لندن كمدير متميّز. عندما التقينا، كان في الثانية والخمسين من عمره، بشعر بنّيّ ويضع نظّارات مستديرة. لجعل الأمور أكثر إثارة للاهتمام، كان متزوّجا من إسرائيليّة وعاش في البلاد لفترات طويلة من الزمن. بدا مناسبا تماما للعمل في 888.com. لقد شعرنا بسعادة غامرة عندما وافق على مساعدتنا ونحن في خضمّ الاكتتاب العام الأوّليّ في بورصة لندن.

عندما جاء للعمل معنا، لم يكن أندرسون يعرف شيئا عن الإنترنت- حتى كمدير تنفيذي متمرّس. تذكّر أنّ هذا كان في عام 2000، عندما كان الإنترنت لا يزال صغيرا. كان أوّل أمر عاجل للعمل هو تعليمه كل شيء من الألف إلى الياء. لقد كانت أيضا فرصة ممتازة لإشراك ابني إيال بشكل

أكبر في العمل. كان يعرف النظام جيّدا وكان قادرا على تعليم أندرسون كل ما يحتاج إلى معرفته. طلبت من إيال أن يكون المساعد الشخصي لأندرسون، وانتهى به الأمر بملازمة أندرسون ليلا ونهارا، وأظهر له جميع مكوّنات نظام 888.com.

عندما انتقل جون أندرسون إلى جبل طارق، طلب منّي إرسال إيال للعمل كرجل ثانٍ له. كنت فخورا جدا بحقيقة أنّ أندرسون قد طوّر مثل هذه الثقة في ابني، ونفسه إيال كان غارقا بعض الشيء في الفكرة. قال إنّني كنت أرميه في الماء ليغرق أو يسبح في وظيفة كانت كبيرة جدا بالنسبة له. أخبرني أنّه لا يزال شابا وغضّا، وأنّه ربما يرتكب الكثير من الأخطاء. ما زلت أعتقد أنّه الرجل المناسب لمساعدة أندرسون. لم يكن إيال أقلّ طموحا منّي- حتى في سن الرابعة والعشرين- وكان متفانيا ومتحمسا. لم أستطع التفكير في شخص أفضل ليكون نائب رئيس جون. لكن الحياة في جبل طارق لم تكن جنة- لا للعائلات العازبة ولا الشابة. بخلاف العمل، لم يكن هناك الكثير للقيام به. كان جميع السكّان محشورين معا في مساحة صغيرة حيث عانوا من الازدحامات المرورية اليومية الخانقة الغريبة، ونقص المياه الصالحة للشرب. لم يكن الأمر جذّابا بشكل علني، لكن الجوانب القانونية تتماشى مع أجندتنا بطريقة لا يمكننا تجاهلها ببساطة. بالإضافة إلى ذلك، كانت المدن الكبرى في أوروبا بعيدة، وكان الترفيه محدودا. عندما وصل إيال إلى الصخرة-وهو يفتقر إلى الثقة، ومرتبك، وقلقا حيال ما كان ينتظره- كان أندرسون هناك لمقابلته.

"كيف تشعر؟" سأل جون.

"لست متأكدا حتى من أنّه كان عليّ أن آتي" ، أجاب إيال بصدق.

قال أندرسون مبتسما: "مرحبا، لقد حصلت على ترقية". "ليس لديك خيار الآن. سيتعيّن عليك العمل بجد لتبرير توقّعات والدك".

بالإضافة إلى تحديات هذه الخطوة، لم نتمكّن من العثور على أيّ مبنى مكاتب في جبل طارق مناسب لاغراضنا. لا يمكن لأيّ من المباني الحالية أن تستوعب مولّداتنا الكبيرة دون تهديم أرضية المدخل. لقد حدّدنا أخيرا مطوّرا كان يستعيد بعض الأراضي في الخليج لبناء مبنى جديد. أقنعناه بالسماح لنا بوضع مولّداتنا على أسس بنائه المستقبلي وإقامة المبنى فوق المولّدات. لحسن الحظ، وافق. على غرار أنتيغوا، كان لدى جبل طارق أيضا قطاع خدمات كان بطيئا في الاستجابة. إذا تعطل مكيّف الهواء، فسيكتشف المرء أنّ الشركة قد أفلست، وأنّه كان من الضروري نقل الفنيّين من لندن. كان علينا الانتظار شهورا حتى يتم تسليم المعدّات الإلكترونية. أخذ البساط الذي طلبناه للمكتب أسابيع قبل العثور على

المحترفين الذين يجيدون كيفية وضعه. لقد طلبنا أكوابنا التي تستخدم لمرّة واحدة من إسرائيل لأنّ التاجر في جبل طارق لم يكن لديه أيّ فكرة عن موعد وصولها من إنجلترا.

ولكن بقدر كبير من الصبر والتفاؤل الذي لا يتزعزع، بدأنا العمل من قاعدتنا الجديدة في جبل طارق. تمّت إضافة حوالي ثلاثمائة موظف يتحدّثون العديد من اللغات- السويدية، والروسية، التركية والصينية. كان العديد منهم من الشباب الإسرائيليّين، الذين كانوا يأملون بالإضافة إلى الرواتب والامتيازات الجيّدة، أن يتمكّنوا من السفر مباشرة من وإلى جبل طارق؛ ممّا يجعل الزيارات إلى الوطن ممكنة على فترات معقولة. غير أنّ مطار جبل طارق الذي تم بناؤه على الماء، لم يكُن نشطا معظم العام بسبب الرياح العاتية في المنطقة. في غياب الرحلات الجوية المباشرة، استغرق الطيران إلى جبل طارق من إسرائيل وقتا طويلا مثل الطيران من جبل طارق إلى نيويورك. كان على الجميع فقط تحقيق أقصى استفادة من الأشياء على الصخرة.

37

اتّفاق جنيف

لقد مرّ خمسة عشر عاما منذ أن تركتُ IAI وحضرت منتدى ماشوف لحزب العمّال، الذي بدأه صديقي العزيز، ناشط السلام يوسي بيلين. كما ذكرت سابقا، دعا المنتدى إلى إجراء مفاوضات مباشرة بين الإسرائيليّين والفلسطينيّين بهدف إقامة دولة فلسطينية. كنت أقدّر منتدى ماشوف، ولكن عندما تركت السياسة دون الحصول على مقعد في الكنيست، قلت لنفسي إنّ الحياة كسياسي ليست لي. كان الأمر معقدا للغاية ومحبطا. لكن كان هناك موضوع سياسي واحد لا يزال محفورا في ذهني- السلام. كجندي شاب، خلال حرب يوم الغفران في عام 1973، شاهدت الثمن المروّع للحرب المستمرة بين اليهود والعرب. كنت أرغب بشدة في أن أكون جزءا من الحركة لوضع حد للعنف الذي لا معنى له. ثم في عام 2000، استضاف رئيس الولايات المتحدة، بيل كلينتون، قمّة كامب ديفيد وجمع رئيس السلطة الفلسطينية ياسر عرفات ورئيس الوزراء الإسرائيلي إيهود باراك لإجراء مفاوضات سلام. كان الجميع متفائلين، لكن القمة انتهت في 25 يوليو 2000 دون اتفاق. بالنسبة لي، كانت مجرّد فرصة ضائعة أخرى لتأمين السلام. بدأت حكومة رئيس الوزراء باراك في الانهيار بعد فشل كامب ديفيد، واتصل بي صديقي العزيز يوسي، الذي كان يشغل آنذاك منصب وزير العدل في عهد باراك، ليقول لي إنّه يعلم أنّ أيامه في الحكومة باتت معدودة.

"لن أحصل على وظيفة قريبا يا آفي. هل يمكنك أن تقدّم لي شيئا؟"

ابتسمت "نعم". "لديّ فكرة."

سألت صديقي عمّا إذا كان سيحضر مفاوضات السلام الإسرائيليّة الفلسطينيّة في طابا في مصر، والتي كانت مهدّدة بانهيار حكومة باراك.

أردت إبقاء المحادثات مفتوحة. على الرغم من أنّ العمل في com.888 كان متواصلا بشكل لا يصدق، إلّا أنّ اهتمامي بالسياسة قد استيقظ- ولكن فقط لغرض وحيد وهو تأمين السلام. بالنسبة لي، لم تقترب أي قضية أخرى من حيث الأهمية. بهدف كسر الجمود في محادثات السلام الرسمية بين الحكومات، طلبت من يوسي إنشاء منظّمة غير حكومية ومساعدتي في إطلاق ما أصبح يعرف باسم مبادرة جنيف. على مدى ما يقارب ثلاث سنوات، من عام 2000 إلى عام 2003، عملت مجموعة من حوالي خمسين مثقفا وأكاديميا وسياسيا إسرائيليّا وفلسطينيّا معا سرا تحت رعاية وزارة الخارجية الفيدرالية السويسرية. قدم السويسريّون ببعض التمويل لهذا الجهد، وتبرّعت شخصيا بأكثر من 5 ملايين دولار. سيكون هذا جهدا خاصا هو الأوّل من نوعه لإنتاج وثيقة غير حكومية شاملة من شأنها أن تعالج جميع القضايا الرئيسية التي تعيق السلام بين إسرائيل وفلسطين. في البداية، اعتقد الناس أنها كانت حيلة دعائية، ولكن سرعان ما أخذ بعض أهمّ القادة على هذا الكوكب عملنا على محمل الجد.

وعلى الرغم من نقل مقرّ com.888 إلى جبل طارق، كان لدينا عدد من المكاتب التابعة، ولذلك عقدت اجتماعات المنظمات غير الحكومية في مكاتب الشركة في مسقط رأسي نتانيا. وعلى الجانب الفلسطيني، كان ياسر عبد ربه، وهو أيضا ناشط في مجال السلام، مفاوضا لياسر عرفات، رئيس منظمة التحرير الفلسطينية ورئيس السلطة الوطنية الفلسطينية. كنت رجل الأعمال الوحيد في فريق التفاوض، وكنت دائما أضغط من أجل مزيد من التحرُّك إلى الأمام. عمل الجميع بجدّ. كانوا جميعا ملتزمين للغاية. لكن في كثير من الأحيان، تعثّرت المناقشات أو وصلت إلى طريق مسدود. ودعوت باستمرار كلا الجانبين إلى تقديم تنازلات صعبة في سبيل التقدُّم والسلام. هذه هي الطريقة التي تجري بها المفاوضات في الأعمال التجارية، وشعرت أنّ هناك حاجة إلى نفس النهج هنا. لكنني كنت أدرك تماما أنّ جميع المعنيّين كانوا يخاطرون بحياتهم للمشاركة. الانتفاضة الثانية، كانت انتفاضة فلسطينية ضد الاحتلال الإسرائيلي وتخلّلتها فترة من العنف المتصاعد، بدأت في سبتمبر 2000، أثناء انهيار حكومة باراك، كما يقول الكثيرون بسبب فشل اتفاقيات كامب ديفيد. وفي خضمّ هذا الصراع، واجه مفاوضو مبادرة جنيف أيضا مقاومة قوية. وسيتمّ منع المندوبين الفلسطينيّين من العبور إلى إسرائيل لحضور الاجتماعات، كما وتعرّضوا للترهيب في المنزل. كانت هناك محاولات تفجير انتحاري وتهديدات متطرفة وهجمات إرهابية. في بعض الأحيان، تصاعد العنف. كان أحد هذه الأيام المرعبة هو 27 مارس 2002. عشية عيد الفصح

اليهودي، قاد فلسطيني يبلغ من العمر خمسة وعشرين عاما يدعى عبد الباسط عودة سيّارته من الضفة الغربية ودخل فندق بارك الساحر المطل على المحيط في نتانيا حاملا حقيبة متنكرا في زي امرأة. كانت الساعة حوالي 7:30 مساء، وتوجّه مباشرة إلى غرفة الطعام في الفندق، حيث كان حوالي مائتان وخمسون شخصا يستمتعون بعشاء سيدر تقليدي معا. وضع حقيبته جانبا وفجّر القنبلة التي تزن عشرة كيلوغرامات من الداخل. أسفر الانفجار عن مقتل ثلاثين مدنيّا وإصابة حوالي مائة وأربعين آخرين، العديد منهم إصاباتهم كانت خطيرة. أصبح هذا الهجوم معروفا باسم مذبحة عيد الفصح. عندما أصبح أرييل شارون رئيسا للوزراء الإسرائيلي في 6 فبراير 2006، اتّخذ نهجا متشددا للغاية تجاه الفلسطينيّين، حيث قام ببناء ما سيطلق عليه جدار الضفة الغربية الإسرائيلي.

أعلنت حماس على الفور مسؤوليتها عن مذبحة عيد الفصح، وقال المتحدّث باسم حماس للعالم إنّ الهجوم كان يهدف إلى إرسال رسالة مفادها أن الفلسطينيّين سيقاتلون من أجل حريتهم ضد "حكومة إرهابية في إسرائيل بقيادة شارون". وطُلب من الإسرائيليّين أن يتوقعوا المزيد من الهجمات والمزيد من المهاجمات من قِبَل الجماعات الفلسطينية. وأدان مسؤولو السلطة الفلسطينية بشدّة الهجوم، وأمر الرئيس الفلسطيني ياسر عرفات شخصيا باعتقال المسلّحين المرتبطين بحماس والجهاد الإسلامي وكتائب شهداء الأقصى ردّا على ذلك. وخلال بث تلفزيوني على شاشة التلفزيون الفلسطيني، أشاد عرفات بالشعب الفلسطيني لمقاومته لإسرائيل، لكنه شدّد: "نحن ضد قتل المدنيّين من كلا الجانبين". وهذا العنف، وهو قريب جدا من المكان الذي كنا نجتمع فيه للمفاوضات، لم يكن مزعجا فحسب، بل أعاق تقدّمنا. بالطبع كان هذا هو هدف هؤلاء المتطرّفين الذين فضّلوا الحرب ونهج كل شيء على الحوار والتسوية والتقدم. وواجهت وفودنا نكسات كثيرة من هذا القبيل، ولكننا لن نردع. بخطوتَين إلى الأمام وخطوة واحدة إلى الوراء، تقدّمنا. وكان تجاهل الإرهابيّين للحياة البشرية أحد الأسباب الرئيسية التي جعلتنا بحاجة إلى سلام دائم. أردنا أن يتمكّن الناس العاديّون في إسرائيل وغزة والضفة الغربية من عيش حياة طبيعية دون الخوف الدائم من التفجير.

في أوائل عام 2003، تمّ إحضار أليكسيس كيلر، أستاذ العلوم السياسية وزميل في مركز كار لسياسة حقوق الإنسان في كلية كينيدي للإدارة الحكومية في جامعة هارفارد، للمساعدة في المفاوضات التي كانت تطول وتطول. طلب يوسي من كيلر أن يساعد الوفد الإسرائيلي، بينما سيعمل هو مع الفلسطينيّين. أصبح كيلر أحد العناصر التي لا غنى

عنها. ولكن بحلول سبتمبر 2003، وبعد أكثر من عامين ونصف من المفاوضات المرهقة، وصلت الأمور إلى رأس المال. دخل يوسي إلى مكتبي بعد يوم طويل وقال: "آفي، علينا أن نذهب إلى طوكيو لحضور الاجتماع التالي. ستموّل الحكومة اليابانية الرّحلة".

جاءت دعوة طوكيو من وزير الزراعة الياباني، يوشيوكي كامي، الذي كان يحضر أربعة إسرائيليين وأربعة فلسطينيّين من وفدنا، إلى جانب عدد من ممثلي مختلف المنظمات غير الحكومية اليابانية التي كانت تزوّد الأطباء والمعلمين والموارد الأخرى لمساعدة الشعب الفلسطيني. كما تعهّدت الحكومة اليابانية بإرسال 70 مليون دولار كمساعدات للفلسطينيّين، ممّا جعلها رحلة مهمة بالنسبة لهم. بالنسبة لي، كان كل هذا بمثابة نافذة على مفاوضات بدت وكأنّها لا تنتهي أبدا. كنت مرهقا، ليس فقط من المفاوضات ولكن من كل شيء كنت أتلاعب به com.888- ولم أكن أرى النتائج التي أريدها من المنظمة غير الحكومية.

"يوسي، كفى!" قطعت. "لن أذهب إلى طوكيو. تحتاج إلى نقل هذا إلى اتفاقية موقّعة الآن أو سأسحب دعمي المالي. هذا يستغرق وقتا طويلا".

يوسي هو واحد من أفضل الرجال الذين قابلتهم على الإطلاق. في كل السنوات التي عرفته فيها، لم يرفع صوته مرّة واحدة. وقد أطلق عليه لقب أحد أكثر الفاعلين مهارة وراء الكواليس في السياسة الإسرائيلية. أنا أتفق مع هذا الوصف. لكنّني لست متأكدا من أنّه سيبقى على قيد الحياة يوما في عالم الشركات القاسي والمتعثّر. كنت بحاجة إليه للتقوية والضغط بقوة أكبر، كما يفعل قائد الأعمال.

كما كانت طريقته، ظلّ صديقي هادئا. "آفي، أنت تقول دائما إنك تريد نتائج منّا، لكنك لا تأتي أبدا إلى أحداث تفاوض السلام المهمّة لدعمنا".

حزمت حقائبي وتوجّهت إلى طوكيو مع يوسي وبقية الوفد، على الرغم من أنّني كنت على وشك التوقّف عن الجهد بأكمله. مباشرة من البوابة، أصبحت المفاوضات ساخنة. كانت نقاط الخلاف الأخيرة التي تقف في طريق التوصل إلى اتفاق نهائي هي الأصعب بالطبع- ولم يتزحزح أحد. كان الضغط يتصاعد، وكان اليابانيّون يتوقّعون منا أن نختتم نهايات فضفاضة قبل حفلهم الكبير في الساعة 4:00 مساء في اليوم الثاني من التجمُّع. كان الوقت ينفد، ولم تكن الأمور تفاؤليّة.

بعد ساعتين أخريين، دعا يوسي إلى استراحة. خارج قاعة المؤتمرات، مشيت إلى الوفد الياباني وقلت له: "انظروا، إذا لم يكن الفلسطينيّون مستعدين للتوقيع، فلن نوقّع أيضا. وإذا لم نوقّع قبل الحفل،

فأنا أغادر اليابان".

أصيب يوسي بالرعب من التبادل وسحبني جانبا. "آفي، هل تقول إنك لن تحضر الحفل في الساعة 4:00 مساء، وهو الحفل الذي سيحضره وزير الخارجية الياباني والمديران التنفيذيان لشركتي سوني وشارب؟ هل أنت حقا على استعداد لتقويض كل شيء من خلال الخروج وعدم الظهور؟

بدأت في الصراخ على يوسي لتوقيع الاتفاقية اللعينة، وبعد ذلك لن أضطر إلى المغادرة.

"كما تعلم، آفي ، أنت تصرخ في وجهي دائما"، قال يوسي بهدوء وحزن. "عليك أن تبدأ بالصراخ على الفلسطينيّين". ذهب يوسي للتحدث مع ياسر عبد ربه من الجانب الفلسطيني، والتزموا معا بإنهاء كل شيء بعد الحفل مباشرة. وعدني يوسي بأن القضايا العالقة ستحلّ في تلك الليلة، وأنّ الاتفاق سيقبل من جميع الأطراف. كنت أثق في يوسي كأخ، لذلك بقيت في الحفل وانتظرت الأخبار السّارّة.

في منتصف الليل، كنّا لا نزال ننتظر. كنت جالسا مع زوجة يوسي، دانييلا، وشخصين آخرين من الوفد في بهو الفندق. كنّا جميعا متعبين لكنّنا قرّرنا البقاء مستيقظين على أمل تلقّي أخبار سارة. طلب أحدهم من دانييلا أن تذهب للاطمئنان على زوجها ومعرفة مكان كل شيء. بعد بضع دقائق، عادت وقالت: "حان الوقت لفتح وتفوير الشمبانيا! لقد توصّلوا إلى اتفاق!" هتفنا جميعا وذهبنا إلى الحانة للاحتفال. كان أمامنا اجتماعان آخران، كانا ضروريّين لإضفاء الطابع الرسمي على الاتفاق، لكننا كنا نعلم أنّ اتفاق جنيف سيتم التوقيع عليه أخيرا.

وبطبيعة الحال، بدأ الوفدان على الفور في الشكوى من أنهما هما الطرف الوحيد الذي قدم تضحيات كبيرة باسم السلام. إلى حد ما، كان هذا النوع من المواقف متوقّعا. على سبيل المثال، على الرغم من أنه لم يكن جزءا من المفاوضات، أوضح رئيس الوزراء شارون أنّه لا يريد التخلّي عن الضفة الغربية وغزّة لإقامة دولة فلسطينية مستقلة. وعلى الجانب الفلسطيني، توصل ياسر عبد ربه، بإذن من عرفات، إلى تسوية بشأن الوضع النهائي للاجئين الفلسطينيّين، بما في ذلك التخلي عن الإعادة إلى الوطن والتعويض عن الممتلكات المصادرة. كلاهما كان تنازلات كبيرة. على الرغم من التلاعب، كان الجميع مستعدّين أخيرا للتوقيع على ما اعتبر أوّل مبادرة لاقتراح خارطة طريق واضحة لحل الصراع في الشرق الأوسط. في ذلك الوقت، أسرّ لي يوسي أنه لم يكن بإمكاننا إنهاء الاتفاقية بدون مساعدة كيلر خلال العام الماضي.

157

كنا جميعا نركض على الأدرينالين عندما سافرنا إلى الاجتماع التالي في منتصف أكتوبر في فندق موفنبيك على الجانب الأردني من البحر الميت لحضور اجتماع لمدة ثلاثة أيام لوضع نقاط j للاتفاق وعبور t، كما يقولون. أرسلت سويسرا رئيسها لقوات الدفاع للمساعدة، وأرسل رئيس الولايات المتحدة، جورج دبليو بوش، سفيرا. وبعد كل هذه السنوات، ما زلت أتذكر التفاؤل المعدي لتلك الاجتماعات. كانت هناك لحظة معيّنة محفورة في ذهني. وبينما كنّا نعمل على نقطة الخلاف الأخيرة، طلب ياسر عبد ربه إجراء مكالمة مهمة. كنا نعلم جميعا أنّه كان يتصل بعرفات للحصول على مباركته للتوقيع على الاتفاق. انتظرنا معا بتوتر عودة عبد ربه. بدا الأمر وكأنه ساعات. أخيرا، عاد إلى غرفة الاجتماعات حيث اجتمعنا جميعا وأخبرنا أنه مستعد للتوقيع. هذا يعني أنّ عرفات قال نعم للاتفاق. هبّ مَن في الغرفة للاحتفال. بدأ الجميع- فلسطينيّون وإسرائيليّون- بالصراخ والعناق والقفز صعودا وهبوطا. كان الناس يبكون بدموع الابتهاج. لقد كانت لحظة لا تنسى لن أنساها أبدا. قال أليكسيس كيلر ذلك جيدا عندما وصف مزاج وفدنا لاحقا لـ SWI swissinfo.ch، "كان هناك جوّ من الاحترام المتبادل والاعتراف بين الطرفين؛ ممّا أدى إلى فرح حقيقي وشعور بأنّنا صنعنا التاريخ".

كنّا نعلم أنه سيكون هناك حدث توقيع رسمي في جنيف، سويسرا، للكشف عن إنجازنا للعالم. كان من المقرّر عقده في 1 ديسمبر 2003. لكن بينما كنا نحتفل في الأردن، كنّا قلقين من أنّ شيئا ما قد يتغير في هذه الأثناء. ماذا لو غيّر شخص ما رأيه قبل التوقيع الرسمي؟ كنّا جميعا نعلم مدى هشاشة اتفاقات السلام. لقد رأينا الأشياء تنهار من قبلُ. لذلك أصررنا على التوقيع على الوثائق في الأردن. وستكون جنيف مجرّد إجراء شكلي. وقّعنا على ثلاث نسخ من الاتفاق واتفقنا على العودة إلى سويسرا مع رئيس FDFA، الذي سيضع الوثائق في خزنة حتى الكشف الرسمي عنها. اتفقنا أيضا على ألّا يتحدّث أحد عن عملنا أو الاتفاق قبل حدث 1 ديسمبر. ولكن في أقلّ من ساعة، عندما عبرنا جسر اللنبي فوق نهر الأردن عائدين إلى إسرائيل، كان هناك بالفعل صحفيّون ومصوّرون ينتظروننا. تم تسريب الأخبار، وبدأ العالم بالردّ. على الرغم من وجود الكثير من الرفض من قِبَل الحكومة الإسرائيلية، كان من الواضح على الفور أنّ اتفاق جنيف كان يحظى بشعبية لدى الناس العاديّين. وقال تقرير لوكالة أسوشيتد برس نُشر في 24 نوفمبر/تشرين الثاني 2003، التقطته صحيفة هآرتس في إسرائيل: "أكثر من نصف الإسرائيليّين والفلسطينيّين يؤيّدون اقتراح سلام غير رسمي يتضمّن تنازلات غير مسبوقة لكلا

الجانبين".

في 1 كانون الأول/ديسمبر 2003، كان جميع الموقّعين الفلسطينيّين والإسرائيليّين في جنيف لحضور الحفل الرسمي لاتفاق جنيف. كان هناك العديد من الحائزين على جائزة نوبل للسّلام، بما في ذلك الرئيس الأمريكي السابق جيمي كارتر، الذي مات في نهاية عام 2024، دون أن يرى حلمه بالسّلام في الشرق الأوسط يؤتي ثماره. تم تأييد الاتفاقية من قبل البرلمان الأوروبي وأشاد بها العديد من القادة البارزين، بما في ذلك رئيس الوزراء البريطاني توني بلير، ورئيس فرنسا جاك شيراك، والرئيس الأمريكي السابق بيل كلينتون، ورئيس جنوب إفريقيا السابق نيلسون مانديلا، والرئيس السوفيتي السابق ميخائيل جورباتشوف. في ذلك الوقت، كانت تسمّى الوثيقة الأكثر تأثيرا التي اتفق عليها شخصيات فلسطينية وإسرائيلية رئيسية. كنّا جميعا كأنّنا نسير على الهواء. في المجموع، سيكون اثنان وثلاثون منّا كموقّعين أوليّين على الاتفاق، أي ستة عشر فلسطينيّا وستة عشر إسرائيليّا، وكنت أنا واحدا منهم. عندما وقّع كلّ شخص، التقطت صورة للأجيال القادمة. من الجانب الإسرائيلي، وقّعت مع شاؤول أريبلي، آري أرنون، يوسي بيلين، شلومو بروم، أبراهام بورغ، جيورا عنبار، ديفيد كيمش، مناحيم كلاين، دانيال ليفي، عمرام مزنا، حاييم أورون، عاموس عوز، رون بونداك، نحاما رونين، ودرور ستيرنشوس. ومن الجانب الفلسطيني، كان الموقّعون على المذكّرة هشام عبد الرازق، وياسر عبد ربّه، وليانا عبد ربّه، وقيس الأسد، وسميح العابد، وقدورة فارس، ومحمد الحوراني، وكامل الحسيني، وعبد الخضر الحسيني، وإبراهيم خريشي، وباسل جابر، وراضي جراعي، ومروان جلياني، ونظمي الجعبة، وبشّار جمعة، ونبيل قسّيس.

عندما عدت إلى إسرائيل، كان لديّ ملصق مصمم بصور الجميع. أرسلت نسخة من الملصق إلى كل موقع حتى يتمكّنوا من تأطيره وتعليقه على الحائط في منازلهم، وتذكّر كل العمل الشاق الذي قمنا به معا. كان لدي أيضا نسخة ورقيّة من اتفاق جنيف بأكمله تم إرسالها إلى كل شخص في إسرائيل- كان عدد السكّان 6.69 مليون شخص في ذلك الوقت. مع إدراك المزيد والمزيد من الناس لحلول الاتفاق، بما في ذلك حلّ الدولتين مع وجود فلسطين مستقلة إلى جانب إسرائيل، نمت شعبيته. هذا لم يجعل القوى الموجودة في إسرائيل سعيدة.

كنّا جميعا نعتقد أنّنا حققنا شيئا مهمّا. وكما قال عاموس عوز، الكاتب المشهور دوليّا وأحد الموقّعين الإسرائيليّين على الاتفاق، في ذلك الوقت: "لقد قمنا بعمل السلام الشاقّ". وإزاء نقاط المناقشة، كما كتب، أصبحت

الحلول قائمة. والواقع أنّ الاتفاق تناول وحدّد حلّا لكل عقبة أمام السلام. على مدى ما يقرب من ثلاث سنوات، تفاوضنا على كل نقطة خلاف بين إسرائيل وفلسطين. لقد جادلنا وناشدنا وتفاوضنا ماضين في طريقنا مجتازين أصعب القضايا، وتوصّلنا بأعجوبة إلى حل وسط بشأن كل نقطة- والتزمنا بتوقيعنا على وثيقة نهائية، اتفاق جنيف. لم يتحقّق هذا من قبلُ، وكنّا جميعا نأمل ونصلّي أن يصبح هذا الاتفاق- وثيقة الحلول التي وقعناها جميعا في جنيف- أداة لحكوماتنا للجلوس أخيرا والتوقيع على اتفاقية سلام رسميّة مع حلّ الدولتين. كان بإمكاننا جميعا رؤية النور في نهاية نفق طويل مظلم من العنف واليأس، وكان إحساسنا بالأمل واضحا.

لكن بهجتنا لم تدُم طويلا.

وندّد رئيس الوزراء الإسرائيليّ، أرييل شارون ، على الفور بالاتفاق وأدان قرار وزير الخارجية الأمريكي كولن باول الاجتماع مع أعضاء وفدنا في واشنطن العاصمة لمناقشة المبادرة. في نفس الوقت تقريبا، نشر المتشائمون في وسائل الإعلام أنّ عرفات وافق فقط على توقيع مندوبيه على الاتفاق كخطوة تكتيكية، مع العلم أنّ شارون لن يدعو إلى خدعته. كان هذا مجرّد دوران، في ذهني. كنت في الغرفة كمشارك نشط في المفاوضات وعرفت أنّ ياسر عبد ربه لن يقدّم تنازلا من الجانب الفلسطيني دون موافقة عرفات- وقد قدّم ياسر العديد من التنازلات بنبل على مدار مفاوضات السلام التي استمرت ثلاث سنوات. أعتقد أنّ عرفات والفلسطينيّين كانوا مخلصين في مفاوضاتهم. من ناحية أخرى، لم يجر شارون أيّة مفاوضات سلام مباشرة مع الفلسطينيّين خلال فترة ولايته التي استمرّت خمس سنوات كرئيس للوزراء.

مع استمرار تزايد الدعم لاتفاق جنيف بعد التوقيع عليه، نمّ سلوك شارون كزعيم لإسرائيل عن الكثير. بالنسبة لي، بدا خائفا من الشعبية المتزايدة لاتفاق جنيف وبذل قصارى جهده لسحب البساط من تحت محادثات السلام. وقال إنّ عملية السلام توقّفت، ودعا إلى "خطة فكّ الاشتباك". ودعا شارون، المعروف باسم أبو حركة الاستيطان الإسرائيليّة، إلى تفكيك إحدى وعشرين مستوطنة إسرائيلية في قطاع غزة وأربع مستوطنات في الضفة الغربية. بالنسبة للعالم، بدا الأمر وكأنّه يقدم تنازلا كبيرا، على الرغم من أنّ غزة والضفة الغربية ستظل محتلة من الناحية التّقنيّة من قِبَل إسرائيل. في الواقع، أعتقد أنّ شارون كان يسحب خفة اليد. أصبح هذا واضحا في أكتوبر 2004، عندما كشف عدد من الصحف عن الخلفية الدرامية لخطة فكّ الارتباط. وذكرت الصحافة أنّ دوف فايسغلاس، كبير مساعدي أرييل شارون، أعلن أنّ الأمريكيّين وافقوا على أنّه على

الرغم من اتفاق جنيف، يمكن لإسرائيل الاحتفاظ بمعظم المستوطنات اليهودية في الضفة الغربية. يبدو أنّ هذا كان الغرض الحقيقي وراء ما يسمّى بـ "خطة فكّ الارتباط" التي وضعها رئيس الوزراء الإسرائيلي– لمنع إقامة دولة فلسطينية من خلال سحب المستوطنين اليهود من غزّة، وزيادة المستوطنات في الضفة الغربية. وبينما تفاخر فايسغلاس بإنجازه، حاول شارون امتصاص غضب الكثيرين من خلال الادعاء مرّة أخرى بأنه ملتزم بخارطة الطريق التي تقودها الولايات المتحدة من أجل تسوية سياسية دائمة. لكن بالنسبة لي، أكّد تعليق فايسغلاس أكثر ما كان يخشاه المؤيّدون لاتفاق جنيف: كان شارون ينوي دائما تجميد عملية السلام من أجل منع إقامة دولة فلسطينية. لم يكن لديه أيّة نيّة للعمل من أجل حلّ الدولتين مع الفلسطينيّين في اتفاق جنيف.

عندما أصيب شارون بجلطة دماغية حادّة في أوائل عام 2006 وشغل إيهود أولمرت كرئيس للوزراء، رأيت فرصتي للاتصال بأحمد يوسف لمحاولة إحياء اتفاق جنيف. قد تتذكّر قصة عرضي لمليار دولار على أحمد يوسف في بداية الكتاب. لم يكن ناجحا، وفي النهاية، لم يكن اتفاق جنيف ناجحا. لم يحقّق الاتفاق تقدما ذا مغزى للسلام بين الإسرائيليّين والفلسطينيّين؛ لأنّه كوثيقة غير حكومية، لم يكن قابلا للتنفيذ. لقد أصبح من الواضح لي أنّه لا طرف سوى رئيس وزراء في إسرائيل يمكن أن يحقّق السلام.

161

38

حفرة في معدتي

وسط مبادرة جنيف وجميع التغييرات في 888.com، ومع هذه الخطوة بمديرنا التنفيذي الجديد، واصلنا محاربة جماعات الضغط التي تحاول إنهاء المقامرة عبر الإنترنت في الولايات المتحدة. استمرّ الضغط والهجمات على أعمالنا. كان PayPal، وهو نظام دفع عالمي شهير عبر الإنترنت، شريكا رائعا مستخدما على مرّ السنين، حيث تعامل مع ملايين المعاملات 888.com وواجه الضغط السياسي المستمرّ لتخلينا كعميل. ولكن بعد استحواذ موقع eBay على PayPal في عام 2002 مقابل 1.5 مليار دولار، طالب إليوت سبيتزر، المدّعي العام لنيويورك آنذاك، بأن تقطع eBay علاقاتها مع جميع مواقع المقامرة عبر الإنترنت. كان سبيتزر، وهو يهوديّ ومؤيد قويّ لإسرائيل، قد صنع لنفسه اسما كعدوّ لا هوادة فيه للجريمة المنظّمة ومدافع عن القيم العائلية. بعد معركة طويلة، استسلم موقع eBay للضغط وتوقّف PayPal عن جمع أموال عملائنا. مع عدم توفّر آلية المعاملات، توقّفت الأموال الأمريكية عن التدفق، وضربت أرباحنا النهائية بما يشبه صاروخ يبحث عن الحرارة. توقّفت خطط النموّ والتطوير الخاصة بنا عن مسارها، حيث حاولنا وقف نزيف الخسائر المتزايدة في أكبر أسواقنا. بصفته المدير المالي، أصيب أخي بالصدمة. أخبرنا آرون أنّه إذا لم يتغيّر شيء ما بسرعة، فسنكون في ورطة.

سافرت إلى الولايات المتحدة لأسأل محامينا عمّا إذا كانت المعركة القانونية ضد eBay منطقية. كانت إجابتهم حازمة، "لا"! لشركات بطاقات الائتمان الحق المطلق في اختيار عملائها، كما ألقَوا محاضرات، وإذا لم يرغبوا في التعامل معنا، فلن يكون لدينا أيّ طريقة لإجبارهم. عدت إلى إسرائيل في نفس الليلة. عندما خفتت الأضواء في الطائرة ونام

الركّاب من حولي، بقيت مستيقظا، محاولا ألّا أشعر باليأس. مع وجود حفرة في معدتي، قمت بتوزين خياراتنا. بالنسبة لي، كان 888.com طفلا محبوبا كان يكافح من أجل حياته. سأفعل كلّ ما في وسعي لمساعدة طفلي. ذكّرني ذلك بما فعله والداي من أجلي عندما أصبت بشلل الأطفال عندما كنت طفلا. لقد وجدوا أفضل الأطباء والأدوية المتاحة، ولم أنجُ فحسب، بل نموتُ وترعرعتُ. قلت لنفسي إنّ هذه ستكون قصّة 888.com أيضا. كنت متأكّدا من ذلك، لأنّنا سنستمر في الكفاح.

39

أقدام باردة

بالعودة إلى جبل طارق، كان رئيسنا التنفيذي الجديد، جون أندرسون، يصدر الأوامر، وكان ابني إيال يقوم بعمله الشاقّ، وهو بالضبط ما أردته أن يفعله. كان هناك الكثير ممّا يجب القيام به استعدادا للاكتتاب العام القادم، وأردت أن يتعلّم إيال من خلال القيام بذلك بالفعل. كان إيال يدير شؤون مقاولي البناء ويشرف على تعيين الموظّفين. وكان يتعيّن عليه أيضا أن يتعامل مع المشاكل غير المتوقعة التي ينطوي عليها استئجار شقق لمئات الموظّفين الذين كانوا ينتقّلون إلى جبل طارق. كانت الإيجارات نادرة، وأجبر بعض الموظّفين على العيش في بلدات أقلّ انسجاما وأحيانا تكون خطرة على الجانب الآخر من الحدود مع إسبانيا. بالإضافة إلى ذلك، تعامل إيال مع إصدار تصاريح العمل والتأشيرات، وعمل على مدار الساعة لحلّ مشاكل الموظّفين من اليابان أو الصين أو فنلندا، كانوا قد انتقلوا إلى جبل طارق للعمل في 888.com. كان عليه إقناع الموظّفين بتغطية المناوبات أربع وعشرين ساعة في اليوم، سبعة أيام في الأسبوع مع إقناع المصرفيّين المحليّين بالتعامل مع مبالغ كبيرة من المال عندما كانوا يخشون أن يكلفهم حادث مؤسف غاليا. كانت شركة الهاتف في جبل طارق تكافح من أجل مواكبة احتياجاتنا من خدمة الهاتف. لا يمكن لأجهزة الكمبيوتر الخاصة بنا العمل إلّا في ظل رقابة يقِظة متواصلة على المناخ. كان هناك تدفُّق لا ينتهي من الأولويات المتزاحرة التي يجب على إيال إحراز التوقُّق فيها.

كان السّفر المتكرّر إلى لندن، حيث كانت شركة موارد بشرية تعيّن موظّفين لنا، جزءا من وظيفة إيال. كان عليه المشاركة في إجراء مقابلات مع الموظّفين الجدد المحتملين، ومتابعة عملية الاختيار. في النهاية، آتت

كل جهودنا ثمارها، وبدأت الشركة التي تتّخذ من جبل طارق مقرّا لها في العمل ضمن الموعد المحدّد. بحلول عام 2003، أنشأنا شبكة من مائتي خادم تهدف إلى العمل 24/7. كنّا أوّل موقع مقامرة يقع في جبل طارق. وكما كان الحال في أنتيغوا، سرعان ما أصبحنا أكبر ربّ عمل في جبل طارق- باستثناء البحرية الملكية، التي احتفظت بعدة قواعد في شبه الجزيرة.

خلال مرحلة العمل الأولية، كنّا قلقين من أنّ مركزنا سيجذب انتباه المتسلّلين، أو حتى الإرهابيّين. وتم التعاقد مع ضابط أمن إسرائيلي لتقييم المخاطر التي قال إنها ملموسة. صاغ قواعد السلامة، ووضع تدابير أمنية في مبنى مكاتبنا. قمنا بتوسيع نطاق أنشطة شركتنا بشكل كبير في جبل طارق. كان أحد الطلبات التي استمرّت في الظهور مرارا وتكرارا هو زيادة حجم الرهانات التي سمحنا بها على موقعنا. كان الضغط يتزايد، لذلك دعوت إلى اجتماع خاص لمناقشة هذه الطلبات. قرّرنا مواصلة سياسة تخصيص المبالغ الصغيرة الخاصة بنا على الموقع العادي، ولكن مع فتح ناد لكبار الشخصيات حيث يمكن للأعضاء وضع رهانات أعلى بكثير. افتتحنا النادي في عام 2001. تلقّى كل عضو في نادي VIP خدمة شخصية استثنائية حقا بعد التسجيل. سيسافر ممثّل الشركة إلى مقرّ إقامة العميل، بغض النظر عن المسافة، للترحيب شخصيّا بهم في نادي كبار الشخصيات. كما تمّ التعامل مع كبار الشخصيات بمنح هدايا العطلات، بما في ذلك عمل الرحلات البحرية الفاخرة المجانية. يقوم البعض منهم بإيداع مبالغ مكوّنة من ستة وسبعة أرقام في حسابهم 888.com عبر الإنترنت للمقامرة. لا أتذكّر كلّ من فاز بالجائزة الكبرى على موقعنا، لكنّني أتذكّر أحد سكّان لندن العاطلين عن العمل الّذي أودع ثلاثين جنيها إسترلينيا، وبعد بضعة أسابيع من اللعب، فاز بجائزة نقدية قدرها تسعمائة ألف جنيه

بعد كلّ العمل الذي ينطوي عليه تعيين جون أندرسون كرئيس تنفيذي جديد والاستقرار في جبل طارق، اتّصلنا بأصدقائنا اليابانيّين في نومورا وأخبرناهم أنّنا مستعدون للاكتتاب العام. لسوء الحظ، يبدو أنّهم شعروا بأقدام باردة. من خلال تجربتنا، لا يعطي أيّ رجل أعمال ياباني رفضا نهائيّا، ولكن بعد العديد من الصيغ المهذّبة لإيصال الرسالة بأكبر قدر ممكن من الدقة، فهمنا الرسالة. لقد رفَضَنا نومورا دون أن يقول لا.

بدلا منهم، اتّصلنا بـ Credit Suisse، الذي رفض اقتراحنا مع العديد من الجامبو القانونيّين. ثم لجأنا إلى HSBC، أحد أكبر البنوك في العالم، ومقرّه في إنجلترا. كان الأشخاص في HSBC متحمّسين للاستماع إلينا، وأخيرا كان كلّ شيء جاهزا لنا للاكتتاب العام. ولكن بعد

ذلك، كان هناك تطوّر غير متوقع داخل مجتمع المقامرة عبر الإنترنت. أصدرت شركة PartyGaming- المملوكة لأحد أغنى الأشخاص في أمريكا، رائدة الأعمال المتسلسلة روث باراسول- اكتتابا أوليّا ناجحا في بورصة لندن في يونيو 2005، وكان من المفترض أن نكون التاليّين.

بعد ذلك، فجأة دعا الرئيس التنفيذي لشركة PartyPoker، المملوكة لشركة Parasol's PartyGaming، بعض المحلّلين الماليّين المعروفين لتقديم توقعات لسوق المقامرة العالمي. كانت توقعاتهم قاتمة، قائلين أنّ الطلب سيتراجع. في اليوم التالي، انخفضت أسهم PartyGaming إلى أكثر من النصف، وخسرت روث باراسول الملايين. في ظل هذه الظروف المؤسفة، أصدرنا أسهمنا في الأسواق العامة. كنّا نخشى أن يفشل الاكتتاب العام، لكن الأوان كان قد فات من أجل العودة. لقد طرحنا الاكتتاب العام الأولي في 29 سبتمبر 2005، وشعرنا بسعادة غامرة عندما نجح. كنّا نبيع 25 بالمائة من أسهم الشركة بما هو قيمته 1.075 مليار دولار، وأصبحنا أوّل شركة إسرائيليّة يتم طرحها للاكتتاب العام في بورصة لندن بمثل هذه القيمة المرتفعة.

في هذه المرحلة، كان com.888 ناجحا للغاية، ولم نكن بحاجة حقا إلى المال. لكنّنا أردنا أن نطرح أسهمنا للاكتتاب العام حتى نتمكّن من المساءلة، والحفاظ على شفافيتنا كشركة، والاستمرار في النموّ بوتيرة سريعة. إنّ مؤسّسي com.888 الأربعة- أنا وأخي آرون، إلى جانب شاي بن إسحاق وشقيقه رون- كان أداؤهم جميعا جيّدا للغاية. عدم وجود مستثمرين خارجيّين، بالإضافة إلى تمويل الرهن العقاري الذي قدمته أنا وآرون، انتهى به الأمر إلى سداد ثمن في النهاية. في ذلك الوقت، كنت أنا وأخي نمتلك 37.5 بالمائة من الشركة، وشاي وشقيقه، بعد أن تمّ تخفيفهما عندما رهنت أنا وآرون منازلنا، كان لكلّ منهما 12.5 بالمائة. بشكل جماعيّ، حصل المؤسّسون الأربعة على 300 مليون دولار. لن تكون حياتنا هي نفسها أبدا.

40

كارما

كما هو الحال مع الشركات الناجحة، لا يمكن للفريق التنفيذيّ أبدا أن يستقرّ على أمجاده أو الانتشاء لفترة طويلة. كان هذا هو الحال بالنسبة للفريق في 888.com. بعد سبع سنوات من تقديم IGPA في الكونجرس الأمريكي، كنّا لا نزال نكافح من أجل الحفاظ على السوق الأمريكية الهائلة بأن تكون على قيد الحياة. لكن أنصار IGPA لن يتوقّفوا عند أي شيء للتأثير على الجمهور. ذهب النائب مايك أوكسلي (جمهوري ، أوهايو) إلى حد الادّعاء بأنّ مواقع المقامرة ساعدت في غسل أموال الإرهابيّين. صررت على أسناني لكنني أسرعت لتوظيف فريق من خبراء الجرائم الإلكترونية- معظمهم أعضاء سابقون في مكتب التحقيقات الفيدرالي- لمعرفة إذا ما كان من الممكن غسل الأموال من خلال 888.com. خلص هؤلاء الخبراء إلى أنّه لم يكن كذلك. ومع ذلك، تفوّق لوبي IGPA علينا. في منتصف الليل، قبل ساعات قليلة فقط من عطلة الكونجرس لانتخابات التجديد النصفي في 26 أكتوبر 2006، تمكّنت جماعات الضغط المناهضة للمقامرة عبر الإنترنت من التسلّل إلى ملحق لمشروع قانون غير ضارّ يسمّى مشروع قانون حماية الموانئ البحرية. حظرَ الملحق المقامرة عبر الإنترنت في الولايات المتحدة. بعد إبلاغه بهذا التطور قبل أقل من ساعة من التصويت، لم يكن هناك شيء على الإطلاق يمكن لأيّ منا فعله لوقفه.

لقد كافحنا لمدة سبع سنوات، ولكن بعد ذلك، بين عشية وضحاها، فقدنا السوق الأمريكية لصالح لوبي IGPA. توقّع محلّلو وسائل الإعلام أنّ 888.com ستكون على شفا الانهيار. تضمّنت خطّتنا الاحتياطية للطوارئ صرف ثلاثة أرباع موظفينا عن العمل، أي ما يقارب من سبعمائة شخص. لكنّني لم أكن أعتقد أن هذا كان ضروريًا. على الرغم من أنّني لم أكن

أتوقّع هذه الكارثة المحدّدة، فقد كنت مستعدًّا لسيناريوهات مماثلة نتيجة لعملي في ميثاق 108. كنت أراقب الأرقام، وكان توسُّعنا العالمي يجني أرباحا جيدة. لم نعد نعتمد كليّا على السوق الأمريكية. أصبحنا الآن شركة عالمية حقا. كل ما كنّا بحاجة إلى القيام به هو توسيع إعلاناتنا العالمية لزيادة الإيرادات خارج الولايات المتحدة. بمرور الوقت، سيعوّض هذا خسارة السوق الأمريكية. من الواضح أنّ جميع الإعلانات على المواقع الأمريكية قد تمّ تعليقها وإعادة توجيهها على الفور. كانت النتائج مبهجة. نمت قاعدة عملائنا بسرعة. في الواقع، في إنجلترا، ضاعفنا قاعدة عملائنا مقارنة بالفترة التي سبقت تمرير IGPA. بعد ستة عشر شهرا من خسارة السوق الأمريكية، عدنا إلى كسب ما كنّا نربحه من قبل. في النهاية، لم يبقَ 888.com كائنا ويزدهر فحسب، بل كان هناك أيضا القليل ممّا قد يسميه البعض الكارما. ذهب خصمنا إليوت سبيتزر ليصبح حاكما لنيويورك لكنّه أُجبِر على الاستقالة في عام 2008 بعد أن تم اكتشاف أنه في خضمّ حملته المناهضة للدعارة، كان يتردّد على البغايا باهظة الثمن في واشنطن العاصمة.

41

التّقاعُد في الخمسين

بعد الاكتتاب العام الناجح، شعرت بأنّني محظوظ للغاية وممتنّ. كنّا مشغولين أكثر من أيّ وقت مضى، لكنّنا جميعا استمتعنا باللحظة. كان هناك تنهيدة جماعيّة بالارتياح والانتشاء، واغتنام الوقت لتقييم كل ما أنجزناه على مرّ السنين. كنّا نقدّم الترفيه للملايين في جميع أنحاء العالم. يمكن للأشخاص الذين يحتاجون فقط إلى التخلّي عن القيام بيوم عملهم النقر فوق زر ومشاهدة كازينو احتفالي يفتح أمامهم، مليء بالألعاب البسيطة والمثيرة وإمكانية مضاعفة إيداعهم أو مضاعفته ثلاث مرّات. أراد آخرون فقط ممارسة مادتهم الرمادية. كانوا يلعبون البوكر عادة. أحدث نجاح 888.com موجات في عالم المقامرة عبر الإنترنت. في ذلك الوقت، وقمنا بتوظيف حوالي ألف شخص. حوالي خمسمائة في إسرائيل، وأربعمائة في جبل طارق، وعدد صغير في مركز الدعم في أنتيغوا. شجّعنا موظّفينا على مواصلة دراستهم، وكنّا فخورين بحقيقة أنّ عدد موظّفي 888.com في برنامج ماجستير إدارة الأعمال في جامعة تل أبيب كان كبيرا نسبيا مقارنة بالطلاب القادمين من منظّمات أخرى. عمل جميع الموظّفين الإسرائيليّين تقريبا على تطوير الشيء التالي في المقامرة عبر الإنترنت. كان الابتكار لا يزال اسم اللعبة.

بدأت العديد من شركات المقامرة بالاتصال بنا بطلبات لمشاريع مشتركة. طلب منّا ممثّلو شركة أوروبية كبيرة جدا للمقامرة عبر الإنترنت- بحجم مبيعات بمئات الملايين من الدولارات- الاندماج. بدا العرض واعدا: شركتان تجتمعان معا، وتصبحان أكثر كفاءة، وتزيدان الأرباح. لكن عمليات الاندماج ليست بهذه السهولة في كثير من الأحيان. إنّها تعطّل الروح المعنوية وتغيّر ديناميكية العمل ككلّ. أرادت شركة

المقامرة الأوروبية التي سعت إلى الاندماج مع 50.888 com بالمائة من أسهمنا. لقد تحقّقنا من العرض ووجدنا أنّ الشركة الأخرى كانت على استعداد للسماح لنا بقيادة الشركة الجديدة، ووضع السياسة، وتنفيذ إجراءات الإدارة الرئيسية. طلبتُ من محاميهم تفسيرا لهذا الكرم غير العادي.

قيل لي: "إنّهم كبار السن ومتعبون". كان هذا هو جرس التحذير الأوّل. إذا كان مالكو الشركة يبيعون لأنهم تعبوا، فهذا يعني أنّه في السنوات الأخيرة، لم يكن لديهم القوة لإدارة أعمالهم بشكل صحيح. من يستطيع أن يضمن أنّه نتيجة لإرهاق المالكين، لم تتعب الفئات الموجودة تحتهم أيضا؟ كما أنّه ما جعلني أشعر بعدم الارتياح أنّ أسهمهم كانت تتداول بأقلّ من أسهمنا. جعلني هذا أعتقد أنّهم بحاجة إلينا لأنه سيسمح لهم بتفريغ أسهمهم بسهولة أكبر، وربما بسعر أعلى في المستقبل. دعم رئيسنا التنفيذي، جون أندرسون، الصفقة بكل إخلاص. ذكّرته أنّ وظيفة الرئيس التنفيذي ليست دعم الصفقات التي تخفّف من قيمة أسهم الشركة التي هي موظّفته. أخبرته أنّ وظيفته هي إدارة الأهداف وتحقيقها. كانت مرحلة مؤقّتة، وفي النهاية ساد موقفي، ولم يتم إبرام الصفقة. اليوم، تساوي أسهم تلك الشركة الأوروبية جزءا بسيطا ممّا كانت تستحقه عندما كنّا قيد المناقشات.

منذ ذلك الحين، تلقّينا العديد من عروض الاندماج والاستحواذ الأخرى، لكنّنا رفضناها جميعها. ربّما جعلني نجاح 888.com وأرباحه أكثر تحفُّظا ممّا كنت عليه من قبلُ. أنا راض عمّا كسبته، وأميل إلى عدم الرغبة في تخفيف ممتلكاتي. ومع ذلك، فإنّ عروض الأعمال القادمة في طريقنا تبدو جذّابة للغاية. يطلب مني أولادي أحيانا الذهاب معهم إلى الاجتماعات لمناقشة مثل هذه العروض- وأنا أفعل ذلك، لأنني لا أريدهم أن يرتكبوا خطأ ستكلّفهم غاليا. زوّدني الاكتتاب العام بأموال أكثر ممّا كنت أحلم بها في حياتي. كنت فخورا بإنجازاتي، لكنّني أدركت أيضا أنني وصلت إلى نهاية الطريق في العمل. لقد وعدت داليا بأنّني سأتقاعد في سن الخمسين، وهذا بالضبط ما فعلته.

بعد أن فعلت ذلك، كنت على مفترق طرق. ترك لي التقاعد قدرا كبيرا من وقت الفراغ، نعمة للأشخاص الذين يعرفون ماذا يفعلون بها ونقمة لأولئك الذين لا يعرفون ذلك. أعرف بعض رجال الأعمال الذين يتقاعدون ويبدو أنّهم يبلغون من العمر عشرين عاما بين عشية وضحاها، ويزدهر آخرون. كنت أحلم بتقاعدي لفترة طويلة وخطّطت للقيام بكل الأشياء التي لم أفعلها عندما كنت منهمكا جدا في العمل. لقد قمت بعمل

قائمة طويلة من الهوايات التي تهمني. أوّلا، ذهبت للصيد، لكنني انزلقت على الصخور وشارفت على الغرق. منذ ذلك الحين، لم ألقى أبدا بأكثر من إغراء واحد في البحر، لكن البحر لا يزال جميلا بالنسبة لي أكثر من أيّ وقت مضى. كنت أحسد الأصدقاء الذين لديهم يخوت وكانوا يبحرون إلى الجزر، القريبة والبعيدة، كل عطلة. لذلك، قرّرت الالتحاق بدورة الربّان. لقد استمتعت بكل دقيقة وتدرّبت بشكل مكثّف، وأنتظر بفارغ الصبر اليوم الذي سأحصل فيه على شهادة القبطان الخاصة بي. لكن بعد ذلك اضطررت إلى التوقف، لأنّ طبيبي منعني من الخروج في الشمس لفترة طويلة. وهكذا، تمّ شطب البحر من قائمة هواياتي. كانت فكرتي التالية هي تعلم كيفية قيادة طائرة، لذلك التحقت بمدرسة الطيّارين وحلّقت فوق إسرائيل مع مدرّب متمرّس. في المنزل، غمرتني كتالوجات الطائرات. لكن قبل رحلتي الفردية الأولى، انسحبت. لقد انعطفت على خوف مفاجئ بأنّ الطيران بطائرة صغيرة هو أكثر خطورة ممّا كنت أعتقد.

من الواضح أنّني لم أكن رائعا في الهوايات.

بدأت أنا وداليا بالتجوُّل في جميع أنحاء إسرائيل- أحيانا كان ذلك مع العائلة فقط، وأحيانا أخرى مع الأصدقاء. لم أتعب أبدا من هذه الرحلات. لا يزال بإمكاني القيادة وصولا إلى مرتفعات الجولان ثلاثين مرّة في السنة، وستملأني هذه الآفاق دائما بالانبهار والدهشة. كما كرّست وقتا لمنزل قديم اشتريته في نهالال، أول موشاف في البلاد، وهو الاسم العبري لمستوطنة زراعية تعاونيّة للعمّال. مررت بسبعة أنواع مختلفة من الجحيم قبل أن يوافق مجلس الموشاف عليّ كعضو. كنت أوّل ساكن مدينة مسموح له بالدخول في نهلال منذ تأسيسها عام 1921. لقد رمّمت المنزل قليلا، وتجوّلت كثيرا بين الحقول ووقفت على رؤية الحصاد. كلّما ذهبت إلى نهالال، تركت هاتفي الخلوي في المنزل. على الرغم من أنّني كنت لا أزال أتلقّى بعض مكالمات العمل، إلا أنّني في نهلال، أردت أن أترَك وحدي تماما، مع الطبيعة كرفيق وحيد. لقد منحني هذا نوعا من السلام نادرا ما أجده في عالم الأعمال. لقد التزمت لمجلس الموشاف بالانتقال إلى نهلال في غضون خمس سنوات، لكنّني بعت المنزل في النهاية لأنّني لم أفي بهذا المطلب. من حين لآخر، توجّهت أيضا جنوبا إلى موشاف باران في منطقة وادي عربة لمساعدة أصدقائنا أوريت ومئير خوستتسكي في قطف الفلفل. في الليل، كنّا ننام على طنافس في خيمة ضخمة أقيمت بجوار حقول الخضروات ونحن نستمع إلى صرير الصراصير. كان جميلا. توفي مئير منذ ذلك الحين، وكانت لديّ ذكريات رائعة عن وقتنا معا. كان أقرب صديق لي.

سمح لي التقاعد ببدء أيامي بالجري وممارسة التمرين في صالة الألعاب الرياضية. بدأت الاجتماع بالأصدقاء مرّة أخرى، وكتابة مقالات للصحف المالية، وقراءة الكثير. تلقّيت تقارير عن العمل والتقيت بانتظام بموظفيّ، لكنني لم ألعب أي دوْر في أيّة قرارات تجاريّة. في الواقع، نادرا ما زرت مكتبي. الغرفة التي كانت ذات يوم مجموعة من أجهزة الكمبيوتر لم يكن بها الكثير من أجهزة الكمبيوتر المتبقية ـ كان هناك هاتف فقط على المكتب. كنت ممتنّا جدا لكل ما منحته إياي الحياة. كانت البركات هائلة جدا. لكن عندما كنت صادقا حقّا، كنت أشعر بالفراغ قليلا من الداخل. ربما يبدو هذا منغّصا ولا ينبغي أن يكون. كنت أعمل بجد كل يوم منذ أن كنت طفلا، والآن لم يعد هناك عمل لملء أيامي. أعطاني العمل إحساسا بالهدف المرجوّ، وشعرت بالغرابة لعدم امتلاكه بعد الآن. ماذا سيكون هدفي الآن؟ في الخمسين، كنت لا أزال صغيرا، وكان انتقالا صعبا بالنسبة لي. ربّما توقّع الناس منّي أن أذهب في جولات تسوّق باهظة، لكن لم يكن هناك أي شيء أريده حقّا. كنت مهتمّا بإيجاد تحديات جديدة أكثر من شراء الأشياء.

كان لدي عملي غير الربحي، والذي استمر في النموّ والاقتران بالإثارة ـ وبالطبع، كانت هناك أيضا مساعيّ السابقة في السياسة. كانت تجربتي القصيرة في السياسة مليئة بخيبة الأمل، لكنّني على الأقل وجدتها محفّزة وتعلّمت الكثير من أخطائي. ربما الآن، اعتقدت أنّني سأكون قادرا على الوصول إلى أبعد من ذلك في السياسة كما فعلت في مجال الأعمال. في عام 2006، أخبرت داليا أنّني أفكر في تقديم ترشيحي للانتخابات التمهيدية لحزب العمل للبرلمان. نظرت إليّ كما لو كنت قد أصبت بالجنون.

"ألم يكن لديك ما يكفي يا آفي؟"

"لا أعتقد ذلك."

وتابعت: "السياسة ليست لك".

إلى حد ما، كان عليّ أن أتفق معها. لكن كان لديّ سبب للاستمرار في السياسة. لم أتخلَّ أبدا عن سعيي للسلام بين الإسرائيليّين والفلسطينيّين ـ وبعد مبادرة جنيف، عرفت أنّ الطريقة الوحيدة لدفع السلام هي تأمين النفوذ كسياسي. بالطبع، سأضطر إلى اقتحام الوعي العام وتقديم قوة جديدة صاعدة. سيتطلّب ذلك بعض العمل نظرا لأنني لم أكن شخصية عامّة معروفة، وكنت غير نشط لسنوات في حزب العمّال. ذهبت إلى العديد من شركات الإعلان وأنفقت الملايين على الإعلانات في الصحف وكذلك على اللوحات الإعلانية الضخمة. لأوّل مرّة في حياتي، دعوت إلى مؤتمر صحفي. لم أسعَ أبدا إلى الدعاية من قبلُ. كنت أتجنّب وسائل

الإعلام. يمكن حساب عدد المقابلات التي منحتها من ناحية واحدة. لدهشتي الكبيرة، حضر الصحفيّون من جميع الاوساط مؤتمري الصحفي، وكلّهم أرادوا معرفة سبب ترشحي في الانتخابات التمهيدية. قلت إنّني لا أرغب في القيام بأيّ عمل آخر، لأنّني كسبت أموالا كافية. بدلا من ذلك، قرّرت أن أكرّس بقية حياتي لسدّ الفجوات الاقتصادية والاجتماعية وتعزيز عملية السلام. حصلت على تغطية صحفية أكثر بكثير ممّا كنت أتوقّع.

قبل الانتخابات التمهيدية، أمضيت أياما وليال في مسار الحملة الانتخابية، وقمت بزيارة المدن الكبرى والبلدات الصغيرة والكيبوتسات والمستوطنات الحدودية. التقيت بأشخاص أثرياء وأشخاص بالكاد يعيشون من راتب إلى راتب. كانت هذه هي المرّة الأولى التي أتواصل فيها دون وسيط مع مثل هذا الشّريحة المتنوّعة من المجتمع الإسرائيلي، وتعلّمت الكثير عن مزاج الناس ورغباتهم. تمكّنت من تمييز مجموعتين سائدتين: أولئك الذين تغلّبت الأيديولوجية على كل شيء بالنسبة لهم، وأولئك الذين أعلنوا دعمهم لمرشح فقط من أجل تعزيز مصالحهم الخاصة. فعلت كل ما بوسعي للتأكيد على أنّني مستقل، وأنّني لا أنتمي إلى أحد، وأنني حريص على الترويج لبرامجي الخاصة، التي تتماشى مع آمال وطموحات مواطني البلاد. استمرّت حملتي ثلاثة أسابيع. في النهاية، نجحت وفشلت. يكمن نجاحي في حقيقة أنّ ثلاثة عشر ألفا من أصل سبعين ألفا من أعضاء حزب العمّال المسجّلين صوّتوا لي بعد حملتي القصيرة. يكمن فشلي في حقيقة أنّني لم أحصل على الأربعين ألف صوت كان من شأنه أن يمنحني مقعدا في البرلمان الإسرائيلي. ربما يكون سعيي للحصول على منصب سياسي قد انتهى مرّة أخرى، لكنني ما زلت مكرّسا نفسي للسعي لتحقيق السلام في الشرق الأوسط.

42

مكتب العائلة

تماما مثل كل وقت فراغي المكتشف حديثا، كذلك غمرني حسابي المصرفي الوفير. مسّني المبلغ الضخم من المال هناك بالقلق بدلا من الفرح. كنت أخشى أن أصبح مستعبدا للأموال المتدفّقة، أو سأستثمرها في مشاريع تفشل. تذكّرت كيف أنّ والدي لم يسمح أبدا للنقود بالتناثر من حوله. أيّ مبلغ يدخل جيبه سيتم قريبا إخراجه مرّة أخرى واستثماره في شيء جديد- قطعة أرض، ومشروع عمارات جديد، وما إلى ذلك. كان بإمكاني أن أفعل الشيء نفسه: الاستثمار، والكسب، وإعادة الاستثمار. لكنّني وعدت داليا بأنني سأتقاعد في الخمسين من عمري، ولم أرغب في نقض هذا الوعد.

في عام 2006، دعيت إلى مؤتمر فاحشي الثراء في غشتاد، سويسرا. كان المشاركون حوالي خمسين من أغنى أغنياء العالم من أمريكا وآسيا وأوروبا والإمارات العربية المتحدة والمملكة العربية السعودية والكويت. كان ربعهم على الأقل من اليهود. تضمّن البرنامج محاضرات حول الخيارات المتاحة لأصحاب الملايين والمليارديرات. كانت إحدى المحاضرات مخصّصة للأشخاص الذين وصلوا إلى الأهداف التي حدّدوها لأنفسهم، وكسبوا الكثير من المال، وكانوا يبحثون عن طريقة لمنع ورثتهم من إهدار أموالهم. كان هذا موضوعا قد تحدّث إلي. كنت قلقا من أنّ الأجيال القادمة من عائلتي، التي سترث ثروة، ستكون مهملة وتبدّدها.

كان المتحدث البروفيسور جون إل وارد، الذي قام بتدريس الإدارة الاستراتيجية وقيادة الأعمال والمشاريع العائلية. كانت هذه هي المرّة الأولى التي أسمع فيها عن شيء يسمّى "مكتب العائلة". الفكرة هي أن

يقوم المرء بإنشاء صندوق يتمّ فيه استثمار أمواله وأرباحه المستقبلية. الصندوق مخصّص حقا لأولاد المرء- ولكن من أجل منعهم من الهروب بالمال وإنفاقه كله، تصوغ الأسرة مجموعة من المبادئ التوجيهية المصمّمة لتحديد كيفية تقسيم الأموال بين أفراد الأسرة، والاستثمارات الجماعية، ونطاق العمل الخيري للصندوق، وغيرها من المصالح. في محاضرته، قال وارد إنّ الدراسات أظهرت أنّ 80 بالمائة من أغنى العائلات في العالم فشلت في إنشاء مكتب عائلي، ونتيجة لذلك، عادة ما تُهدر الأجيال اللّاحقة الأموال التي ورثتها. من ناحية أخرى، تمكّن 20 بالمائة- أولئك الذين تبنوا مكتبا عائليا- من نقل رأس المال من جيل إلى آخر مع الحفاظ على ميراثهم سليما.

كان وارد- الذي كان في عمري تقريبا، طويل القامة، نحيفا، ومبتسما دائما- رئيسا لمركز كيلوج للمؤسّسات العائلية في جامعة نورث وسترن في شيكاغو (أعيدت تسميته لاحقا باسم مركز جون إل وارد للمؤسّسات العائلية). في نهاية المحاضرة، اقتربت منه وسألته عمّا إذا كان على استعداد لتقديم المشورة لي ولعائلتي حول كيفية صياغة مكتب عائلتنا. كان المفهوم مشابها في أوروبا والولايات المتحدة، وقسّم البروفيسور وارد وقته بين التدريس الجامعي والاستشارات للعملاء الأثرياء. أخبرني أنّه يساعد بالفعل عائلتين إسرائيليّتين معروفتين، وسيسعد بمساعدتي أيضا.

في البلاد، عندما تحدثت إلى داليا والأولاد حول إنشاء مكتب عائلي، قوبلت بمقاومة. أرادوا منّي أن أسقط الفكرة. بدا الأمر معقّدا وغير ضروري بالنسبة لهم. افترضت أنّ هذا هو استجابة نموذجية إلى حد ما بين العائلات الثرية حديثا. كانت داليا تخشى أنّه في اللحظة التي تدخل فيها القواعد حيّز التنفيذ، سنترك مفلسين. استغرق الأمر بعض الوقت لإقناع الجميع بأنّ مكتب العائلة سيضمن المال لنا جميعا، وسيتمّ الاعتناء بنا جيدا في المستقبل.

بتوجيه من البروفيسور وارد، بدأت في اتخاذ الخطوات الأولية. بادئ ذي بدء، سعيت إلى إيداع الأموال في أيد موثوقة حتى يتم الانتهاء من مكتب العائلة. زرت بنكا في لندن متخصّصا في مثل هذه الصناديق. أراد مدير الصندوق أن يعرف من أين جاء المال، لذلك أخبرته عن 888.com. عندما أدرك ما جناه عملي، تجعّد أنفه. قال بأدب ولكن ببرود: "مصرفنا لا يدير أرباح المقامرة"، واصطحبني إلى الباب. كنت مستاء، لكنّني اعتقدت أنّ هذا البنك هو بالضبط المؤسّسة المالية المناسبة للتعامل مع صندوقي، لذلك لم أتخلّ عنه. بدلا من ذلك، استأجرت محاميا شابّا في لندن وطلبت مساعدته في تغيير قرار البنك. التقى بمديري البنك وأخذعلى عاتقه

التكفّل بالأمر. اعتذروا ودعوني لموعد آخر. أخبرني مدير الصندوق أنّه أساء فهم سياسة البنك وكان منه أن عاملني بلطف كبير، وقدّم لي الشاي والكعكات، وأخبرني عن عائلته وهواياته، وأوصى بمطاعم لندن. ثم بدأ العمل. وأوضح أنّ هناك أموالا يسيطر عليها المالكون وأموالا لا يستطيع أصحابها لمسها. اخترت الأخير.

قال: "يجب أن تدرك أن الأمر سيكون كما لو أنّك أخذت كل أموالك، ووضعتها في خزنة، وألقيت بها في المحيط".

قلت: "نعم، أنا أفهم".

لقد قمت بنقل جميع أرباحي وأسهم الشركة إلى الصندوق. كان أولادي إيال وميخال وأوري يعملون جميعا في فروع مختلفة من 888. com، ولم تكن رواتبهم أعلى من رواتب الموظّف العادي. اتفقنا بالإجماع على أن تشرف ميخال على عملية صياغة مكتب العائلة. حصلت على درجة البكالوريوس في العلوم السلوكية وقدرة ممتازة على فهم السلوك البشري وسلوك العمل. عقدت لقاءاتي مع البروفيسور وارد في إسرائيل وأوروبا، حيث تولّى مكاتب العائلة للعديد من العملاء الأثرياء. من حين لآخر، التقيت به وداليا والأولاد على مدار يومين أو ثلاثة أيام. اتبعت هذه الاجتماعات نظاما صارما: في بداية كل اجتماع، قدّم كل مشارك لجميع المشاركين الآخرين هدايا تقل تكلفتها عن عشرة دولارات. جلس الجميع على مائدة مستديرة. كان لا بد من إيقاف تشغيل الهواتف المحمولة. بعد أي حجج، كان من المتوقّع أن يعانق المشاركون بعضهم البعض. ثم أعطانا البروفيسور وارد واجبات منزلية. على سبيل المثال، طلب مني ودالية ذات مرّة تدوين قائمة بالقيم العائلية التي أردنا نقلها إلى أولادنا والأجيال القادمة. لقد أعددت قائمة تضمّنت جميع المبادئ التوجيهية للأعمال التي يمكن أن أفكّر فيها، مشددة على أهمية علاقتنا بإسرائيل وقيم الأمة. كتبت داليا هذه الرسالة:

أعزّائي إيال وميخال وأوري،

نحن نضع الشركة العائلية بين يديك على أساس إيماننا بأنّك ستديرها بشكل صحيح، وتجعلها تزدهر، وتنقلها بنجاح إلى الأجيال القادمة. أنا متأكدة من أنّكم ستعملون معا باعتبار وثقة متبادلين. ليس لديّ شك في أنّك ستخلق أساسا متينا للأعمال التجارية، وتقوّي الروابط الأسرية فيما بينكم وشركائكم وأطفالكم. نحن نؤمن بقدرتك على التعامل مع المهمّة الصعبة الملقاة على عاتقك. تجنّب الألفاظ النابية واللغة المبتذلة، وكن صبورا، وأظهر الحب، وكن متفائلا. شجّعوا بعضكم البعض خلال

الأوقات الصعبة، وامنحوا بعضكم البعض الأمل، ولا تخف من التغيير، واطلب مشورة الخبراء، وتعلّم قبول النقد والتعلّم من أخطائك، والأهمّ من ذلك- تذكّر أن الأسرة تأتي دائما قبل العمل.

بكلّ الحب

أمّك

أظهر لنا وارد مكتبا عائليا وصل عبر سبعة أجيال من عائلة يابانية ثرية، ممّا يضمن الإدارة السليمة لمواردهم المالية. كانت متضمّنة في صفحة واحدة. خلال اجتماعاتنا، اتفقنا من حيث المبدأ على أن أولادنا الثلاثة سيديرون العمل مع لجنة من أربعة خبراء يمكننا الوثوق بها.

كان السؤال الكبير بالطبع هو كيف ستبدو الأسرة بعد جيلين أو ثلاثة أو أكثر، وما هي المعايير التي سيتم تطبيقها عند اختيار المديرين من داخل الأسرة، وما هو نطاق سلطتهم، وكيف سيتعاملون مع الأقارب المعرَّضين لمطالب مختلفة. كنّا جميعا نأمل أنّه بفضل التعليم المناسب وغرس القيم الأسرية، يرغب جميع أفراد الأسرة في تطوير الأعمال العائلية من أجل أحفادهم.

خلال اجتماعاتنا مع البروفيسور وارد، قمنا بصياغة أقسام من مكتب العائلة لدينا على أساس وثائق مماثلة تم استخدامها بالفعل بنجاح. ناقشنا كل فقرة جديدة. على سبيل المثال، سأل وارد عن الظروف التي سيقوم فيها إيال وميشال وأوري بتوظيف قريب- ابن عم أول أو ابنة أخت أو ابن عم ثان. نصّت الفقرة التي ظهرت على أن أحد أفراد الأسرة الحاصل على شهادة أكاديمية، والّذي يتمتّع بإجادة أساسية لثلاث لغات، ومع سنتين من الخبرة المهنية- على سبيل المثال، العمل في شركة غير مملوكة للعائلة- سيكون مؤهّلا لشغل وظيفة.

عادة ما أسمح للأولاد بإدارة معظم المناقشة. بعد كل شيء، كان هذا اتفاقا سيتعيّن عليهم التعايش معه. تؤثّر كل فقرة على سلوكهم في المستقبل، لذلك من المهمّ أن تكون الصياغة مقبولة عليهم. غالبا ما تغلب عليّ عمق المناقشات والكفاءة التي أجريت فيها. لم يترك والدي لأولاده مكتبا عائليا. لم يكن يعرف حتى ما يعنيه المصطلح. ومع ذلك، غالبا ما تحدّث عن رغبته في أن يدير أولاده الأموال ورؤوس الأموال التي تراكمت عليها. أحيانا أفكّر في الشكل الذي كانت ستبدو عليه حياتي لو سمح لي ولأخي بإدارة أعماله بينما كان لا يزال على قيد الحياة، من خلال صياغة شيء مثل مكتب العائلة. من المحتمل أن تكون حياتي مختلفة تماما. أتخيّل أنّني كنت سأبقى في البناء، مثل والدي. ربما كنت سأنشئ

إمبراطورية عقارية ولم يكن لديّ الوقت للتفكير في فرص عمل أخرى. لن أعرف أبدا. لكن أولادي والأجيال القادمة من ذريّتي من عائلة شاكيد، سيكون لديهم مكتب عائلي من شأنه أن يوفّر لهم المزيد من التوجيه.

43

أن تكون ثريّا

عائلتي هي أفضل وأهمّ هدية في حياتي. هم ثروتي الحقيقية. لسنوات عديدة، كنت منغمسا تماما في الشركات التي كنت أحاول الانطلاق منها. خلال هذه السنوات المزدحمة، حاولت دائما إيجاد وقت للعودة إلى المنزل مع داليا والأولاد قدر الإمكان. لم تشكُ داليا ولا أولادي من كل الوقت الذي أمضيته في العمل، لكنّني كنت أعرف أنّني لم أكن دائما موجودا من أجلهم، خاصة خلال السنوات الأولى لأطفالي. لذلك، عندما كبروا، كان من المهم بالنسبة لي أن أكون هناك عندما يحتاجون إلي. أحب إيال، ابني الأكبر، ركوب الخيل. كان يركب يوميّا لمدة عشر سنوات، وشاركت أنا وداليا في واجب قيادته من وإلى الإسطبل. ركب في المسابقات وفاز ببعض الجوائز البارزة. لم أفوّت أيّة مسابقة، وكنت هناك عندما احتلّ المركز الثاني في بطولة إسرائيل للحواجز. عندما كانت ابنتي ميخال في الجيش تخدم في قاعدة في صحراء النقب، كنت أقود سيارتي إلى القاعدة لاصطحابها في إجازتها. استغرقت الرحلة عدّة ساعات ما منحنا وقتا دون انقطاع للتحدث. كان ابني الأصغر، أوري، يحب كرة القدم. أخذته إلى عشرات المباريات في إسرائيل وكذلك في الخارج. اليوم، على الرغم من أنّهم كبروا جميعا، إلّا أنّني ألتقي بأولادي يوميا تقريبا لسماع ما يخطّطون له وكيف يعملون.

قد يبدو الأمر مستهجنا، لكن أولادي واجهوا صعوبة في التكيّف مع حقيقة أنّنا أصبحنا أغنياء. لم تأتِ ثروتنا فجأة فحسب، بل كان نمط الحياة الّتي ترتّبت عليها متناقضة تاما مع الطريقة التي عشنا بها من قبلُ. لم نكن نعرف حقّا كيف نكون أثرياء ولم نكن متأكدين من أنّنا نريد أن نتعلم. عندما كانت ميخال طالبة في جامعة بن غوريون، لم تتحدّث

أبدا عن الشركة العائلية أو الثروة. استأجرت شقّة مع زميلة لها قاسمتها إيّاها، وعملت كمعلّمة لدفع الرسوم الدراسية. لم تكن تريد منّا أن نشتري لها سيارة، واشترت ملابسها من السوق في الهواء الطلق، أو استبدلتها مع الأصدقاء. الولدان أيضا لم يشتريا الملابس المصمّمة. لقد انجذبا إلى أشخاص لديهم قيم مماثلة. هذا هو فعل داليا. إنها نقيضي القطبي- محافظ، هادئ للغاية ومؤرِّض، يتعامل مع القليل، ويطبخ، ويحافظ على رتابة المنزل والحياة البسيطة. سأل أحدهم ذات مرّة عن عدد المرات التي نأكل فيها الكافيار في الأسبوع ونشرب الشمبانيا، فأجابت داليا: "نحن نأكل ما يأكله الآخرون: الدجاج والسلطة والخبيزة الزيتيّة". لطالما كرهَت السفر إلى الخارج والترفيه والذهاب للتسوّق. أعطها كتابا جيّدا، ودعها تعزف على البيانو، وستعيش يومها. في المقابل، كنت أنا دائما مضطربا وبحثت عن تحديات ومغامرات مستحيلة. أنا أهتم بشدة بكل موضوع. تخبرني داليا عندما أبالغ في ذلك. على سبيل المثال، إذا كنّا نسافر إلى مكان ما في سيارة أجرة، فمن المحتمل أن أدخل في محادثة مطوّلة مع سائق التاكسي حول آرائه في الحياة. ستقترح داليا أنّني ربّما أكون أزعجه بذلك- لكن الناس يهتمّون بي. أتعلم دائما شيئا جديدا من هذه المحادثات. يحسب لها أنها تعلّمت التعايش مع خصوصياتي. "ماذا سأفعل"؟ كانت تقول لصديق وهمي بنبرة غضب. "هذا زوجي. لديه بعض أوجه القصور، لكن لديه أيضا نقاطه الجيّدة".

44

كيد بيز

في التلمود، وهو النص المركزي لليهودية الحاخامية والمصدر الأساسي للقانون الديني اليهودي واللاهوت، هناك أطروحة تسمّى بافا ميتزيا، والتي تتعامل بشكل أساسي مع مناقشات القانون المدني. من هذا العمل، انبثقت عبارة عبرية شائعة: "من لديه المال في يده له اليد العليا". في حياتي، التقيت بالعديد ممّن وافقوا على هذا المضمون. إنّهم يحبون التلويح بأموالهم مثل نوع من العصا السحرية من أجل الحصول على طريقهم أو كسب المزيد من المال. هذه ليست الطريقة التي أفكّر بها في المال على الإطلاق.

في الأعمال التجاريّة، المال مثل الوقود في المحرّك، لكنّه ليس المحرّك نفسه أبدا. وظيفة الوقود هي فقط جعل المحرّك يتحرّك. في الحقيقة، الشركات تتّجه للأفضل أو للأسوأ، ترتفع وتنخفض مع قوّة موظّفيها. العامل البشري- الموهبة والخبرة والانضباط والرؤية- أكثر أهمية بكثير من المال، الذي يضيف قيمة فقط إذا تم استخدامه بحكمة. خارج العمل، المال هو أداة يمكنها تحسين المجتمع عندما يختار الناس استخدامه. منذ اللحظة التي بدأت فيها الأموال تتراكم في حسابي المصرفي، بدأت أفكّر في هذه المفاهيم.

في أحد الأيام من عام 1999، ذهبت أنا وآرون لرؤية ميريام فيربيرغ، عمدة نتانيا. أخبرناها أنّنا نريد أن نعرف كيف يمكننا مساعدة مسقط رأسنا الحبيب. أدرجت العمدة جميع الاحتياجات الملحة للمدينة. أخبرتنا عن مركز الشباب وكيف كان يائسا للحصول على الأموال. أخبرتنا عن الأولاد الذين يفتقرون إلى وسائل الراحة الأساسية للتعلم في المنزل. قررنا بأن نأخذ ثمانية مراكز شبابية في الأحياء الخمسة المحرومة

من الخدمات في المدينة تحت جناحنا. في المرّة الأولى التي زرنا فيها المراكز، التي كانت تقع في مراكز ترفيهية، وحتى بعض الملاجئ، وجدنا أثاثا متهالكا، والقليل جدا من المعدّات، وموظّفين صغيرين لكنّهم متفانون يحاولون دون جدوى، توطين أولاد من الأسر المحتاجة في أنشطة تعليمية منتجة. في معظم الحالات، كان الأولاد يذهبون مباشرة من المدرسة إلى مراكز الشباب، ويمكثون هناك حتى وقت العشاء. كان هذا جزءا مهما من يومهم، ومع ذلك فوجئنا عندما اكتشفنا أن أيّا من المراكز لم يكن لديه جهاز كمبيوتر واحد. عندما اختتمنا جولتنا، قال آرون، "أولادي لديهم أجهزة كمبيوتر. أريد أن يكون لدى هؤلاء الأولاد أجهزة كمبيوتر أيضا". اشترينا مائة وستّين جهاز كمبيوتر حديث ببرامج وطابعات متقدّمة. وضعنا عشرين في كل مركز شباب، ووصّلناها بخدمة الإنترنت عالي السرعة، ووظّفنا مدرّسين- طلاب من كلية نتانيا- لتعليم الأولاد مهارات استخدام الكمبيوتر. لكن أجهزة الكمبيوتر كانت مجرّد بداية. اكتشفنا أنّه بسبب نقص الأموال، لم يكن الأولاد لا يأكلون سوى شطائر الهلام في مراكز الشباب. أنشأنا على الفور ميزانية وجبة ساخنة. حتى يومنا هذا، ما زلنا نزور مراكز الشباب بشكل متكرّر لنرى كيف يتقدّم الأولاد في دورات الكمبيوتر الخاصة بهم. جعل الكثير منهم مركز الشباب موطنهم الثاني. لقد رأيتهم أثناء النهار، وفي بعض الأحيان في الليل، يدرسون أمام أجهزة الكمبيوتر. فالأولاد الذين يأتون إلى المراكز يجدون أنفسهم أمام جميع أجهزة الكمبيوتر المستخدمة بالفعل، شاشات كبيرة وأجهزة عرض ومكتبة DVD كبيرة.

مشروع آخر كرّست له جهدا استيعاب الأولاد الذين تركوا المدرسة وكانوا يواجهون مشاكل في الشوارع. كانت الفكرة هي بدء برنامج لريادة الأعمال لتوجيه هؤلاء الأولاد والدّفع بهم نحو النجاح في الحياة. توصلت رينا برتال- نائبة عمدة رعنانا- إلى الفكرة الأولية للمشروع الذي أطلقنا عليه في النهاية اسم "ما وراء الأفق". انضمّ قسم إدارة الشباب المعرّضين للخطر في بلدية نتانيا لاحقا. وقد تطوّعت لإدارة اجتماعات المجموعة.

في المرّة الأولى التي ظهرت فيها، التقيت بالعديد من الفتيات والفتيان الصغار الذين نظروا إليّ جميعا بفضول واضح. أخبرتهم أنّني كنت هناك لتعليمهم بعض المفاهيم الأساسية في إدارة الأعمال، وبرقت عيونهم بالحماس والترقُّب. بمساعدة المدينة، حصلنا على الضوء الأخضر لتطوير مصدر الدخل الأوّل للأطفال في المجموعة: الإعلان على مائة من أعمدة الإنارة في المدينة. قامت ورشة عمل محلية ببناء الأجهزة التي كان من المفترض أن تتوقّف عليها لافتاتنا الإعلانية المدفوعة.

إجمالا، كان لدينا متّسع لأربعمائة إعلان. مرّتين في الأسبوع، لمدة ثلاث ساعات في كلّ مرّة، قمت بتعليم الأطفال في المجموعة كيفية بناء وإدارة الأعمال التجارية وكيفية إجراء عملية بيع. أرسلتهم إلى شركات في نتانيا وشعرت بسعادة غامرة كلّما تمكنوا من بيع مساحة إعلانية. بالإضافة إلى المبيعات، كان لدى الأولاد العديد من المهامّ التي كان عليهم الحضور إليها أثناء تدريبهم. كان عليهم التنسيق مع فنّاني الجرافيك الذين يصمّمون الإعلانات، والذهاب لمعاينة الطابعة، وزيارة البنك لإيداع إيرادات الإعلانات، وإزالة الإعلانات القديمة عند انتهاء الفترة الإعلانية حتى يتمكّنوا من البدء في تعليق إعلانات جديدة، وما إلى ذلك. تمت إدارة الحساب المصرفي بالكامل من قِبَل الأولاد. مرّة واحدة في الشهر، كانوا يحدّدون أيضا رواتب بعضهم البعض، وهو أمر مثير للاهتمام دائما للمشاهدة. انتشرت شائعة مجموعة ريادة الأعمال للمراهقين في نتانيا، وسرعان ما امتلأت الفصول الدراسية بالطلاب الجدد. كان العديد من الآباء حريصين على حضور إنجازات أولادهم. قالت لي إحدى الأمّهات: "إنّها الطريقة الوحيدة التي سيتعلم بها ابني مهنة".

لقد ملأني تعليم هذه المجموعات بالابتهاج. كان كل لقاء تجربة لا تنسى- بالنسبة لي، وأعتقد، للأولاد أيضا. ببطء ولكن بثبات، بدأوا وطوّروا أعمالا جديدة خاصة بهم. كما إنّهم استعدّوا لامتحانات الثانوية العامّة مع مدرّسين تأتي بهم البلدية. حتى يومنا هذا، التقيت بطلاب سابقين يشغلون الآن مناصب عليا في العديد من الشركات والمؤسّسات العامّة، حتى أنّ بعض طلابي السابقين أصبحوا روّاد أعمال.

45

لا يزال يعمل

بينما أكتب الصفحات الأخيرة من مذكّراتي، يسعدني أن أقول إنّ الشركة التي أنشأتها مع آرون وشاي ورون يبلغ عمرها الآن ما يقارب ثلاثين عاما. للأسف، على الرغم من ذلك، لا يزال اثنان منّا فقط على قيد الحياة للاحتفال بهذا الإنجاز. حارب أخي سرطان البنكرياس وتوفي في عام 2010. قُتل شاي في حادث تحطُّم طائرة خاصة صغيرة في إسرائيل عام 2020. يتحطّم قلبي لأنهم ليسوا هنا لتجربة الأشياء الكبيرة التي حدثت 888.com في السنوات الأخيرة. أفتقد آرون وشاي كل يوم.

في مايو 2022، أعلنت الشركة أنّ المساهمين وافقوا على استحواذ بقيمة 3.1 مليار دولار على موقع المقامرة الدولي William Hill، أحد أكبر منافسينا. أغلقت الصفقة في يوليو من عام 2022؛ ممّا جعل 888.com شركة أكبر بكثير. في نفس العام في نوفمبر، انضم ابني أوري إلى مجلس إدارة الشركة. العديد من الشركات تستحوذ مبكّرا. لم نفعل، وانتظرنا. استغرق الأمر منّا خمسة وعشرين عاما حتى نكون مستعدين لشراء ويليام هيل. يختلف كل عمل عن الآخر، ولكن هذا كان الجدول الزمني الصحيح لشركتنا.

في رأيي، هناك دورة يجب أن تمرّ بها الشركات لتنمو بشكل موثوق. الخطوة الأولى هي بناء قِيَم وأساس قويّ. أعتقد أنّ هذا يستغرق عشر سنوات على الأقل. خلال هذه المرحلة، تصبح متربّحا وتتقاسم أرباحك مع المساهمين. الخطوة الثانية هي اكتساب. يتضمن هذا عادة تحمُّل ديون كبيرة. الأولوية في المرحلة الثالثة هي سداد جميع الديون والعودة إلى الربحية في ميزانيتك العمومية. بمجرد الانتهاء من ذلك، يمكنك العودة إلى وضع النموّ وتقاسم الأرباح. صيغتنا هي مشاركة 50 بالمائة من الأرباح

مع مساهمينا والاحتفاظ بالـ 50 بالمائة الأخرى لدعم نموّ الشركة. بعد سداد الديون وتراكم أرباح كافية، يحين الوقت لبدء الدورة مرّة أخرى بعملية استحواذ أخرى. هذه هي دورة الأعمال التي عملت بشكل جيد في 888.com على مدى العقود الثلاثة الماضية.

في أكتوبر عام 2023، عيّنت الشركة رئيسا تنفيذيا جديدا، Per Widerstöm. في عام 2024، اتخذنا خطوة كبيرة أخرى وغيّرنا اسمنا إلى Evoke؛ ممّا يعكس العدد المتزايد للشركة من العلامات التجارية وخطوط الأعمال العالمية. بعد كل هذه السنوات، ما زلت مساهما رئيسيّا وما زلت أهتمّ بالقرارات التي يتمّ اتخاذها.

46

خُطط السلام

يسألني الأصدقاء أحيانا عمّا إذا كان المال قد غيّرني. إجابتي هي نعم ولا. لقد جعلني ذلك أكثر تحفظا، حيث أسعى جاهدا للحفاظ على الثروة التي بنيتها لعائلتي ومجتمعي والأجيال القادمة. خلاف ذلك، لم أتغيّر كثيرا. لم أفقد صديقا واحدا في طريقي إلى النجاح. لقد تزوجت من نفس المرأة منذ ما يقرب من خمسين عاما، وما زلت أحبها اليوم بقدر ما كنت أحبها عندما التقيت بها لأوّل مرة. لديّ عائلة رائعة وداعمة. ليس لديّ يخت أو طائرة خاصة أو منزل على الريفييرا. هذا ليس أنا. لكن الثروة زادت بشكل كبير من إحساسي بالمسؤولية. في السنوات التي أمضيتها على الأرض، سأستمر في وضع أموالي في العمل من أجل الخير. أريد أن أساعد في جعل العالم مكانا أفضل قبل أن أغادره. هناك مثل يوناني ينص على أنّ "المجتمع ينمو عظيما عندما يزرع كبار السن أشجارا يعرفون أنهم لن يجلسوا في ظلها أبدا". أودّ أن أزرع مثل هذه الأشجار، وأن أساهم في تحقيق الإمكانات الكاملة لبلدي الحبيب إسرائيل. بالنسبة لي، هذا يعني أنّ إسرائيل يجب أن تقود في الطريق نحو شرق أوسط أكثر سلاما- وفي الوقت الحالي، هذا ليس ما تفعله بلادي.

في عام 2006، سألني أحد المحاورين: "سيد شاكيد، ما هو هدفك"؟

كان ردّي بسيطا. لقد كسبت الكثير من المال، لكنني مستعد لإنفاق كل شيء إذا كان ذلك سيؤدّي إلى السلام".

في القلب، أنا رجل أعمال وصانع سلام وأعرف أنّ جميع البشر متشابهون في نظر الله. العرب والإسرائيليّون إخوة وأخوات. يجب أن نعتني ببعضنا البعض، لا نحاول تدمير بعضنا البعض. تعلن الحكومات والسياسيّون الحرب لأنهم أصبحوا غير حسّاسين للمعاناة الإنسانية التي

يجلبها قادتهم .< هذه هي الحقيقة المريرة التي تدفعني إلى مواصلة مبادراتي للسلام، بغض النظر عن عدد الحواجز التي أواجهها. السلام، أو شالوم بالعبرية، مذكور مئات المرات في التوراة اليهودية والكتاب المقدس المسيحيّ والقرآن الكريم . ففي سفر المزامير ذكر:»اطلب السلام واسع وراءه» ، وفي الانجيل يقول المسيح في انجيل يوحنا : « سلامي أترك لكم ،سلامي أعطيكم»، أما في الإسلام فقد ذكر القرآن الكريم في سورة النساء : "واذا حيّيتم بتحية فحيّوا بأحسن منها او ردّوها» .عندما يحيّي العرب بعضهم بعضا، يقولون: "السلام عليكم"، وهو ما يعني "شالوم عليخم". تعلّم البوذية اللاعنف والسلام والوئام. تؤكّد الهندوسية على مفهوم السلام، الشانتي، الذي يتحقّق من خلال ahimsa، اللاعنف، وتقول إنّ جميع الكائنات الحية مترابطة ويجب معاملتها باحترام. بغض النظر عمّا تؤمن به أو الإيمان الذي تمارسه، يظهر السلام دائما على أنّه أفضل طريق للبشرية إلى الأمام. "السلام هو المعركة الوحيدة التي تستحقّ الخوض"، قال الفيلسوف الفرنسي ألبير كامو الشهير. إنّها بالتأكيد المعركة الوحيدة التي أريد خوضها في هذه المرحلة من حياتي.

بعد أن عايشت كل سنوات العمل الشاقّ المنصبّ على مبادرة جنيف تقوض لأن الحكومة الإسرائيلية في ذلك الوقت لم تدعم حل الدولتين لإسرائيل وفلسطين، شعرت بالإحباط والغضب. كنت أعلم أنّه يجب عليّ فعل شيء ما. ثم في 27 ديسمبر/كانون الأول 2008، وهو اليوم السابع من عيد حانوكا من ذلك العام، أطلق جيش الدفاع الإسرائيلي عملية "الرصاص المصبوب" في قطاع غزة بهدف ضرب البنى التحتية لحماس المستخدمة في إطلاق الصواريخ على إسرائيل. خلال العملية التي استمرّت اثنين وعشرين يوما، قُتل أكثر من 1400 شخص، من بينهم حوالي ثلاثمائة طفل- غالبيتهم العظمى من الفلسطينيّين. كانت إسرائيل بحاجة إلى الدفاع عن نفسها، لكن الانتقام كان وحشيّا. في ذروة القتال حاولت مرّة أخرى الوصول إلى زميلي الفلسطينيّ أحمد يوسف. عندما اتصلت بهاتفه لساعات، كنت آمل أن يطلب من رئيسه، زعيم حماس إسماعيل هنية، أن يعقد لقاء معي. لقد مرّ عامان منذ محاولتي الأخيرة للوصول إلى يوسف، وكانت العلاقات الإسرائيلية الفلسطينية تصل مرّة أخرى إلى الحضيض.

عندما اتّصلت أخيرا بيوسف على الهاتف، واقترحت العمل كوسيط، كرّرت عرضي بمنح مليار دولار لحماس إذا وقّعت معاهدة سلام مع إسرائيل. لقد وعدني المحسنون والبنوك والمنظمات اليهودية في جميع أنحاء العالم بأنهم سيكونون قادرين على جمع الأموال بسرعة كبيرة بشرط

ألّا تستخدم لشراء الأسلحة بل لبناء الصناعات الفلسطينيّة في قطاع غزة. كنت على استعداد للمساهمة شخصيا بالكثير من ثروتي في القضية. للتأكد من أنّني سأكون جاهزا إذا جاءت إجابة إيجابية من يوسف، استأجرت طائرة هليكوبتر على أهبة الاستعداد في مطار هرتسليا القريب، بينما كنت أنتظر بفارغ الصبر معاودة المكالمة. أخيرا رنّ الهاتف، وقال يوسف إنه يستطيع ترتيب الاجتماع في غزة، لكنه لا يستطيع ضمان سلامتي. أخبرتني المؤسّسة الأمنية الإسرائيلية أنّه بدون مثل هذا الضمان، لا يسمح لي بالذهاب. اتّصلت بيوسف مرّة أخرى وتركت رسالة تقترح عليه هو وإسماعيل هنية السفر إلى نتانيا مع أفراد الأمن التابعين لهما. صليت أن يقول نعم، لكن لم أسمع ردّا.

في النهاية، لم أذهب إلى غزة ولم يأت يوسف إلى نتانيا. لم يكن خطأ أيّ شخص، لكنها كانت فرصة ضائعة أخرى لتعزيز قضية السلام- وكان هناك الكثير على مرّ السنين. ولكن في الأعمال التجارية وفي عملية السلام، يجب ألّا يفكّر المرء أبدا في "لا" على أنّها الكلمة الأخيرة أو الفرصة الضائعة بوصفها فرصة أخيرة. كان انهيار نظام الرئيس بشّار الأسد العنيف في سوريا في 8 كانون الأول/ديسمبر 2024 بمثابة نهاية للحرب الأهلية السورية التي بدأت في عام 2011، وقتلت مئات الآلاف من المدنيّين الأبرياء على مدار الصراع المدمّر المستمر منذ ثلاثة عشر عاما. على الرغم من أن مستقبل البلاد لا يزال غير واضح، إلّا أنّ السوريّين يتدفّقون على وطنهم لإعادة بناء حياتهم. الأمل في السلام هناك متجدّد. بعد أيام فقط من سقوط الأسد، سافرت إلى مرتفعات الجولان، وهي منطقة استولت عليها إسرائيل من سوريا في حرب الأيام الستة عام 1967. هناك، كجزء من عملي المستمر من أجل السلام، التقيت بالشعب الدرزي، العرب المسلمين الذين ظلوا موالين لسوريا. والآن، مع رحيل الأسد، نظروا إلى المستقبل من منظور مختلف. أخبروني أنّهم عاشوا دائما مع الحرب ولديهم أمل في حياة أفضل مع السلام.

قال لي أحد شيوخ الدروز: "سيد شاكيد، عندما يسود السلام في كل مكان حولك، يسود السلام في داخلك أخيرا".

ستبقى كلماته الحكيمة معي لفترة طويلة وتذكّرني بأنّ الأبواب الجديدة تفتح دائما، بغض النظر عن مدى كآبة الأمور. وفي الوقت الحالي، تبدو الأمور هنا في الداخل في إسرائيل كئيبة للغاية. في 7 تشرين الأول/أكتوبر 2023، شنّت حماس هجوما واسع النطاق على إسرائيل، مسجّلا واحدا من أكثر الهجمات دموية وكثافة في المنطقة منذ سنوات. بدأ الهجوم في الصباح الباكر، عندما أطلق المسلّحون آلاف الصواريخ باتجاه

المدن والبلدات الإسرائيلية؛ ممّا أدى إلى إغراق أنظمة الدفاع. في الوقت نفسه، تسلّل مقاتلو حماس المسلّحون إلى جنوب إسرائيل برّا وبحرا وجوّا، وهاجموا المدنيّين والأهداف العسكرية على حدّ سواء. وأدّى الهجوم إلى مقتل أكثر من 1400 شخص، معظمهم من المدنيّين الإسرائيليّين، وأسفر عن وقوع إصابات عديدة وأخذ رهائن. وقد أدين الهجوم على نطاق واسع وأدّى إلى تصعيد كبير من العنف، وردّت إسرائيل بضربات جويّة وعملية عسكرية في غزة خلّفت عشرات الآلاف من القتلى وخلّفت ملايين الفلسطينيّين بلا مأوى. أثار هذا الحدث غضبا عالميّا، وأثار مخاوف بشأن التّداعيات السلبيّة الأوسع نطاقا على السلام والاستقرار في الشرق الأوسط.

لماذا يصعُب تحقيق السلام؟

ربّما يرجع ذلك إلى أنّ قادة العالم يعتقدون في كثير من الأحيان أنّ السلام لا يمكن تحقيقه إلّا من خلال القوة الغاشمة أو القوة العسكرية أو بناء الجدران أو الاحتواء أو القمع الاقتصادي أو الإبادة. هناك الكثير من ذلك يحدث في الوقت الحالي، لكنّه تسبّب فقط في جلب المزيد من المعاناة الإنسانيّة على نطاق واسع. هناك طريقة أفضل. ولإعادة صياغة كلام الرئيس الأميركي السابق رونالد ريغان، فإنّ السلام لا يعني أنه لا يوجد صراع. يتعلق الأمر بالتعامل مع النزاع سلميّا. ويجب أن نأتي إلى طاولة المفاوضات مرّة أخرى ونتحدّث مع بعضنا البعض باحترام. يجب أن نعمل على حل مشاكلنا معا، وتقديم تنازلات، وإيجاد حلول دائمة لوقف إراقة الدماء. أعلم أنّ هذا ممكن لأنّني شاهدته يحدث بأم عيني عندما تمّ التوقيع على اتّفاق جنيف. ولكن نتيجة لما حدث- أو لم يحدث- بعد توقيع اتّفاق جنيف، لم أعد ساذجا بشأن كيفية تحوُّل السلام إلى حقيقة واقعة. يتطلب الأمر القبول الحكوميّ والالتزام والقوّة والموارد. لهذا السبب في مايو 2024، ترشّحت في الانتخابات التمهيدية لأصبح رئيسا لحزب العمل الإسرائيلي. لم أفز، لكن التجربة حفّزت تفكيرا جديدا مهمّا حول كيفية عمل السياسة في إسرائيل– وكيف تؤثّر على عملية السلام.

يوجد في بلدي أكثر من خمسين حزبا سياسيّا نشطا، لكن قلة قليلة فقط من هذه الأحزاب تكتسب سلطة حقيقية في الكنيست- الليكود، وشاس، والبيت اليهودي على الجانب الحكومي الحالي الذي يديره رئيس الوزراء بنيامين نتنياهو. و"يش عتيد" و"الوحدة الوطنية" و"إسرائيل بيتنا" على جبهة المعارضة الحالية. لقد ضعف حزبي، حزب العمل، الذي كان في يوم من الأيّام من بين أقوى الأحزاب في إسرائيل، بشكل كبير منذ أن قوّض رئيس وزرائنا، إيهود باراك، برنامجه الدبلوماسي بعد انهيار

محادثات كامب ديفيد في عام 2000. اندلعت انتفاضة ثانية عنيفة بعد فترة وجيزة من إعلان باراك أنّه "لا يوجد شريك فلسطيني" للسلام. لكن كان هناك شريك- كثيرون، في الواقع. أعرف ذلك لأنّهم كانوا يعملون معي ومع زملائي الإسرائيليّين خلف الكواليس للتوصل إلى اتّفاق جنيف. ما كان ينبغي لباراك أن يتخلّى عن عملية السلام.

لا يبدو أنّ إفساد السلام يقوّي حزبا سياسيّا. في الواقع، منذ عام 2000، تضاءلت قوّة حزب العمل. الأداء الضعيف للغاية للحزب في الانتخابات الأخيرة لم يترك له سوى عدد قليل من المقاعد في الكنيست. مع تضاؤل النفوذ، قرّرت قيادة العمل الاندماج مع حزب ميرتس المنافس وتشكيل حزب جديد يسمى الديمقراطيّين. اعتبارا من يوليو 2024، لم يعد حزب العمّال الذي ربطت به آمالي لعقود عديدة موجودا. والأسوأ من ذلك، يبدو أنّ قلة قليلة منهم لاحظوا وفاة حزب سياسي جلب للعالم رؤساء وزراء صانعي السلام مثل إسحاق رابين وشمعون بيريز. يظهر موت حزب العمل الواقع القاسي للنظام السياسي المعقّد والفوضوي في بلدي- ولماذا هو جزء من سبب استمرار السلام في أن يكون بعيد المنال بين الإسرائيليّين والفلسطينيّين.

مع رحيل حزب العمل، طلبت من درار عمره، وهو مسلم إسرائيلي، أن يؤسّس حزبا جديدا يسمّى "معا ننجح". سينصب تركيزنا على التمثيل العادل والسعي لتحقيق السلام والعدالة الاجتماعية لكل من العرب واليهود. هناك 2.1 مليون مواطن عربي في إسرائيل، يشكّلون حوالي 21 بالمائة من سكّان البلاد، لكن تمثيلهم في الكنيست ضئيل. تحت قيادتي في "معا ننجح" سيغيّر هذا. وعندما نضع رئيس وزراء في منصبه، يمكننا إعادة النظر في اتّفاق جنيف ومبادرات السلام الأخرى لوضع سلام دائم من خلال حل الدولتين.

لكي تكون هذه ناجحة، يجب أن تبحر "معا ننجح" بشكل فعّال في الهيكل السياسي المعقّد لإسرائيل. الكنيست فيه مائة وعشرون مقعدا. إذا أراد حزب ما تمثيلا في الكنيست، فيجب أن يحصل على 3.25 بالمائة على الأقل من الأصوات لتأمين مقعد. يتناسب عدد المقاعد مع عدد الأصوات التي يحصل عليها الحزب. من أجل الحصول على السلطة بأعلى مستوى، يحتاج الزعيم إلى الحصول على أغلبية من واحد وستين مقعدا، وهو أمر يصعب تحقيقه مع العديد من الأحزاب السياسية. هذا هو المكان الذي تأتي فيه التحالفات. تجذب الأحزاب الكبرى العديد من الأحزاب الصغيرة بالمال والتنازلات لتشكيل تحالفات كبيرة بما يكفي للحصول على الأغلبية. حاليا، تجري لعبة الكراسي الموسيقية هذه في

غضون أسابيع قليلة بعد الانتخابات. وسط المساومة المتسرّعة، يتمّ تقديم التنازلات والاستيلاء على السلطة أثناء التنقل. إنه فوضوي وفوضوي. إذا وصل الائتلاف إلى وضع الأغلبية، فيمكنهم تعيين رئيس حزبهم كرئيس للوزراء. إذا لم يصل أيّ ائتلاف إلى وضع الأغلبية، تبدأ العملية برمتها من جديد. يعمل هذا النظام كفيروس قاتل في السياسة الإسرائيلية، حيث يعيق رؤساء الوزراء ويجعلهم مدينين بالفضل لجميع الأحزاب الصغيرة التي انضمّت إلى ائتلافها– وبعض هذه الأحزاب متطرّفة. الأمر كلّه يتعلق بالتحرُّك والتعامل للوصول إلى الأغلبية، وليس قيادة البلاد نحو مستقبل أفضل وأكثر سلاما. هناك طريقة أخرى، يطلق عليها اسم Reshima Meshutefet، أو القائمة المشتركة، والتي تعني تحالف من الأحزاب التي تحلّ جميع قضاياها قبل الانتخابات من أجل العمل كجبهة موحّدة بعد الانتخابات. لقد تمّ استخدامه من قبلُ، ولكن ليس على النطاق الذي أتخيّله. هذه هي الطريقة التي ستجتمع بها "معا ننجح"، وتؤمّن الأغلبية في الكنيست، وتضع رئيس وزراء مسالما.

البديل غير المقبول هو ما نراه يحدث حاليا. حتى كتابة هذه السطور، مات آلاف الإسرائيليّين وقُتل ما يزيد عن اثنين وأربعين ألف غزّيّ، مع نزوح الملايين وفي مخيّمات اللاجئين. امتدت الحرب إلى لبنان، وفي مزيد من التصعيد، أطلقت الصواريخ من وإلى إيران. يستمر التصعيد المقلق. متى سينتهي؟ أعلنت المحكمة الجنائية الدولية– وهي منظمة حكومية دولية ومحكمة دولية مقرّها لاهاي في هولندا، والتي تحاكم المتّهمين بارتكاب جرائم حرب وجرائم ضد الإنسانية والإبادة الجماعية– في 20 مايو 2024، إنّ المدعي العام سيقدّم طلبات لإصدار مذكّرات اعتقال ضد قادة حماس يحيى السنوار ومحمد ضيف وإسماعيل هنية والقادة الإسرائيليّين رئيس الوزراء بنيامين نتنياهو ووزير الدفاع يوآف غالانت. تمّ سحب طلب مذكّرة توقيف ضد هنية بعد اغتياله في 31 يوليو 2024، وتمّ سحب طلب مذكّرة توقيف ضد السنوار بعد مقتله في 16 أكتوبر 2024. في فبراير من عام 2025، أكّد المدّعي العام مقتل ضيف في 13 يوليو 2024، وتمّ سحب طلب مذكّرته أيضا. وجميع هؤلاء متّهمون بارتكاب جرائم ضد الإنسانية فيما يتصل بالصراع الحالي. جميع الدول الأعضاء في المحكمة الجنائية الدولية البالغ عددها 125 دولة ملزمة بموجب النظام الأساسي للمحكمة باعتقال وتسليم أيّ فرد خاضع لمذكّرة توقيف من المحكمة الجنائية الدولية إذا وطأت قدمه أراضيها. هذا يعزل إسرائيل عن حلفائها، وهو أمر ليس جيّدا أبدا في خضمّ الصراع. ولا تزال مكانة إسرائيل في العالم تتدهور مع استمرار الدمار.

في أوائل شباط/فبراير 2025، كشف الرئيس دونالد ترامب النقاب عن اقتراح مثير للجدل يتعلق بقطاع غزة. خلال مؤتمر صحفي مشترك مع رئيس الوزراء بنيامين نتنياهو، اقترح ترامب أنّ الولايات المتحدة يجب أن "تستولي" على غزة، بهدف تحويلها إلى "ريفييرا الشرق الأوسط". تتضمّن الخطّة نقل السكّان الفلسطينيّين إلى دول مجاورة، مثل مصر والأردن، بهدف إعادة إعمار غزة وتحويلها إلى منطقة مزدهرة. أثار الاقتراح انتقادات دولية واسعة النطاق. وقد رفض القادة الفلسطينيّون الفكرة بشدة، وشدّدوا على حقّهم في البقاء في وطنهم. كما أعربت الأمم المتحدة والاتحاد الأوروبي عن معارضتهما الشديدة، مؤكّدَتين مجدّدا التزامهما بحلّ الدولتين الذي يشمل غزة كجزء لا يتجزّأ من فلسطين. يجادل النقّاد بأنّ الخطة غير عملية، ويمكن أن تؤدّي إلى مزيد من زعزعة الاستقرار في المنطقة. وهم يسلّطون الضوء على تحديات إعادة توطين ما يقرب من مليوني شخص ويتساءلون عن جدوى تحويل غزة إلى وجهة فاخرة. وبالإضافة إلى ذلك، أثيرت مخاوف بشأن الانتهاك المحتمل للقانون الدولي وحقوق الشعب الفلسطيني.

على الرغم من ردّ الفعل العنيف، يبدو أنّ الرئيس ترامب لا يزال متفائلا بشأن حشد الدعم من قادة الشرق الأوسط والدول الغنية لتمويل جهود إعادة الإعمار. يتصوّر المشروع كوسيلة لخلق فرص العمل وتحقيق الاستقرار في المنطقة. ومع ذلك، فإنّ نجاح الاقتراح يتوقّف على التغلب على التحديات السياسية واللوجستية الكبيرة بالإضافة إلى معالجة الروابط التاريخية والثقافية العميقة الجذور للشعب الفلسطيني بغزة. أعتقد أنّ الحزب اليهودي العربي الذي يقود إسرائيل فقط– بالشراكة الكاملة وبتمثيل عادل– سيكون قادرا على تحقيق رؤية مقبولة للسلام بين الإسرائيليّين والفلسطينيّين. ما زلت أؤيّد حلّ الدولتين، ولكنّي أبقى منفتحا على جميع الأفكار التي تحترم حقوق الإنسان لجميع الفلسطينيّين والإسرائيليّين، العرب واليهود على حدّ سواء. أعتقد أنّ حزب "معا ننجح" الذي أقوم بتشكيله مع المسلم الإسرائيلي درار عمره يشقّ الطريق إلى الأمام.

نعم، على الرغم من كل العقبات، ما زلت أعتقد أنّ السلام ممكن– ولن أفقد الأمل أبدا لأنّها ليست طبيعتي، وهي ليست خيارا. إنّ التصميم والقدرة على التحمل اللذين ساعداني في بناء أعمالي سيحصّنانني في سعيي لتحقيق السلام. سأخاطر بكل شيء، كما فعلت مرّات عديدة من قبلُ، لأنّني أؤمن بالقول المأثور القديم: "مع المخاطرة الكبيرة تأتي مكافأة عظيمة". إنّ أعظم مكافأة على الإطلاق هي السلام في الشرق الأوسط.

كلّ إنسان يستحق فرصة للعيش في سلام وبهجة. لكن هذا غير ممكن في منطقة حرب أو نتيجة لخطط لا يدعمها الناس أو الحكومات في المنطقة. الإيمان والتصميم والبهجة. تذكّر أنّ هذه هي أسرار النجاح التي حدّدتها في بداية قصتي. أنا أؤمن بإمكانية السلام، وما زلت مصمّما على تأمين مستقبل تكون فيه البهجة ممكنة لجميع الناس في هذه المنطقة. لقد حان الوقت لفصل جديد في القصة الإسرائيليّة الفلسطينيّة- وأخطّط للمساعدة في كتابتها. قال بنجامين فرانكلين ذات مرّة: "لم تكن هناك حرب جيّدة أو سلام سيء". فلننطلق ونبني سلاما جيّدا في الشرق الأوسط.